全国高职高专经济管理类“十三五”规划理论与实践结合型系列教材·营销专业

校企合作优秀教材

消费者行为学

XIAOFEIZHE XINGWEIXUE

主　编　满丛英　蒋明霞　李子豪
副主编　陈红艳　吕祥斌　梅　冉

華中科技大學出版社
http://www.hustp.com
中国·武汉

内 容 简 介

本书在参考国内外有关教材和相关领域的最新研究成果的基础上，结合我们多年的教学经验，在课程的内容、体系等方面进行新的尝试。本书共分为十个项目、三十个任务，主要内容有消费者行为基础，心理活动过程与消费者行为，消费者个性、自我概念与生活方式，消费者购买的动力来源，消费群体与消费行为、社会文化与消费行为、商品价格与消费行为、商品因素与消费行为、购物环境与消费行为、当代中国消费者行为等十个方面。

本书条理清晰，案例紧扣时代，讲解通俗易懂，实用性较强，具有集理论性、知识性和实用性为一体的特点。本书可作为营销类等相关专业教材用书，也适合作为从业人员自学用书。

图书在版编目(CIP)数据

消费者行为学/满丛英，蒋明霞，李子豪主编. —武汉：华中科技大学出版社，2014.11
ISBN 978-7-5680-0530-2

Ⅰ.①消… Ⅱ.①满… ②蒋… ③李… Ⅲ.①消费者行为论-高等职业教育-教材 Ⅳ.①F713.55

中国版本图书馆 CIP 数据核字(2014)第 275433 号

消费者行为学 满丛英 蒋明霞 李子豪 主编

策划编辑：张凌云
责任编辑：华竞芳
封面设计：龙文装帧
责任校对：李 琴
责任监印：张正林
出版发行：华中科技大学出版社(中国・武汉)
武昌喻家山 邮编：430074 电话：(027)81321913
录 排：华中科技大学惠友文印中心
印 刷：武汉中科兴业印务有限公司
开 本：787mm×1092mm 1/16
印 张：15.75
字 数：403 千字
版 次：2019 年 1 月第 1 版第 3 次印刷
定 价：39.80 元

目录

CONTENTS

项目一

消费者行为基础

XIAOFEIZHE
XINGWEIXUE

开篇案例

迪士尼公司,一年获利270亿美元的全球娱乐业巨人企业,早已意识到它的顾客价值在于其迪士尼品牌:建立在传统家庭价值基础上的有趣经历和简单娱乐活动。迪士尼公司将品牌延伸到不同的消费者市场来回应这些消费者的偏爱。

例如,2004年的电影《牧场是我家》(*Home on the Renge*)除了电影本身,迪士尼公司还随之制作了电影原声大碟、一系列玩具,并建立了极具诱惑力的迪士尼乐园,此外还出版了一系列的图书。同样地,迪士尼公司2003年出品的电影《加勒比海盗》也带动了"公园骑车赛"、电影商品促销活动,同时针对该电影制作了游戏、电视剧以及漫画书。迪士尼公司的战略是围绕其制造的每一个角色与顾客建立联系——从经典的米老鼠、白雪公主到后来的麻辣女孩(Kim Possible),等等。每个建立的品牌都定位于特定的顾客群和销售渠道。"米老鼠宝贝"和"迪士尼宝贝"都定位于婴儿,但前者是通过百货店和礼品店出售,后者是低价定位,由大卖场作为销售渠道。迪士尼公司的"米老鼠儿童"系列将目标锁定于男孩女孩,而无限制的"米老鼠"则定位于十几岁青少年和成人。

在电视方面,迪士尼频道是6~14岁的孩子最好的目标选择,迪士尼儿童游戏房定位于2~6岁的学龄前儿童。其他的产品,例如迪士尼Visa信用卡定位于成人,持卡人在卡里每消费100美元就可以赢得1"迪士尼美元",每年消费75 000美元就可以兑换迪士尼公司的商品和服务,包括迪士尼公园、迪士尼专卖店、迪士尼影院和迪士尼剧场的商品和服务等。迪士尼品牌甚至渗入到家得宝(The Home Depot)的产品中,包括一系列的特许的儿童房油漆涂料以及带有米老鼠标志的涂料样品。

迪士尼公司还生产带有相关联的特许品牌特征的食品。例如,印有小熊维尼形象的优酸乳,以及一种印有米老鼠、唐老鸭及高飞形象的香草夹心饼干。

所有迪士尼消费与产品线的结合都可以从迪士尼《麻辣女孩》动画片这个例子中得以体现。其讲述的是一个高中女生在其空闲时间从一个恶棍手中拯救世界的奇遇。这个曾在黄金时段收视率排名第一的动画片已经催生了大量的由迪士尼消费产品部生产的商品。这些商品包括以下几大系列。

(1) 迪士尼硬品系列:办公文具、午餐盒、食品、房间装饰品等。

(2) 迪士尼软品系列:运动服、睡衣、便服及附加品等。

(3) 迪士尼玩具:长毛绒玩具、时尚玩偶等。

(4) 迪士尼出版物:儿童小说、漫画书等。

(5) 迪士尼唱片:《麻辣女孩》的电影配乐等。

(6) 博伟影片发行公司(Buena Vista Pictures)的家庭娱乐产品。

(7) 博伟影片发行公司(Buena Vista Pictures)开发的系列游戏。

"麻辣女孩的成功源于紧凑的故事情节,并且故事被很好地融入了许多商品中。"迪士尼消费产品部的总裁安迪·莫尼(Andy Mooney)说道。瑞奇·罗斯(Rich Ross),迪士尼娱乐频道的总裁补充道:"如今的孩子希望和他们最爱的电视角色,如麻辣女孩,有更多的体验。这一系列产品使得观众的经历与诸如金、鲁弗斯、罗恩等电视角色结合在一起,使得观众能触摸、能看见,并且亲身体验到麻辣女孩金的经历。"

华特·迪士尼于1928年创造了米老鼠。迪士尼第一个长篇音乐动画电影《白雪公主和七个小矮人》在 1937 年首映。如今，迪士尼产品以令人吃惊的速度发展，每年有超过 30 亿的印有米老鼠标记的产品产生。不过正如华特·迪士尼所说的："我希望我们永远不会忘记一件事，这一切都是由一只老鼠开始。"

案例讨论

（1）迪士尼公司的成功因素主要有哪些？

（2）迪士尼公司的弱点是什么？它该注意哪些问题？

（3）你会给迪士尼公司的高级营销执行人员什么建议？在营销时他们一定要做的是什么？

任务一　消费者行为的概念

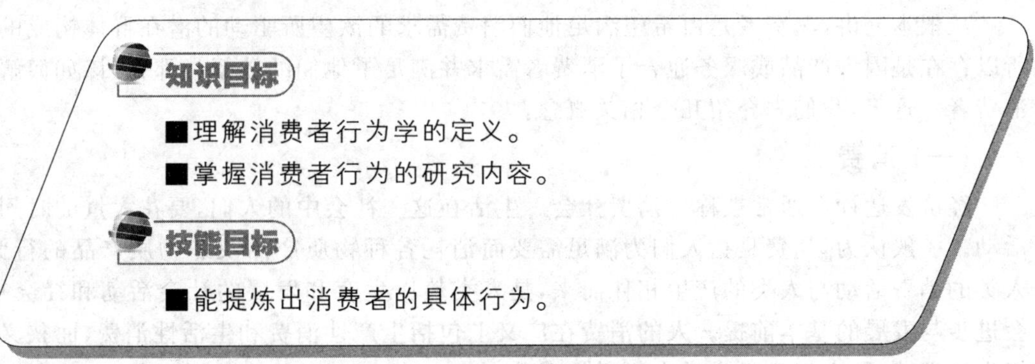

知识目标

■理解消费者行为学的定义。

■掌握消费者行为的研究内容。

技能目标

■能提炼出消费者的具体行为。

消费者才是营销之本

2003 年年初，因为成功地模仿韩国翻盖手机，国产手机赢得了中国手机市场的大半个江山，也正是在这种情况之下，当时身处困境的索爱（索尼爱立信移动通讯公司简称）推出了 T618 手机。T618 手机是直板手机而不是翻盖手机，不符合当时的潮流，故不少中国手机营销人士断言，T618 手机最长三个月就会全面撤市。但我们今天回头再看，当众多的中国手机企业因相互模仿而陷入困境之时，索爱却凭 T618 手机东山再起。为什么看似不符合当时翻盖手机潮流的 T618 手机能够如此受消费者的青睐？因为索爱真正透彻地研究了手机消费者。

在中国手机企业看来，"翻盖＝时尚＝消费者需求"，所以手机都做成翻盖的。但索爱公司研究的结果是"翻盖≠时尚≠消费者需求"，即这三者之间无必然联系。消费者需要的是融合各种时尚元素、科技功能、与众不同的手机，而不仅仅是翻盖手机，况且在当时翻盖手机泛滥，消费者对翻盖手机已经开始感到厌恶了。索爱正是在对消费者进行深入研究的基础上推出了 T618 手机，从而取得了巨大的成功。

谁笑到最后，谁笑得最好。中国企业很少从消费者行为的角度真正研究消费者。反观许多跨国公司，却相当注重消费者研究。美国企业对消费者行为的研究始于 20 世纪 50 年代，如今许多美国企业不仅在本部设立消费者研究部门，而且还与各高校合作共同进行研究，从宝洁到沃尔玛，莫不如此。

中国企业营销到了应该重视消费者行为研究的时候了。

(资料来源:节选自周劲松《消费者才是营销之本》,此处略有改动)。

从上述案例中可以看出,在市场竞争日益激烈的今天,如果不了解消费者,不能满足消费者的需求,企业就无法取得利润,甚至无法生存下去。

日益激烈的市场竞争中,如果不能满足消费者的需求,企业就无法取得利润,甚至无法生存下去。因此,我们首先就要探讨以下几个问题:什么是消费者行为?为什么要研究消费者行为?怎样研究消费者行为?消费者行为学的发展历程有哪些?

一、消费者行为的含义

从根本上讲,消费者是由希望满足他们消费需求的欲望所驱动的潜在群体构成的。市场之所以存在是因为产品或服务迎合了消费者需求并满足了他们的欲望。那么,该如何解读当今的消费者?这里,我们先介绍几个相关概念。

(一)消费

经济发达社会通常被称为消费社会。生活在这一社会中的人们,要花大量的时间从事消费活动。一般认为,消费是指人们为满足需要而消耗各种物质产品及非物质产品的行为和过程。人类的消费活动与人类的产生相伴而来,是人类赖以生存和发展的社会活动和社会行为,是社会进步与发展的基本前提。人的消费在广义上包括生产性消费和生活性消费,而狭义的消费仅指生活消费,即人们日常生活中所说的消费。生产性消费,是指在物质资料生产过程中,各种工具、设备、原材料等生产资料以及劳动力的使用和耗费。生活消费是指人们为了满足自身需要而消耗的各种物质产品、精神产品和劳动服务的行为和过程。本书所论及的消费,一般指的是狭义的消费。

(二)消费品

在对消费品进行定义之前,首先要介绍什么是产品。产品可以被定义为人们通过交换获取的一切事物,它是用来使用或消费以满足某种欲望或需要而提供给市场的一切事物。它可以是有形产品,也可以是一种服务、一个主意或一种观念或这三种的任意组合。产品的主要特征包括包装、式样、颜色、型号等。

根据消费者的意图,产品可被分为工业品和消费品。二者之间最根本的区别在于它们的预期用途。如果是用于商业,那么产品可被定义为工业品或产业用品。工业品是用于制造其他产品或提供某种服务,用于促进企业经营以及向其他消费者转售的产品。消费品是用来满足消费者个人需求的产品。在某些情况下,同一个产品既会被定义为工业品又会被定义为消费品。例如,家庭主妇购买葡萄是为了家人享用,因此葡萄是消费品,但如果葡萄是葡萄酒厂买进来用来制作葡萄酒的,那它就变成工业品了。因此,工业品和消费品的区分,以及工业市场和消费市场的区分,主要是根据顾客的购买目的而定,而不是根据产品的种类来划分的。

按照一般的分类方法,消费品可以分为四种类型:便利品、选购品、特殊品、非寻求品。

1. 便利品

便利品是消费者不需要费力就能买到的价格便宜的商品。对于有些商品,消费者不愿意花大气力去搜寻和购买，比如软饮料、清洁剂、笔记本等。

消费者经常购买便利品并且没有详细的计划，但他们仍然了解一些受欢迎的便利品品牌，如可口可乐、白猫等。便利品通常需要进行广泛的分销以便有足够的销售量可以实现预期的利润目标。

2. 选购品

选购品一般要比便利品的价格高而且销售它的商店也要少。消费者在购买选购品时一般要对几种品牌或商店进行款式、适用性、价格等方面的比较，消费者也愿意花费一些精力以取得自己期望的利益。

选购品分为两种：同质品和异质品。消费者认为同质品的质量基本相似，但价格却明显不同，所以有选购的必要，如冰箱、电视机等。消费者认为异质品的质量是不同的，如家具、住宅等。消费者在选购异质品时比较麻烦，因为其价格、质量、特征等差异很大。对异质品进行比较的好处是"为自己挑选到最好的商品或品牌"，因而做出的决定通常个性化极强。

3. 特殊品

当消费者广泛地寻求某一特殊商品而又不愿意为此接受替代品时，这种商品即为特殊品，如奔驰汽车、劳力士手表等。

特殊品的经销商们经常运用突出地位感的精选广告保持其商品的特有形象，分销也经常被限定在某一地区的一个或很少的几个销售商店里。特殊品的品牌名称和服务质量非常重要。

4. 非寻求品

一项产品不为其潜在的消费者所了解或虽然了解但并不积极问津，那么这项产品就叫作非寻求品。新产品在通过广告和分销增加了其知名度之前都属于非寻求品。

一些商品永远都是非寻求品，特别是我们不愿意想起或不喜欢为它们花钱的商品。保险、丧葬用品、百科全书等物品都是传统的非寻求品，都需要有鼓动性强的人员销售和有说服力的广告宣传。销售人员总是尽力地接近那些潜在的消费者，因为消费者大多不会主动地去寻找这类产品。

（三）消费者

消费者就是购买与使用各种产品或服务的人。具体来说，消费者是各种消费品的购买者、付款者和使用者。消费行为作为动态运行的一个过程，购买者不一定是使用者，而使用者也不一定是付款者。比如，我们常常为别人买东西，别人也常常为我们买东西。所以，仅仅把消费者理解为购买者是片面的。

成功的营销者应该了解上述各个消费者角色的价值。首先，产品或服务的设计必须符合使用者的需要，因为如果产品或服务不能满足消费者的需求，那么就很难有付款者和购买者这两种角色了。其次，付款者的地位也很重要，因为如果价格或其他经济因素不能使付款者满意的话，使用者就很有可能不会购买该商品。最后，购买者的任务是找到商家并以某种方式获得商品。如果购买者接触商品或服务的通道受到限制，购买者就很难购买到这种商品，使用者也因此而无法使用到该商品。因此，营销人员必须想方设法使购买及获得商品或服务的过程变得方便，以使购买者更容易地完成消费行为。

因为本书所论及的消费主要是狭义的消费，即生活消费，相应地，本书所提及的消费者主要指的是自然人，他们为了满足自己的生活需要而进行消费，而这种消费的来源是他们的各种收人。当然,集团消费或组织消费也属于消费者行为学研究的范畴(通常将这类消费的主体称为工业用户),但本书将重点聚焦于个体消费者。

(四)消费者行为

了解了消费、消费者的含义,那么对消费者行为这一概念就很容易掌握了。所谓消费者行为,就是指人们为满足需要和欲望而寻找、选择、购买、使用、评价及处置产品和服务时介入的活动和过程。消费者行为学就是研究消费者的这些活动和过程,以及影响这些活动和过程的各种因素的一门科学。

(五)消费者市场

现代营销学给市场下了一个定义:市场是那些具有消费需求,同时有能力获得这种需求的人、集团或组织。市场营销活动,是企业为了适应市场的变化,满足消费者个人或集体的需求而开展的一系列活动,这种活动以消费者需求为核心。因此,可以说市场就是需求,而需求又是顾客提出来的,所以也可以说市场是由顾客需求构成的。总之,市场是购买者的需求总和,即人口、购买力和购买动机三要素的综合体现。市场可以按不同的研究目的,从不同角度进行多种分类。按上述对消费和消费者的划分,可以把市场分为消费者市场和工业市场或组织市场。这里主要介绍消费者市场。

消费者市场由为满足个人生活需要而购买商品的所有个人或家庭组成,是产业市场乃至整个经济活动为之服务的最终市场,也称生活资料市场或消费品市场。它同其他市场相比有以下特点。

(1)顾客多、范围广。个人和家庭是消费者市场的基本购买单位,购买者众多。需求范围包括衣、食、住、行、用等各个方面,需求范围相当大。

(2)需求差异性大。消费者由于受年龄、性别、职业、文化水平、经济收入、民族、社会、心理等多种因素的影响,他们的消费需求、消费模式、消费习惯等都存在着明显的差异。

(3)需求弹性大。当商品价格下跌时,商品的需求量会明显上升;而当价格上扬时,商品的需求量又会明显地下降,还有可能产生替代需求。

(4)购买量少、频率高。消费者为了满足个人或家庭的需要,除少数的耐用品外,许多商品需要经常购买,这些商品又无法长时间进行储存,从而决定消费品市场进行的是零星交易,购买频率高。

(5)非理性购买较强。大多数消费者缺乏专门的商品知识,购买时易受广告、商店的购买气氛、他人的购买行为、营业员的劝告等的影响,导致冲动性购买行为产生。

二、消费者行为学的研究对象和内容

消费者行为学以消费者在消费活动中的心理和行为现象作为研究对象。在实际生活中,这些心理和行为的表现形式多种多样,涉及消费者个人心理特征、行为方式、消费群体、市场营销、社会文化环境等诸多方面。为此,消费者行为研究对象在具体内容上可以划分为以下几个方面。

(一)消费者的心理活动基础

消费者行为学通过研究消费者的能力、气质、性格、自我概念等个性心理特征,了解消费心理现象的个别性或特殊性,进而解释不同的消费者在行为上的种种差异,同时对影响消费者行为的诸多心理因素中最重要、最直接的因素需要和动机加以深入了解和研究，系统分析现代消费者的需求内容、动机类型及其发展变化趋势，从而为购买行为的研究奠定基础。

（二）消费者的购买行为

购买行为是消费者心理活动的集中表现，是消费活动中最有意义的一部分。消费者行为学研究将消费者的心理因素和行为表现紧密联系在一起，深入探讨消费者的购买行为过程、购买决策的形成，以及态度、偏好、逆反心理、预期心理等对购买决策与行为的影响。通过对购买过程中产生消费需求、购买动机、搜集有关信息、进行比较选择、制订购买决策、实际从事购买、评价所购商品等若干阶段以及相互关系的考察，提炼出消费者购买行为的基本模式。在购买过程中，决策居于关键性环节。决策的正确与否将直接影响消费者购买行为的效率和效果的优劣。

（三）消费者的群体心理和行为

消费者行为在形态上表现为消费者个人的行动活动。但从社会总的角度来看，消费者行为又带有明显的群体性。现实中某些消费者由于年龄、性别、职业、收入相同或相近，因而在消费需求、消费观念、消费习惯等方面表现出很大的一致性或相似性。具有上述相同特征的若干消费者构成一定的消费群体。消费群体是社会消费活动的客观存在。研究不同消费群体在消费心理和消费行为方式上的特点与差异，有助于从宏观角度把握社会总体消费的运动规律，同时对商品生产者和经营者准确地细分消费市场，制订最佳的营销策略，具有重要的指导意义。

（四）消费者心理、行为和社会环境

消费者及其所从事的消费活动都是置于一定的社会环境中的，是在某种特定环境下进行的。因此，一方面，消费者个人或消费者群体的心理活动倾向及行为表现，在很大程度上受到社会环境因素的影响和制约；另一方面，消费者在适应环境的同时，也会以不同的方式影响或作用环境。

案例分析

我，安德鲁·汉克，每天先在某个餐馆工作8小时，然后驱车到另一家餐馆干8小时。一天，当我回到家里，我发现妻子和年仅6岁的孩子不辞而别。自从她们出走之后，我感到似乎一切都完了。我停止了工作，整日坐卧不安、无所事事，人就像疯了一样……有人把我送进医院，我在大喊大叫之后睡着了，醒来时，发现自己在一个精神病室里。经过差不多4天的心理治疗之后，他们让我出院了。

当我走出医院时，我一无所有。我想重新找回那份失去的工作，但是他们不给我机会。我只好寻找另一份工作，但由于没有电话之类的通信工具，找工作谈何容易。很长一段时间，我不得不睡在废弃的建筑物里。

大约是3年以前吧，我很饿而又身无分文。这时，我遇到了一位卖报纸的家伙。我问他卖的什么报纸，他说卖的是《街头智者》，这是由芝加哥那些无家可归或者曾经无家可归以及经济上处于不利境地的人销售的、独立的、非营利性的报纸。因此，我也加入到卖报的行列，我没有赚到很多钱，但我省吃俭用，现在我正打算节省一些钱来购置一件过冬的外套。我不再是无家可归者，我在一个旅馆中租了一间虽然很小但整体环境还算不错的房间，我可以买食物，我甚至还省钱买了一双耐克鞋。

(五) 消费者心理与市场营销

在现代市场经济条件下，消费者与之大量接触、受其影响最为深刻且直接的事物就是企业的市场营销。消费者心理和行为与企业的市场营销活动之间有着极为密切的内在联系，二者相互影响、相互作用。市场营销既是适应消费者心理的过程，又是对消费者心理进行诱导、促成其行为实现的过程。探讨在这一过程中消费者如何对各种营销活动做出反应，以及怎样针对消费者的心理活动特点改进营销方式，取得更好的营销效果，是消费者行为学研究的主要内容之一，也是其研究目的和任务所在。

消费趋势因时代而改变

现代消费者面临的消费环境发生了一系列深刻的变化，主要表现在科学技术的迅猛发展加速了产品的更新换代，新产品特别是高科技产品层出不穷，推动了消费内容和方式的不断更新。随着世界经济一体化进程的加快和国际大市场的基本形成，消费者不再仅仅面对本国市场和本国产品，而是直接面对国际市场和各国产品，这使消费者对产品的选择范围得到极大扩展。电子信息技术的迅速发展和广泛应用，给传统的产品交换方式带来强烈冲击，从而为消费者实现购物方式和消费方式的根本变革提供了可能。新的消费意识、消费潮流不断涌现，并以前所未有的速度在世界范围内广泛扩散、传播。

一、社会消费需要不断增长

自改革开放以来，我国社会商品供求关系发生了极大变化，消费需求强劲增长。一方面，城镇居民和农村富裕居民的高档消费品市场需求旺盛，推动了工业的升级换代和结构调整；另一方面，城乡经济、区域经济的不平衡发展，构成了城乡和区域间不同层次的消费需求，为各类工业品供给提供了广泛的市场基础。这种多层次的消费需求使中国大多数工业行业仍然具有巨大的潜在市场容量。

二、消费者的消费结构趋向高级化

20 世纪 90 年代中后期，中国居民整体的消费结构已从“温饱型”向“小康型”转变，相当一部分高收入居民群体开始向“富裕型”转变。消费重点由简单消费逐渐转向复杂消费，由普及型消费逐渐转向个性化消费。到 2010 年城镇居民的恩格尔系数(食品在消费支出中所占比重)达到 35%左右，已符合富裕标准；农村居民的恩格尔系数达到 40%左右，接近富裕水平。

城镇居民电器耐用消费品的普及率已达到 80%以上，未来的消费重点将主要是产品的更新换代，高技术、多功能、新款式、低能耗、无污染的新型耐用消费品将受到青睐。居民消费由以基本生活消费为主过渡到以发展性和享受性消费为主，家庭轿车、运动器材、保健产品、影视产品、文化教育、旅游、收藏等也渐渐成为消费热点。值得一提的是，在城镇居民消费中，住宅消费支出的比重正迅速增长，成为除食物消费外的第二大开支项目。随着居住条件的改善，住宅装饰宾馆化、艺术化倾向越来越明显。由此也带动了室内装饰革命、厨房革命和卫生间革命。

三、消费的个性化、多样化趋势明显

千篇一律、千人一面的消费观念已被抛弃，代之而起的是个性化、多元化的消费需求。

四、情感需要与感性消费趋向增强

科技浪潮的迅猛发展和经济活动的高度市场化，使人们的生活方式发生了剧烈变化。节奏快，变动多，竞争加剧，人们的情感需要日趋强烈。作为与高科技相抗衡的高情感需要，在消费领域中直接表现为消费者的感性消费趋向，于是感性消费时代便来临了。在感性消费时代，消费者更关心产品与自己的关系密切程度，他们购买产品是为了满足一种情感上的渴求，或者是追求某种特定商品与理想的自我概念的吻合。在情感需要的驱动下，消费者购买的产品并不是非买不可的生活必需品，而是一种能引起与其心理需求发生共鸣的感性产品。这种购买决策往往采用的是心理上的感性标准，即"我喜欢的就是最好的"，其购买行为通常建立在感性逻辑之上，以"喜欢就买"作为行动导向。因此，所谓感性消费，实质上是高技术社会中人类高情感需要的体现，是现代消费者更加注重精神的愉悦、个性的实现和感情的满足等高层次需要的突出反映。这在西方发达国家消费者中表现得尤为明显，中国消费者消费的感性化趋向也逐渐增强。

五、消费与环境保护一体化的趋势

这一趋势是指消费者以保护自然资源和生态环境为己任，将消费与全球环境及社会经济发展联系起来，自觉地把个人消费需要和消费行为纳入环境保护的规范之中，做一个绿色消费者，维护生态平衡，减少和避免对自然资源的过度消耗与浪费，实现永续消费。

六、消费者保护自身权益的要求增强

消费者的消费心理与行为日趋成熟，理性化消费、保护自身合法权益的消费意识不断增强。消费者更注意自己在购买活动中如何防范风险。

（资料来源：乔春洋的《消费趋势因时代而改变》，载于《消费日报》，2013 年 11 月 14 日，此处略有改动。）

任务二　消费者行为研究的意义和消费者行为的分析方法

■理解消费者行为研究的意义。

■掌握消费者行为研究的方法。

■能用科学的方法分析消费者行为。

从金六福"福文化"营销看消费者行为的研究意义

在现代市场上立足，就需要企业有属于自己的企业文化，且能够满足消费者需求。在这方面，金六福酒业（后简称金六福）就做到了满足消费者的心理需求。

据统计，中国每年有 100 万对新人步入婚礼殿堂，10 年间，金六福见证了 1 000 万对新人的幸福。诞生于 1998 年的金六福，在无历史、无文化、也无生产优势的贫瘠基础上，凭着独特的情境营销模式走出了一条品牌之路。1998 年,金六福初创之时经反复研究对比发现,在中国当时的白酒行业里,几乎所有的品牌为自己的定位方式都是口感忠诚。而在当时,口感有一定特色,就会拥有固定的消费人群。金六福根据消费者的喜好和心理,定位清晰,一开始不是做产品,而是做品牌。1999 年,湖南新华联集团在生产上与中国规模最大、销售额最高、品牌最稳定的生产厂家——五粮液集团合作。生产交给五粮液之后,金六福开始专心建立和塑造销售渠道,创造了白酒的新的定位方式。经过对消费者最根本需求的深层洞察,金六福发现中国人在喝酒的那一刹那最希望得到的是心情愉悦,于是金六福的定位就确定为送喜庆给别人——中国人的福酒。

在每年的节庆市场上,都有许多白酒大打"送礼牌"和"促销牌",这在短期内起到一定刺激销售的作用,但金六福一直没有这样做。金六福认为这种营销方式,还只是停留在产品诉求的层面,并没有考虑到节庆文化与自身品牌文化的内在联系,而金六福超越产品层面,将节庆营销提升到了文化层面,通过春节、中秋回家等营销方式,拨动了消费者心中情感之弦,使得消费者与金六福之间迅速建立需求联系。

"金六福"三个字的完美结合可谓是至善至美,迎合了中国人盼福和喜好吉利的传统习俗和心理需求。"金"代表富贵和地位,"六"为六六大顺,"福"为福气多多。金六福将酒质的香、醉、浓、甜、净与人们心中向往的"六福"——寿、富、康、德、和、孝有机融合在一起。金六福的"福文化"满足了消费者文化层面的需求。这是其他产品所不具备的。

案例点评

通过对金六福案例的了解,我们能从中了解到金六福成功的原因。著名品牌专家曾朝晖认为:金六福围绕一个"福"字,根据消费者的需求,把握适宜的时机,不断变换角度、手法和载体,诠释"福文化",使品牌形象得到提升。金六福将消费者的喜好作为企业定位的关键,从消费者的角度出发,用实际行动证实了消费者行为研究意义所带来的益处,大获消费者的喜爱。那么,消费者行为研究的意义是什么呢?通过学习我们可知:消费者行为研究是制订营销策略的基础,其为消费者权益保护和有关消费政策制定提供依据,其有助于消费者自身做出更明智的购买决策;其能提供关于消费者行为的知识和信息等。

由此可知,消费者行为的研究对企业、消费者都有着重要的影响。

(资料来源:我要调查网,《消费者行为研究的意义》,2012 年 9 月 20 日,此处略有改动。)

任务分析

在现实生活中,每个人必须使用和消费食品、服装、住房、医疗设施、交通设施等各种各样的生活必需品。从某种意义上说,每个人都是消费者。

研究消费者行为的意义是多方面的。每个人的消费行为决策不仅会影响到自己现在及将来的生活,甚至会影响到国家政策的制定及政府对众多行业(如运输业、原材料制造业)和市场的调配,从而影响着一些产业的兴起和衰落。

消费者行为学包含多学科的特点,其内容涉及心理学、社会学、市场营销学、经济学等。对于这个复杂的学科,应采用什么方法来进行研究,进而为政府、企业及个人决策提供有效的依据呢?

一、消费者行为研究的意义

(一) 消费者行为研究对消费者的意义

消费者行为研究可以使消费者学会科学地进行消费,从而使由于对商品不了解、消费观念落后等原因造成的盲目消费甚至利益受损的现象得以改善。消费者的消费将因此趋向于成熟和稳定,这使其需求能得到更好的满足,更加明确自己要的是什么,消费更有效、更经济。

(二) 消费者行为研究对消费者行为分析者的意义

消费者行为分析者通过对消费者行为的研究,创立了一个有关这方面人类行为的独立知识体系。该研究使知识体系更为完善,对社会实践有很强的指导意义。

(三) 消费者行为研究对企业、商家的意义

产品同质化时期的到来,使残酷的竞争、对消费者的争夺进入白热化阶段,这不仅使市场观念从"以生产者为中心"转变到"以消费者为中心"再到"对消费者进行引导和规范",把消费者的地位提升到前所未有的高度,而且"不买的消费者"概念的提出,更使人们清晰地看到市场策略的重要性,让习惯于只唱"让消费者买我品牌的商品"这"一部曲"的企业改唱"两部曲":先要让消费者的观念从认为自己不需要该类商品到认为自己有需要购买这类商品,然后再想方设法使自己在这一市场中占有比较大的分量。

具体来说,消费者行为分析对企业、商家的意义,有以下几个方面。

1. 有利于制订科学的市场策略

了解消费者的倾向和需要,以及对产品的现有态度,企业可以利用可控制的变量(如广告宣传、包装、价格、零售渠道)设计出有效的市场决策变量,从而有效地引导消费者购买其商品。对消费者行为的分析会催生成功的市场策略。

2. 有利于测定市场成效

消费者行为不仅影响市场策略,也反映市场策略。

3. 有利于详细划分市场

企业也要利用消费者行为的知识去细分市场,根据对消费者心理和行为分析的成果,确定细分市场所依据的有意义变量。

(四) 消费者行为研究的现实意义

针对我国的实际国情,深入开展消费者心理与行为的研究同样具有极其重要的现实意义。

(1) 加强消费者心理与行为分析有助于提高宏观经济决策水平,改善宏观调控效果,促进国民经济协调发展。

在社会主义市场经济条件下,市场作为经济运行的中枢系统,是国民经济发展状况的明显标志。处于买方地位的消费者,对市场的稳定运行,以及对国民经济的协调发展具有举足轻重的作用。消费者心理与消费者行为的变化会直接引起市场供求状况的变化,从而对整个国民经济产生连锁效应,对生产规模、生产周期、产品结构、产业结构、劳动就业、交通运输、对外贸易、财政金融、旅游乃至社会秩序造成重大影响。

(2) 加强消费者心理与行为分析有利于企业根据消费者需求变化组织生产经营活动,提高市场营销活动效果,增强市场竞争力。

随着经济的发展和人们收入水平的提高，一方面，我国广大消费者需求日趋复杂多样，不仅要消费各种优质商品，还要享受完善周到的服务；另一方面，随着市场经济的迅速发展，所有企业都被卷入市场竞争之中。实践证明，只有重视对消费者心理与行为的分析，根据消费者心理活动的特点来制订和调整营销策略，企业才能不断满足消费者的消费需要，在瞬息万变的市场环境中提高应变能力和竞争能力。

(3) 加强消费者心理与行为分析有助于消费者提高自身素质，科学地进行个人消费决策、改善消费行为，实现文明消费。

消费就其基本形式来说，是以消费者个人为主体进行的经济活动。消费活动的效果如何，不仅受社会经济发展水平、市场供求状况及企业营销活动的影响，而且更多地取决于消费者个人的决策水平和行为方式。而消费决策水平及行为方式又与消费者自身的心理素质状况有直接的内在联系。消费者的个性特点、兴趣爱好、认知方法、价值观念、性格气质、社会态度、消费偏好等，都会不同程度地对消费决策的内容和行为方式产生影响，进而影响消费活动的效果乃至消费者的生活质量。

(4) 加强消费者心理与行为研究有助于推动我国尽快融入国际经济体系，不断开拓国际市场，增强企业和产品的国际竞争力

心理账户

心理账户研究人员发现，消费者在支配他们的金钱时会使用心理账户。心理账户(mental accounting)是指消费者对决策选择的财务结果进行编码、分类和评估所采用的方法。正式地说，它是对资金或有价值的东西进行分类的倾向，即使这种分类并没有逻辑根据。比如，有些人会把他们的存款分别存入几个账户来达到不同的目的，尽管任一账户的资金都可以用于任何目的。

下面有两个情境。

(1) 假设你花 50 美元买了一张音乐会的票，当你到达剧场时才发现票丢了，你决定再买一张票。

(2) 假设你决定去剧场门口买一张音乐会的票，当你到达剧场时才发现你在途中丢了那用来买票的 50 美元，你决定无论如何要买一张票。

虽然在这两种情境下，你损失的同样是 50 美元，但在第一种情境下，你已经在心理上准备花 50 美元去听音乐会，再买一张票就超出了你对音乐会的心理账户；而在第二种情境下，丢失的钱并没有归入任何账户，所以，50 美元的票并没有超出你对音乐会的心理账户。

根据理查德·塞勒的观点，心理账户基于一组核心原则，具体如下。

(1) 消费者倾向于把获益分割。当卖方拥有一项具有多个正面属性的产品时，让消费者分别评估每个属性是可取的办法。例如，列举出一项大型组织产品的多项优点，可以使各个部分的合计价值看起来大于整体价值。

(2) 消费者倾向于把损失合并。如果产品的成本可以附加到另一项较大的购买活动中，营销者出售该产品时就会具有明显的优势。如购房者在购买高价房屋时，往往会关注额外的支出项目。

(3) 消费者倾向于将较小的损失与较大的获益合并。"取消"原则可以解释为什么一次性缴付大笔税金比每月从工资中扣税的方式更令人厌恶，因为数额较小的扣税能够被数额较大的工资所掩盖。

(4) 消费者倾向于把小的获益从大的损失中分割出来。"苦中有乐"原则也许可以解释为什么购买汽车等大额商品时的小额折扣会如此普遍。心理账户的原则部分来自期望理论。期望理论(prospect theory)认为消费者会根据价值函数，从获益与损失的角度构建不同的决策方案。通常，消费者不希望遭受损失，他们往往会高估极不可能发生的事件的概率，并低估极可能发生的事件的概率。

二、消费者行为的分析方法

消费者行为的分析方法主要包括以下几种。

(一) 观察法

观察法，是指在日常生活中通过观察消费者的外在行为探究其心理活动。如到购物场所实地观察顾客的购买行为。这个方法的特点是简单易行，成本低，有一定的可信度。

(二) 实验法

实验法是心理学研究中应用最广且成效最大的一种方法，包括实验室实验法和自然实验法两种。实验室实验法是指在专门的实验室内，借助仪器、设备等进行心理测试和分析的方法。这种方法因借助仪器会得到比较科学的结果，但是存在无法测定比较复杂的个性心理活动的缺点。自然实验法是指在企业通过适当控制和创造某些条件，刺激和诱导消费者的心理，或者是利用一定的实验对象对某个心理问题进行实验，最终记录下消费者的各种心理表现。这种方法具有主动性、系统性的特点，因此被广泛使用。

(三) 问卷法

问卷法又称填表法，即调查机构或部门将它们希望了解的内容列在纸上，然后发给消费者，让他们填写。这种方法因为可以同时调查多个人，简单且收效显著，所以也被广泛应用。

(四) 交谈法

这种方法是指调查者和被调查者通过交谈的方式完成要调查的内容。一个调查者可以同时和多个被调查者交谈，简单易操作，效果显著。

(五) 模型法

消费者行为学之所以在新兴的学科里占据重要的一席，就是因为它是建立在一系列有影响力的模型分析的基础上，而不是建立在主观的猜测之上。

(六) 决策导向研究法

决策导向研究法以消费者是一个积极、主动的问题解决者为出发点，试图重点了解消费者如何制订策略或计划，以及如何在不同产品与品牌之间做出选择。采用这一方法研究消费者行为，依赖认知心理学的大量研究成果，同时也依赖实验心理学和经济学的某些成果。有两个问题需要注意：一是消费者在有些产品的购买上并不是采用一种系统、主动和理性的决策方式，很有可能是采用习惯性的反应方式，或者很少涉及有意识的决策；二是消费者的购买决策过程可能要跨越一个比较长的时段，做出决策前所依赖的信息往往带有模糊或含混的成分。以上两点，实际上意味着决策导向研究法在探究某些消费者行为时不可避免地存在局限。

（七）经验导向研究法

持这种研究倾向的学者认为，在有些情况下，消费者并不是按照一种理性的决策程序做出购买决定的。相反，人们购买产品或服务有时是为了有趣、好玩，为了产生一种新鲜感，为了获得一种情绪或情感上的体验，冲动性购买、寻求多样化的购买是这种体验型购买的经典例子。消费者长期消费某种产品或某一品牌的产品后往往会感到厌倦，为了降低厌倦感，获得新的刺激，他可能会转换品牌，即寻求购买上的多样化。

着眼从情绪和情感体验角度研究消费者行为，研究人员将致力于发现、识别与购买相关的各种感觉、情绪、想象和象征。广告、包装设计中所运用的情感性主题或诉求，通常需要运用此研究方法所获得的成果。经验导向研究法深深植根于动机心理学、社会学、人类学的研究土壤中，需要后者提供理论和方法论上的支持。

（八）行为影响研究法

在外部环境力量的驱动下，消费者可能尚未产生或形成关于某种产品的情感或信念，就做出了购买决定。换句话说，消费者在购买一种产品或接受一项服务时，并不一定经过了一个理性的决策过程，也不一定依赖已经发展起来的某些情感，相反，行动可能来源于环境因素的直接影响。从行为影响角度出发，研究人员在分析消费者行为时可能更关注或强调通过某些营销手段或刺激手段直接影响消费者行为，而不是采用先影响情感、态度，再通过这些中间变量来影响行为这样一种间接的行为影响方式。现代营销观念的核心是以比竞争者更加有效的产品、服务满足消费者的需要。

任务三　消费者行为学的学科性质和发展

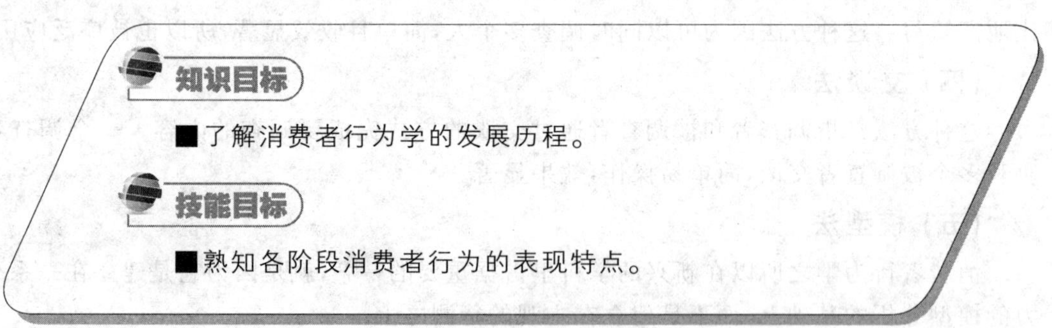

知识目标

■了解消费者行为学的发展历程。

技能目标

■熟知各阶段消费者行为的表现特点。

任务引入

某食品研究所计划开“安全肉”专卖店，所谓“安全肉”是针对市场上的注水肉、私屠乱宰等而言的。该研究所根据市场调研得知，人们对菜市场小摊贩销售的猪肉很不放心，如果有这样的“安全肉”专卖店，人们肯定愿意购买。于是该研究所的人员开办了一个“安全肉”专卖店。然而那些曾经在调研中声称愿意购买“安全肉”的消费者并没有发生真正的消费行为。专卖店开业之日，也正是其开始亏损之日。

问题：为什么有要买“安全肉”需求的消费者没有到这个专卖店购买“安全肉”？

市场调研也许可以表明消费者有需求，但有需求并不一定就会发生购买行为。比如，每个人、每个企业都对环保有需求，都愿意生活在一个好环境之下，但要求个人或企业花钱购买环保产品绝对不是一件容易的事。消费者的某种需求转化为购买行为，仍然需要很多前提条件，这是一个复杂的过程。

在人类社会的发展过程中，人们在古代就开始对消费者行为进行关注和经验描述。此后，人类对消费者行为进行了深入的研究与探索，并使之最终形成了一门独立的应用性学科。

一、消费者行为学研究的发展历程

消费者行为学作为一门独立的、系统的应用科学是在资本主义工业革命之后，随着商品经济的快速发展、市场问题日益尖锐、竞争加剧而出现的。从 19 世纪末到 20 世纪 30 年代，有关消费者行为与心理研究的理论开始出现，并有了初步的发展。在这个时期，各主要资本主义国家尤其是美国，工业革命后的劳动生产率大幅度提高，生产能力的提升开始超过市场需求的增长，导致企业之间竞争加剧。在这种情况下，一些企业开始注重消费者需求的刺激和商品推销，推销术和广告术在这个时候登上了企业的“竞技舞台”。与此同时，一些学者根据企业销售的需要，开始从理论上研究商品的需求与销售之间的关系，研究消费者行为与心理同企业销售之间的关系。

（一）原始至萌芽时期(18 世纪末以前)

美国学者伍兹指出：自从最初的人类大约在二百多万年前出现在地球上以来，消费者行为已经存在很长一个时期了。

我国春秋时期商人范蠡就从分析消费者行为出发，采用“计然七策”经营商业。战国时期的大思想家荀子对消费者行为的发生过程做了唯物主义解释：“入乎耳，著乎心，布乎四体，形乎动静。”意思是说：客观刺激作用于人的感官，通过思维加工对事物有了明确认识，再经过神经输出，便产生了某种行为。

在古代西方，古希腊唯心主义哲学家柏拉图(Plato)和亚里士多德等也涉及消费者行为的研究。在消费者阶层的划分上，柏拉图最早提出了“哲学王、武士和劳动者(奴隶除外)”的三种阶层理论。亚里士多德所提出的“欲望是心理运动的资源，一切情感、需要、动作和意志均为欲望所引发”以及“欲望得到满足的行动是本能动作，而高级行动则有理性思维参加，是意志行动”在今天仍有一定的参考价值。亚当·斯密所信奉的“看不见的手”原理也是建立在对个体消费者观察和某些假设之上的。

（二）萌芽时期(19 世纪末至 1930 年)

始于 19 世纪末 20 世纪初，美国社会学家凡勃伦在《有闲阶级论》(The Theory of the Leisure Class)(1899)中提出了炫耀性消费及其社会含义。他认为过度的消费是在一种希望炫耀的心理下被激发的。以他为代表的消费心理研究者的研究引起了心理学家和社会学家的兴趣，也受到了企业的密切关注。1901 年，美国著名社会心理学家斯科特(W. D. Scott)首次提出在广告宣传上应用心理学理论，认为心理学可以在销售和广告中发挥重要作用。同时，美国心理学家盖尔的《广告心理学》问世，系统地论述了在商品广告中如何应用心理学原理增加广告的宣传效果，让消费者产生更大的兴趣。1912 年，德国心理学家闵斯特伯格又出版了《工业心理学》一书，阐述了在商品销售中，橱窗陈列和广告对消费者心理上的影响。科普兰（M. T. Copeland）于 1923 年提出将消费物品分为便利品、选购品和专门品的分类方法部分建立在对三个方面的消费者行为的分析之上。

心理学的三大学派

一、精神分析学派

代表人物：弗洛伊德。

观点：人类的行为源于欲望和动机；欲望以无意识的形式支配人的行为。

弗洛伊德认为，人的心理可以分为意识、前意识和潜意识。后期他又把人格分为本我、自我、超我。他强调无意识的重要性，认为性本能是人的心理的基本动力，是决定个人命运和影响社会发展的永恒力量。

二、行为主义学派

代表人物：华生、斯金纳。

观点：反对研究意识，主张研究行为；反对内省，主张用实验方法。

行为主义的基本理论具体如下。

(1) 强调心理学研究的只是可客观观察的外显行为，反对一切内省，强调资料的客观性及获取资料途径的客观性。

(2) 构成行为的基础是个体的行为，集多个个体的反应即可知行为的整体。行为主义提出一个人的行为的公式“S—R”，S 即刺激，R 是行为反应，在行为主义看来，心理学只需要探索 S 与 R 之间的关系就可以了。

(3) 个体行为不是生来就有的，也不是由遗传决定的，而是受环境因素影响被动学习的。华生有一句名言：“给我一打健康的婴儿，我可以随心所欲地将他们塑造成诗人、哲学家、运动员、小偷、乞丐……”

(4) 经由对动物和儿童研究所得到的行为的原理，可用来解释一般人的行为。

三、人本主义学派

代表人物：罗杰斯、马斯洛。

人本主义学派兴起于 20 世纪 50 年代美国的西方心理学思潮和革新运动中，其反对行为主义的环境决定论和精神分析的生物还原论思想，主张研究人的本性（nature）、潜能（potentiality）、经验（experience）、价值（value）、创造力（creativity）以及自我实现（self-actualization）。该学派在西方被称为心理学的第三势力。

人本主义学派的基本观点具体如下。

(1) 坚持以人的经验为出发点，强调人的整体性、独特性和自主性。

(2) 坚持以机体潜能为基础，强调人的未来发展的可能性及乐观前景。

(3) 坚持以人的价值和人格发展为重点，强调把自我实现、自我选择和健康人格作为人生追求的目标。

(4) 坚持以广泛的社会问题为内容,强调实施心理治疗、教育改革、犯罪防治和社会改造。

(三) 应用时期(1930 年至 1960 年)

20 世纪 30 年代的经济大危机促使西方企业关注商品促销和研究消费者行为。20 世纪 40—50 年代的消费者行为动机研究比较盛行。美国学者盖斯特(L. Cuest)和布朗(George H. Brown)于 20 世纪 50 年代初开始研究消费者对品牌的忠诚问题,以便找到促使消费者重复选择某一商品品牌的有效途径。谢里夫(M. Sherif)、凯利(Harlod H. Kelley)和谢把托尼(Shibutoni)等人开展了对参照群体的研究。同一时期马斯洛也提出了著名的需求层次理论。

(四) 变革与发展时期(1960 年至今)

这一阶段的消费者行为研究飞速发展,相关研究文献数量、质量均得到大幅提升,消费者行为学已经成为一门独立学科。1960 年,美国心理学会成立了消费者心理学分会,这是消费者行为学开始确立其学科地位的前奏。1968 年,第一部消费者行为学教材《消费者行为学》由俄亥俄州立大学的恩格尔(James Engel)、科拉特(David Kollat)和布莱克维尔(Roger Blackwell)合作出版。1969 年,美国消费者研究协会(Association for Consumer Research)正式成立。1974 年,《消费者研究杂志》(简称 JCR)创刊,该杂志不仅发表了大量消费者行为研究的成果,还将美国心理学会、美国市场营销学会、美国经济学会、美国消费者研究协会等众多团体联系到一起,为大家提供了一个交流合作的平台。

这一阶段的其他代表性研究还有:罗杰斯(Everett M. Rogers)关于创新采用与扩散的研究;拉维吉(F. J. Lavidge)和斯坦勒(G. A. Steiner)关于广告效果的研究;费希本(Matin Fishbein)等人关于组织行为的研究;谢恩(J. N. Sheth)等人关于组织购买行为的研究和关于消费者权益保护问题的研究;科克斯(Donald F. Cox)和罗斯留斯(T. Roselisus)等人关于如何应付知觉风险的研究。

(五) 发展趋向

(1) 研究角度和参数趋向多元化。许多学者从宏观经济、自然资源保护、消费者利益、生活方式、消费者信用问题等多个角度开展研究。消费者行为研究将考虑心理因素、文化、历史、地域、民族、道德传统、价值观念、信息化程度等一系列变量。

(2) 研究方法趋向于定量化。许多研究将运用统计分析技术、信息处理技术以及运筹学、动态分析等现代科学方法和技术手段,揭示各变量之间的联系。

(3) 适应全球经济一体化的需要。在全球经济一体化的大背景下,国内市场已经逐步迈向国际化,经济大国的对外直接投资也发展迅猛,从全球化的角度分析消费者行为规律和消费者行为差异的跨文化消费者行为研究将成为新趋势。例如,亚洲消费者与家庭经济学会从 1995 年开始每年举行一次国际年会,为各国从事消费者行为研究学者及企业界人士提供交流机会。

行为决策理论的一些研究成果

消费者并非总是以深思熟虑和理性的方式处理信息或做出决策的。近 30 年来,营销界最活跃的学术研究之一就是行为决策理论(behavioral decision theory,BDT)。行为决策理论家已经发现，消费者在许多情境下会做出看起来并不理性的选择。以下总结了该研究的一些杰出成果。

- 当选择组中增加了一个相对较差的产品时，消费者更有可能选择一个备选品。
- 经过考虑之后，消费者更有可能选择一个特定选择组中的折中产品，尽管该产品在任何方面都不是最好的。
- 消费者的选择影响他们对自己的口味与偏好的评估。
- 将人们的注意力集中至两个备选品中的一个，往往会提高该备选品的感知吸引力和被选可能性。
- 消费者如何比较价格，如何感知质量存在差异的产品，产品在商店内如何陈列，这些因素都会影响消费者对产品的附加属性或知名品牌的支付意愿。
- 感觉自己的购买决策可能有误的消费者更有可能选择知名品牌。
- 那些容易因错失良机而产生懊悔之感的消费者，更有可能选择目前正在打折的产品，而不会等到折扣更多时购买，也不会购买价格更高的产品。
- 备选产品描述方式的微妙改变经常影响消费者的选择。
- 消费者对自己未来口味的预测并不准确，他们并不知道在多次消费同一口味的酸奶或冰激凌之后，自己的感觉会是怎样的。
- 消费者经常高估他们对未来事件（如电影、意外之财、体育比赛的结果等）的情感反应的持续时间。
- 消费者经常高估未来的消费，特别是在限量供应的情况下（这就能解释为什么“黑杰克”牌的口香糖每年只限量供应几个月，而其销量却比其全年供应时还要高）。
- 在估计未来的消费机会时，消费者经常会认为自己将来需要或所要的品种数量比他们实际需要或所要的要多。
- 消费者不愿意选择那些产品属性或促销优惠的价值很低或毫无价值的备选品，尽管这些属性和优惠是非强制的，而且并不会减少产品本身的实际价值。
- 消费者不愿意选择某些被其他消费者出于不重要的原因所选择的产品，即使这些原因并没有对产品价值做出正面或负面的评价。
- 消费者对过去体验的理解和评价在很大程度上受过去事件的结局和趋势的影响。一次服务体验后的正面结果，有利于对今后整个体验过程的回忆和评价。

二、消费者行为学课程的发展历史

从世界范围看，尽管关于消费者行为的专门研究始于19世纪末20世纪初，但消费者行为学作为一门独立的学科的地位则是在20世纪60年代以后才开始得到承认。1968年，美国俄亥俄州立大学的恩格尔(James Engel)等人合作出版了《消费者行为学》一书，这是世界上第一部系统介绍消费者行为知识与理论的教科书。自此以后，随着社会各界尤其是企业界对消费者问题的关注，消费者行为研究备受重视，消费者行为学的发展与传播速度大大加快。如今，在西方各大学里，消费者行为学不仅是市场营销学专业学生的必修课，而且也受到管理、传播等专业学生的欢迎和重视。

我国对消费者行为学的研究起步较晚，该学科的发展相对滞后。20世纪80年代初，全国很少有高校开设消费者行为学课程，直到进入 20 世纪 90 年代，我国学术界对消费者行为学的研究越来越重视，一百多所设有市场营销专业的高校开设了此课程，以“消费者心理”“消费行为与心理”“消费者行为学”命名的译著与教材不断增多，许多学者已经在该领域取得了相应的研究成果，消费者行为学在我国的研究、应用和传播已经有了一个良好的开端。但综观而言，目前在消费者行为领域尚未形成一种被普遍接受的或被大多数人公认的系统理论，这既说明消费者行为学是一门年轻的学科，还有待于进一步发展和完善，同时也预示着这门学科有着广阔的发展空间与前景。

案例分析

美国某企业向市场推出其新产品“方便尿布”时遇到了阻力。“方便尿布”用纸制成，用过一次便弃掉，亦称“可弃尿布”或“一次性尿布”。在产品推广的初期，广告诉求重点放在方便使用上，结果销路不畅。后经调查了解，仔细分析消费者的心理，方知该尿布虽然被母亲们认同确实使用方便，省去洗尿布的麻烦，但广告关于省事省力的宣传却使她们产生了心理上的不安：如果仅仅是方便使用而无其他品质，那么购买并使用这种一次性尿布只是为了母亲图省事，自己好像就成了一个懒惰、浪费的母亲，婆婆因此也会责备自己。

有这样的一个故事：一位年轻的母亲正在给自己的孩子换一次性尿布，突然婆婆来家看望孩子。这下搞得母亲很紧张，情急之下，一脚将换下的尿布踢到床下，然后才去给婆婆开门。为什么要把尿布踢到床下？原来怕婆婆看到后有意见。在婆婆看来，给孩子洗尿布是母亲的天职，哪能嫌麻烦呢？给孩子用一次性尿布的母亲，必定是一个怕麻烦的、懒惰的、对孩子不负责任的母亲。

鉴于此，新的广告策划与策略针对这种心理进行了调整，广告诉求的重点发生了改变。新广告着重突出该尿布比布质尿布更好、更柔软、吸水性更强，且保护皮肤，婴儿用了更卫生、更舒服等特点。把产品利益的重点放在孩子身上，淡化了对于母亲方便省事的描述。广告语是：“让未来总统的屁股干干爽爽！”于是，一次性尿布就受到了母亲们的普遍欢迎，因为它既满足了她们希望婴儿健康、卫生、舒适的愿望，又可心安理得地避免懒惰与浪费的指责，同时兼顾了两方面的心理满足。从此一次性尿布就在美国流行起来。

（资料来源：廖为建，《“速溶咖啡”与“一次性尿布”》，2009 年 11 月 17 日，此处略有改动。）

问题：从本案例中，你得到了哪些启示和结论？

知识与技能检测

一、名词解释

消费品　　消费者　　消费者行为　　消费者市场

二、思考题

（1）简述消费者行为研究的意义。

（2）研究消费者行为的方法有哪些？

（3）简述消费者行为学的发展历程。

三、案例分析

环保洗车方式渐成主流

关键词:变革。

解读:为爱车美容,是很多车友的必做功课。随着人们对于汽车养护、美容的重视,更为精细的洗车方式、更为科学的护车方式逐渐为消费者所看好,而汽车美容行业也因此在经历着一场变革,向更加环保、科学的方向发展。

据新华网消息,根据公安部提供的数据,截至2013年年底,我国汽车保有量达1.37亿辆,是2003年的5.7倍。随着经济社会的发展,汽车快速进入千家万户,近十年汽车年均增加1 100多万辆,而2013年更是同比增加1 651万辆,增长了13.7%,我国已快速进入汽车社会。

资深汽车美容行业专家、北京爱车时代汽车技术研究院院长王鹏先生在接受本报采访时表示,传统洗车方式不仅耗水量大,还存在一定安全隐患,并且会对车漆造成伤害,这种洗车方式未来或将被边缘化甚至被取缔。

传统洗车方式会被逐渐取代,主要有以下原因。

首先,耗水量大,不环保。随着我国汽车保有量的飞速上涨,在水资源相对匮乏的当下,传统洗车方式对水资源的浪费一直为人们所诟病。早在2011年,北京市节约用水管理中心、中国科学院地理科学与资源研究所便起草《公共生活取水定额　第7部分:洗车》,该地方标准首次给洗车行业限定了用水量,要求手工洗车点每清洗一辆车,新取用水不超过22升,自动洗车点不超过31升。其中,22升和31升都是自来水的量,不包括洗车点自备的循环水、雨水、中水等。2014年4月,北京市举行阶梯水价听证会,根据《北京市节约用水办法》,非居民用户用水继续执行超定额累进加价政策,特殊行业用水将加大差别水价实施力度,水价将大幅增长,以抑制高耗水行业发展。除北京之外,全国各地也不乏实施阶梯水价政策的省市,太原、兰州、海口、遵义等全国多个大中城市,纷纷对洗车店进行严查并出台相关政策,对浪费水或污染环境严重的店面进行惩罚并限期整改。

据《北京晚报》消息,北京市约有正规洗车点3 000多家。根据有数据的洗车点统计,目前洗车用水量一年在600万吨左右。王鹏介绍,普通单机洗车器清洗一辆小轿车的耗水量大约为160升,往复式洗车器的耗水量在200升左右,而全自动洗车器的耗水量甚至可以达到260升,这也就意味着,1吨水只能用于清洗3辆汽车。"如今,人们越来越重视环保,传统洗车方式明显与现实情况相违背。洗车机从耗水量来讲会被淘汰。随着各地阶梯水价政策的实施,或许各地有关洗车行业的立法也将不再遥远,每一次水费的上调都是立法的一个信号。"王鹏表示。

其次,存在安全隐患。在许多洗车店中,工作人员使用手动高压清洗机为消费者洗车的行为屡见不鲜,其实这种洗车方式存在很大的安全隐患。"手动高压清洗机不仅耗水耗电量大,效果也差。它的电机是220伏,功率大概可达到7 500瓦,因为其带水作业,由于高压洗车枪手柄漏电而电死洗车工的事屡见不鲜,而且这种设备的后坐力也很大,伤人事件也是屡有发生。"

最后,传统洗车方式伤害车漆。王鹏表示,在洗车行业中常见的手动高压清洗机原本用于高压切割,其工作原理是"最大流量加最小流经",形成"水刀"。"水刀"在清洁车身的同时,会使车身表面的硬粒尘埃在车漆上做摩擦,这会损伤车漆。

既然传统洗车方式有着诸多弊端,那么未来将会有何种洗车方式将其替换呢?据王鹏介绍,目前市场上已经有一种名为水气相溶清洗枪的新型节水洗车设备,它可以从根本上解决目前洗车行业存在的种种难题,并且该设备已获得国家知识产权局发明专利证书,荣获"2011年度中国汽保设备行业10佳评选"唯一的一项节能环保奖。"水气相溶清洗枪每分钟耗水量仅为2升,较常规洗车设备节水90%以上。另外,在技术上通过将水管与气管相结合,压缩空气驱动的方式,杜绝了传统高压水枪水电混合作业的危险隐患,投入比高压水枪还低。"王鹏介绍道,"这种清洗设备不仅适用于汽车外部保洁,对汽车冷凝器清洗、工具及油盆清洗、施工车间保洁等都有突出效果。"据了解,该设备被哈尔滨等城市列为重点推广节能环保型清洗设备。"水气相溶清洗枪清洗每辆车仅需15升水左右,耗电功率仅有0.6瓦,而且清洗力强,有气雾保护不伤车漆,目前行业中已经有很多洗车店在使用该设备。总的来说,水气相溶清洗将成为这个行业未来发展的新方式。"王鹏表示。

(资料来源:王洋,《环保洗车方式渐成主流》,载于《消费日报》,2014年4月18日,此处略有改动。)

问题:目前消费者洗车方式转换的原因有哪些?

四、实训题

试跟踪观察一位超市顾客购物过程,并对顾客在这个过程中的消费行为进行分析。

项目二

心理活动过程与消费者行为

XIAOFEIZHE
XINGWEIXUE

“佳佳”和“乖乖”的不同命运

“佳佳”和“乖乖”是香脆小点心的商标，曾经相继风靡20世纪70年代的台湾地区市场，并掀起过一阵流行热潮，致使同类食品蜂拥而上，多得不胜枚举。然而时至今日，率先上市的“佳佳”在轰动一时之后销声匿迹了，而竞争对手“乖乖”却经久不衰。它们为什么会出现两种截然不同的命运呢？

经考查，“佳佳”上市前做过周密的准备，并以巨额的广告申明：销售对象是青少年，尤其是恋爱男女，还包括失恋者——广告中曾有一句话是“失恋的人爱吃佳佳”。显然，佳佳把希望寄托在“情人的嘴巴上”，而且它做成的是咖喱味，采用了大盒包装。“乖乖”则是以儿童为目标，以甜味与咖喱味抗衡，用廉价的小包装上市，去吸引敏感而又冲动的孩子们的小嘴，小包装的分量让他们在短时间之内吃完，嘴里留下余香。这就促使疼爱孩子们的家长重复购买。

为了刺激消费者，“乖乖”的广告词是“吃，吃得个个笑逐颜开！”可见，“佳佳”和“乖乖”有不同的消费对象，不同大小的包装、不同的口味风格和不同的广告宣传。正是这些不同点，也最终决定了两个竞争者的不同命运。“乖乖”征服了“佳佳”，“佳佳”昙花一现。

消费心理研究指出，在购买活动中，不同消费者的不同心理现象，无论是简单的还是复杂的，都需要消费者对商品的认识过程、情感过程和意志过程这三种既相互区别又相互联系、相互促进的心理活动过程。

其一，从消费者心理活动的认识过程来看，消费者购买行为发生的心理基础是对商品已有的认识，但并不是任何商品都能引起消费者的认知的。心理实验证明，商品只有某些属性或总体形象对消费者具有一定强度的刺激以后，才被选为认知对象的。如果刺激达不到一定的强度或超过了感觉阈限的承受度，都不会引起消费者认知系统的兴奋。商品对消费者刺激强弱的影响因素较多。商品包装规格大小、消费对象的设计、宣传语言的选择均对消费者产生程度不同的刺激。以“佳佳”和“乖乖”为例，“佳佳”采用大盒包装，消费者对新产品的基本心理定式是“试试看”，偌大一包不知底细的食品，消费者颇费踌躇，往往不予问津，而消费对象限于恋爱情人，又赶走了一批消费者，再加上广告语中的“失恋的人爱吃佳佳”一语，又使一部分消费者在“与我无关”的心理驱动下，对“佳佳”视而不见，充耳不闻；相比之下，“乖乖”的设计就颇有吸引力，其廉价小包装，消费者在“好坏不论，试试再说”的心理指导下，愿意一试，因为量小，品尝不佳损失也不大，再者广告突出了“吃”字，吃得开心，开心地吃，正是消费者满足食欲刺激的兴奋点。两相对比，“乖乖”以适度、恰当的刺激，引起了消费者的认知，在市场竞争中，最终击败了“佳佳”。

其二，从消费心理活动的情感过程来看，通常情况下，消费者完成对商品的认知过程后，具备了购买的可能性，但消费行为的发生，还需要消费者情感过程的参与，积极的情感如喜欢、热爱、愉快，可以增强消费者购买欲望，反之，消极的情感如厌恶、反感、失望等，会降低购买欲望。“佳佳”的口味设计，咖喱的辣味与恋爱中的轻松与甜蜜氛围不太相宜，未免有扫兴的意味，再加上“失恋的人爱吃佳佳”这种晦气的印象，给人以消极性的情感刺激。因此，它最终败下阵来也就不足为奇了。

在商品购买心理的认知过程和情感过程这两个阶段，“佳佳”都未能给消费者造成充分的良性情感刺激，失去了顾客的心；而“乖乖”则给人以充分的积极情绪的心理刺激，大获消费者的青昧。因此，消费者在意志过程的决断中，舍谁取谁，已在不言之中了。

任务一 消费者的感知觉

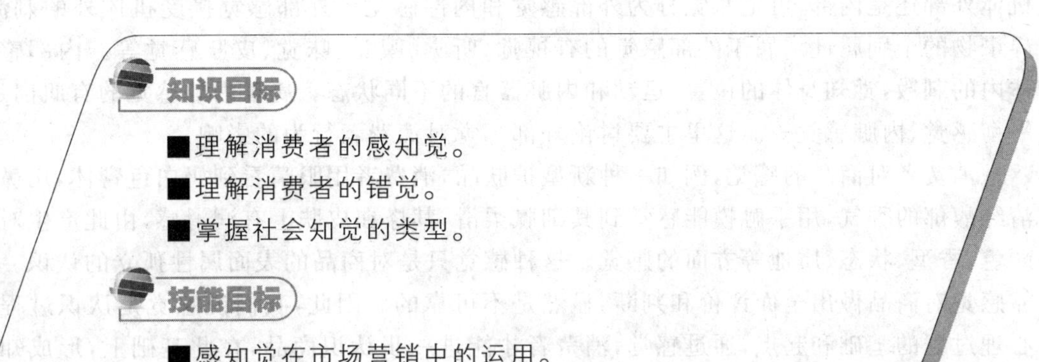

任务引入

朗格日拉是内蒙古的一个小伙子，通过高考来到广州读大学。来到大学城后，他感叹广州的繁华，赞叹之余，烦恼也来了——吃的方面不习惯。虽说来广州之前他也了解过当地的饮食习惯，但是粤菜太精致了，总感觉吃起来不过瘾。饭堂的牛肉切得那么细，那么细的牛肉有什么味道呢？每次去购书中心看书时，总被绿茵阁招牌吸引，听同学说店内有大块牛肉吃，朗格日拉便在一天考试结束后请同学去吃牛排。他们来到体育西路一家绿茵阁，要了一份六分熟的牛排。当服务员端上牛排时，朗格日拉看到是的带血的牛肉，天呀，生牛肉能吃吗？不会生病吧？他一口都没吃就跑出了绿茵阁。

(1) 你认为所有人都吃熟的牛肉吗？

(2) 日本人喜欢吃生鱼片或刺身的原因是什么？

任务分析

人的心理过程是心理现象的不同形式对现实的动态反映。我们生活在一个感官刺激泛滥的世界，面对刺激，我们会有意、无意做出各种选择。在人的认知过程中，感知觉是个体对外界事物刺激输入的反应，是一切心理活动和行为反应的基础。

一、消费者的感觉

(一) 感觉的概念

感觉是一种最简单的心理现象，是人脑对直接作用于感觉器官的外界事物的个别属性的反映。人类在生存的过程中时刻都在感知自身存在的外部环境。感觉就是客观事物的各种特征和属性通过刺激人的不同的感觉器官引起兴奋，经神经传导反映到大脑皮层的神经中枢，从而产生的反应。而感觉的综合就形成了人对这一事物的初步的认识及评价。

（二）感觉的分类

感觉的获得是通过接受感觉输入的人体器官(如眼睛、耳朵、鼻子、嘴、皮肤等)来完成的，这些感觉器官的作用是看、听、闻、尝、触。据此对感觉给予分类，即视觉、听觉、嗅觉、味觉、触觉。早在两千多年前就有人将人类的感觉划分成五种基本感觉，现代心理学根据感觉刺激是来自有机体外部还是内部，可把感觉分为外部感觉和内部感觉。外部感觉接受机体外的刺激，觉知外界事物的个别属性。属于外部感觉的有视觉、听觉、嗅觉、味觉、皮肤感觉等。内部感觉接受机体内的刺激，觉知身体的位置、运动和内脏器官的不同状态。属于内部感觉的有肌肉运动感觉、平衡感觉、内脏感觉等。这里主要讨论外部感觉对消费者行为的影响。

消费者对商品的感觉，例如一种新型护肤品，消费者用眼睛看到奶白色膏体，用鼻子嗅到其清纯馥郁的香气，用手触摸能感觉到其细腻柔滑，其搽在皮肤上有润滑感，由此产生对该护肤品颜色、香型、状态、质地等方面的感觉。这种感觉只是对商品的表面属性孤立的认识。若仅仅依靠感觉对商品做出全面评价和判断，显然是不可靠的。因此，我们说感觉是认识过程乃至全部心理过程的基础和起点，通过感觉，消费者才能进一步认识商品，在此基础上，形成知觉、记忆、思维、想象等较为复杂的心理活动。从而获得对商品属性的正确全面的认识。以此为基础，产生各种情感变化，确认购买目标，做出购买决策。

“感觉剥夺”实验

1954 年，加拿大麦克吉尔大学的心理学家首次进行了“感觉剥夺”实验。实验中给被试戴上半透明的护目镜，使其难以产生视觉；用空气调节器发出的单调声音限制其听觉；手臂和手戴上纸筒套袖和手套，腿脚用夹板固定，限制其触觉。被试单独待在实验室里，几小时后开始感到恐慌，进而产生幻觉……在实验室连续待了三四天后，被试者会产生许多病理心理现象：出现错觉幻觉，注意力涣散，思维迟钝，以及紧张、焦虑、恐惧等，实验结束后需数日才能恢复正常。

这个实验(当然这种非人道的实验现在已经被禁止了)表明：大脑的发育，人的成长成熟是建立在与外界环境广泛接触的基础之上的。

（三）感受性与感觉阈限

人类对客观事物的反应依赖于大脑、神经和各种感觉器官，各类反应受主观性的影响。感受性是反映刺激物的感觉能力，我们通过感觉阈限来度量感受性。感受性与感觉阈限成反比。

感觉阈限指能引起感觉并使其持续一定时间所需的刺激量，它包括绝对感觉阈限与差别感觉阈限。绝对感觉阈限测量感觉系统的绝对感受性。例如，把一个非常轻的物体慢慢地放在被试的手掌上，被试不会有感觉，但如果一次次地稍稍增加其重量，并达到一定数量时，就会引起被试的感觉反应。这个刚能引起感觉的最小刺激量称为刺激阈限或感觉的下绝对阈限。当引起感觉的刺激量继续增加，并超过一定限度时，就会使该感觉受到破坏，引起痛觉。能够引起感觉的最大刺激量为上绝对阈限。从下绝对阈到上绝对阈之间的距离是有关感觉性的整个范围。

绝对阈限并不是一个单一的刺激值，而是一个统计学上的概念。阈限是一个逐渐过渡的强度范围。测量绝对阈限时，随着刺激量逐渐增加，被试对刺激从完全觉察不到，到有时能觉察到有时不能觉察到，再到完全能觉察到。心理学家通常把有 50％的次数被觉察到的那个刺激值规定为绝对阈限。随着刺激量的增加,被试报告觉察到刺激次数的百分数会随之增加。

差别阈限是刚刚能够觉察的刺激物的最小差别量。差别阈限与原有刺激值成正比。即原有刺激量越大,差别阈限值越高;反之则相反。这一理论在市场营销中得到了广泛的应用:消费品原有的价格是5 000元,减价500元,则会立刻引起消费者的注意;如果500元的手表降价50元,人们并不会产生非常强烈的感觉;相反如果营销者希望涨价,又不希望消费者感觉到,就在把涨价指数控制在韦伯常数内。1834年,德国生理学家韦伯(E. H. Weber)在研究感觉的差别阈限时发现,如果以I表示原初刺激的强度,以$I+\Delta I$表示刚刚觉察出较原初刺激强一些的刺激强度,那么在一定的范围内,每一种感觉的差别阈限都是一种相对常数。其公式表示如下:

$$\Delta I/I=K$$

韦伯公式也叫韦伯定律。韦伯定律表明,当I的大小不同时,ΔI的大小也会不同,但$\Delta I/I$是一个常数,所以上述K值又称为韦伯常数。又由于这个常数值均少于1,故K值亦称韦伯分数。例如,举重的K值为1/30,这样,对一个30克的重量来说,那么至少31克的重量才能使我们感到比它略重一些,这里的差别阈限是1克;如果原重量是60克,那么至少是62克的重量才使我们觉得比60克略重一些,这里的差别阈限是2克,如此等等。不同感觉的韦伯分数是不同的。例如重量感觉的韦伯分数为1/30,听觉为1/10,而视觉则约为1/100。比如可口可乐把容量从355毫升调为335毫升,消费者往往没有觉察到这一变化,这就是利用的人的差别阈限。

在由于市场的变化导致成本增加时,产品的数量、大小需要做一些调整,以达到保持盈利的目的。这种调整的标准是使消费者不易觉察。这就要求这些变化局限在消费者的差别阈限之内。商品促销中的“打折”这一手段也要遵循这个规律,折扣多了利润会降低,而折扣少了又没有促销效果,所以折扣的额度应该以刚好超出消费者的心理差别阈限为事宜,据零售商的经验,打折幅度应该至少在原价的15%以上才有效果。

消费者的每一种感觉都有两种感受性,分别是绝对感受性和相对感受性。在消费活动中,并不是任何刺激都能引起消费者的感觉,凡没有达到绝对感受阈限值的刺激物,都不能引起感觉。

(四)感觉的基本规律

1. 感觉的适应性

适应是指感受器在同一刺激的持续作用下,感受性发生变化的现象。

在连续的刺激下,如通过一条布满广告牌的公路,绝对阈限相应地提高,因此,在布满广告的公路上行驶一个小时后,相信不会有任何一则广告让人印象深刻。适应性引起感受性的降低,这对增强刺激效应、激发消费者的购买欲望是不利的。感觉适应让许多广告商头疼,这迫使它们不停地改变广告的内容和形式。这些广告商担心消费者会适应了目前的平面广告和电视广告,从而不再注意了。为了能在嘈杂的广告中脱颖而出,让消费者注意到他们的广告,许多市场营销者在努力地增加感觉输入。因此,要使消费者保持对消费刺激较强的感受性,就要调整消费刺激作用的时间,经常变换刺激物的表现形式。如推出不同的包装、款式和色调等。

2. 感觉对比

对比是指同一感受器接受(同类)不同刺激而使感受性发生变化的现象,包括同时对比(如观察灰色小方块在不同背景下的颜色)和先后对比(如品尝不同食物的顺序)。

3. 感觉的关联性——联觉

“美味看得见”这是许多食品广告中惯用的手法,用视觉感受诱发味觉感受。这种由一种已经产生的感觉引起另一种感觉的心理现象即为联觉，又称通感。联觉是感觉现象中的一种特殊的现象，表明各感觉通道又会发生相互作用。

广告更多地要借助大众媒介进行传播，因而它更多地借助于视觉、听觉，为了使广告受众由广告中的视觉、听觉信息而产生食其味、触其物的感觉，就必须借助广告受众的联觉。应用与研究得最多的是由颜色引起的联觉。

色-听联觉是最常见的联觉，即对色彩的感觉能引起相应的听觉，现代的"彩色音乐"就是这一原理的运用。常是低音引起深色感觉，高音引起浅色感觉，这常常被广播广告所利用，广播广告中通过播音员的声调变化来引起听众朋友的联觉。

语-色联觉是指某些词汇引起的色觉。日常生活中，人们常说的"甜蜜的声音""冰冷的脸色"等，都是一种联觉现象。如今大部分营销沟通运用了图像和声音。

颜色与味觉的关联性是指味觉与其他感觉相互作用的特性，人们的各种感觉都必须在大脑中反映，当多种感觉一起产生时，就必然发生关联。与味觉关联的感觉主要有嗅觉、触觉等。

案例一

热带国家某快餐店的墙壁原为淡蓝色，给人以凉爽宁静的感觉，顾客浅斟慢酌，流连忘返，影响了餐桌周转率。后来店主将墙壁刷成橘红色，顾客进店后，吃完饭立刻离去，从此餐桌周转明显加快。可见，巧妙运用联觉原理，可以有效地对消费者行为进行调节和引导。

案例二

英国一家公司根据人的嗅觉位于大脑的情感中心，气味可以通过情感中心直接对人的态度和行为产生强烈影响的原理，专门为商店提供可以给人带来宁静感的，以便诱使顾客延长停留时间，产生购买欲望的香水。

案例三

日本东京市三叶咖啡屋老板挖空心思，利用人眼对颜色产生不同的感觉，达到了节省咖啡用料进而赚取更多利润的目的。他让 30 多位朋友喝 4 杯完全相同的咖啡，但盛咖啡的杯子颜色不同，分别为咖啡色、红色、青色和黄色 4 种。

试饮结果，居然对完全相同的咖啡得出了迥然不同的评论：对咖啡色杯子里的咖啡，2/3 的人都说"太浓了"；对青色杯子里的咖啡，大部分人认为"既不浓也不淡，正好"；一半的人说黄色杯子的咖啡较浓；而对红色杯子里的咖啡，9/10 的人说"太浓了"。

三叶老板据此想出了节省咖啡用料的方法，很简单，将咖啡屋里的杯子一律改用红色。这样，不仅节省了咖啡用料，还给顾客留下了好的印象，因此生意兴隆。

（五）感觉在市场营销中的作用

（1）感觉是消费者获得对商品的第一印象。感觉在消费者购买商品活动中起着重要的作用，感觉使他们对商品有初步印象，而第一印象的好坏，往往决定着消费者是否购买某种商品，因此企业要运用各种营销手段突出自己商品与众不同的特色。

（2）感觉是引起消费者某种情绪的通道。客观环境给予消费者感觉上的差别，会引起他们不同的情绪感受。例如商店营业厅的环境布置、商品陈列的造型和颜色搭配、灯光和自然光的采用、营业员的仪容仪表等，都能给消费者以不同的感觉，从而引发不同的情绪。

(3) 对消费者发出的刺激信号强度要适应人的感觉阈限。随着现代化技术与生产效率的提高，同质化现象日益普遍，单纯依靠产品进行市场区分已经越来越困难。信息激增与信息超载社会的来临，更使得不同企业的品牌个性与产品利益点难以突显，千篇一律的形象导致企业在竞争中胜出的可能性大大降低。合理、有效地运用差别阈限，是品牌成功的推动力，可以树立产品"人无我有"的独特卖点，塑造鲜明的品牌形象，拓宽营销渠道，找到适合的定位，寻求到更好的发展。差别阈限在实践中有很多应用，可以从价格策略、包装策略、品格策略、促销策略等来开展。

二、消费者的知觉

(一) 知觉的概念

知觉是指人脑对直接作用于感觉器官的客观事物个别属性的整体反映。随着感觉的深入，各种感觉到的信息在人脑中被联系起来进行初步的分析，形成对刺激物或情境的整体反映，这就是知觉。

知觉与感觉的重要区别是，知觉不仅受感觉系统生理因素的影响，而且极大地依赖于一个人过去的知识和经验，受人的各种心理特点的制约。

知觉对象指的是在周围刺激物中，那些受到集中注意的刺激物。知觉背景则可理解为处于注意边缘的其他刺激物。

在消费实践中，消费者通常以知觉的形式直接反映产品，而不是孤立地感觉其某一方面的属性。例如，消费者在购买商品的时候往往受到对商品、广告、场所、服务等的整体印象的影响，这个整体印象决定了消费者购买行为的实施。因此与感觉相比，知觉对消费者的影响更为直接和重要，它决定着消费者对消费信息的理解和接受程度，制约着消费者对产品的选择比较，是产生购买行为的前提。知觉是消费者对消费对象的主动反应过程，这一过程受到消费对象的特征和个人主观因素的影响，从而表现出独有的活动特性。知觉对消费者的购买决策、购买行为影响较大。在刺激物或情境相同的情况下，消费者有不同的知觉，他们的购买决策、购买行为截然不同。

(二) 知觉特征在营销中的运用

1. 知觉的理解性与商品宣传

知觉的理解性是指人在知觉的过程中会根据已有的经验对知觉对象加以解释。消费者在知觉事物和商品的过程中，经常把知觉到的事物与他们本人的自我想象、猜测及其信念、态度和偏好等混淆在一起。企业在广告宣传时，应注意消费者的主观偏见，要使产品的优点和特点被消费者理解和接受。根据这一定律，消费者不同的已有知识经验可能会对相同的广告有着不同的感知，所以在广告的设计中要充分考虑到潜在消费群体的已有知识经验，以选择适当的表现方式。

几年前，一则广告展示了一个白人和一个黑人被手铐铐在一起的情景，这则广告是公司强调种族和睦相处的运动系列广告之一。但是这则广告却激起了公众的极大不满，因为人们将画面理解成一个白人逮捕了一个黑人。显然，这样的理解是刻板印象造成的，因为画面并没有任何暗示说是白人逮捕了黑人。市场营销者必须注意消费者原有的知识经验。

案例一

2012 年 2 月 27 日《东方早报》报道，位于上海徐汇区永嘉路近岳阳路的一家店名叫作“比萨马上诺”的餐馆，不仅在店内的宣传单上写着“法租界”，而且在给消费者的票据夹上印有“法租界新店已经盛大开业”的字样。有消费者看到如此信息后，愤怒地表示：“店家此举实为伤害中国人的感情和民族自尊心。”随后，该店管理层发表声明称无意冒犯中国人的感情，对于错误使用“法租界”等词语表示歉意。

“门店开张，做宣传无可厚非。但‘法租界’是带有殖民主义色彩的，会伤害国人民族自尊心，怎么可以用来做商业广告呢？”气愤的袁先生拒绝就餐，带着家人愤怒离去。

昨天，记者致电比萨马上诺永嘉路店，工作人员解释，他们宣传广告上写的“法租界”只是一种宣传风格。但我国《广告法》有明文规定，商家的广告用语不得有悖社会公德，不得损害民族尊严。

案例二

速溶咖啡在进入美国市场时，这种在使用时方便、省事、省力的产品并不受欢迎，但消费者却说不出拒绝购买的原因。

公司就传统制作的咖啡和速溶咖啡的味道进行对比，发现没有明显差异。

美国加州大学的海尔教授认为，消费者并没有回答拒绝购买的真正原因，实际上是一种潜在的心理在起抵制作用，于是用间接的方法进行调查，设计两种购物清单（见表 2-1）让 50 位家庭主妇说出该清单购买者的个性。

表 2-1　两种购物清单

购物清单 A	购物清单 B
肉饼	肉饼
面包	面包
胡萝卜	胡萝卜
发酵粉	发酵粉
速溶咖啡	新鲜咖啡豆
桃子罐头	桃子罐头
土豆	土豆

该调查得出的结论是：A 清单的购买者是懒惰的、没有家庭观念的、无家庭购物计划的；B 清单的购买者是有生活经验的、勤俭持家的、有家庭观念的人。

由此可见，该产品的不畅销不是产品本身的问题，而是由于情感偏见造成的。

2. 知觉的选择性帮助消费者确定购买目标

人们在进行知觉时，常常会从许多对象中优先把某些对象区分出来进行反映，或者在一个对象的许多特性中，优先把某些特性区分出来，予以反映。知觉的选择特点可以运用于商业设计中，用来突出商品的形象，从而吸引消费者的注意。

现代消费者置身于商品信息的包围之中，随时会接受到各种消费刺激，但并非对所有刺激都会做出反应，而是有选择地把其中一部分刺激作为信息加以接收、理解和加工。这种在感觉基础上有选择地加工、处理信息并加以知觉的特性，就是知觉的选择性。客观事物是多种多样的，人总是以少数事物作为知觉对象，对这些事物的知觉格外清晰。被知觉的对象好像从其他事物中凸显出来，出现在“前面”，而其他事物就退到“后面”去了。下面是两张经典的双关图（见图 2-1、图 2-2）。

图 2-1 双面花瓶

图 2-2 少女与巫婆

在信息产品极度丰富的今天，广告无处不在，在电视、广播、看板、印刷品上有广告，在行李条上、苹果上和香蕉上有广告，更有甚者连一枚刺青上都有广告。不断涌进的信息使我们的感官麻木，持续的噪音使整个社会都患上注意力短缺混乱症。在商品经济发达的今天，广告可谓无时不在、无处不有。有一种夸张的说法：“在美国，你随便扔出一件物品都会砸到一个与广告有关的东西。”有学者的调查显示，每个美国人每天平均可以接触到 1 500 个广告，但平均只有 7 个广告真正受到注意。也不是说绝大部分的广告未起作用，而是消费者对之视而不见、听而不闻。我国的情况虽不至于此，但在广告多得泛滥的今天，如何把广告设计得容易引起注意，这是一个非常有现实意义和应用价值的问题，也是我国广告设计中有待改进的问题。这种知觉的选择性体现了个体不同的价值观和兴趣点。

举例来说，假设在超市中有一个妇女，她置身于超过 3 万种不同颜色、尺寸、外形的商品中，周边有 300 多个跟她一样在超市中行走、寻找、观看、讲话的消费者，她本人会闻到来自水果、肉类等的味道，听到超市里的广播通知和音乐，此外她还感受到许多其他的刺激，然而她却能习惯地走到她常去位置，挑选到她需要的产品，付账后离开，并且能在很短的时间内完成。这是因为她的知觉的选择性。那些商品成为消费者知觉目标的对象物，即符合消费者的需要、兴趣、爱好和经验而清楚地被感知，其他商品则相对地成为知觉对象的背景，消费者对它们或者视而不见，或者感知得模糊不清。

知觉的选择性指人根据当前的需要对外来刺激物有选择性地进行组织加工。消费者在消费过程中会遇到大量的刺激，消费者不可能对所有的刺激一一做出反应，而只能对其中的一部分做出反应。这种选择可以是主动的、有意识的，也可能是被动的、无意识的。主动的、有意识的注意往往是他们想购买的或者感兴趣的。在广告的设计中，要注意遵循便于消费者知觉选择的原则，广告所传递的信息应该简洁、突出，对象和背景对比鲜明。

因此，一方面，营销人员应尽其所能地突出商品特征，尤其是应千方百计地使产品成为消费者知觉的对象；另一方面，应尽可能地使经营的商品具有比较大的选择性，以满足各类消费者的各种各样的消费需求。

3. 知觉的整体性在广告中的应用

知觉的整体性是指人根据自己的知识经验将直接作用于感官的客观事物的多种属性整合为统一整体的组织加工过程。尽管知觉的对象由许多个别属性组成，但是，人们并不把对象感知为若干个相互独立的部分，而是趋向于把它知觉为一个统一的整体。因而，即使对于最简单刺激所感知到的特征也是作为那个刺激所属整体的部分功能来看待，知觉的组织性将复杂的世界简化成个人能理解的简单世界。

关于知觉的整体性的理论在心理学上通常合称"格式塔心理学"，其涉及三个基本概念：背景、分组、完整。

图 2-3　知觉的整体性

个体有完整的需要。这一过程往往和主体的已有知识经验有关，即使有时信息不完整，人在主观上也能凭借已有知识经验加以弥补(见图 2-3)。

不完整的信息的记忆更深刻，对这种现象的一种解释是一个人一旦听了某个信息，会本能地去想使之完整，如果他被限制而不能使之完整，会出现紧张或焦虑。例如，听见了某个消息的开头，会驱使人去听完余下的部分。

在促销信息中使用不完整的信息时，消费者在完整性需要驱使下去填完信息，这会让消费者深刻了解促销信息。广告商发现，他们可以通过在电台广播中播放电视广告的声音达到非常理想的广告效果。因为熟悉产品电视广告的消费者会努力回忆自己所听到的电台广播中的广告声音，这使得他们在大脑里回放了电视广告的内容。

知觉的整体性与电视广告

电视是目前传播范围最广，影响最大而费用最为昂贵的广告媒体。一般而言，只有长期播放电视广告才能收到效果，但是企业往往难以承受巨额的费用。因此，企业普遍采用这样一种方法：将电视广告分为前后两个阶段，前一阶段播放完整的广告，持续数月，直到公众对该广告耳熟能详，出口成诵，然后进入第二阶段，将原先的广告加以简化，仅播放其中主要情节或主要广告语，其他具体情节一律省去。由于知觉的整体性的作用，受众在看到简化的广告情节或听到主要广告语时，会在头脑中将省去的情节和词语回想起来，将不完整的信息补充完整。企业的这种做法既节省了广告费用，也没有降低广告效果。

4. 知觉的恒常性与产品的销售

知觉的恒常性是指当知觉的客观条件在一定范围内发生变化时，人们对知觉的印象仍在相当的程度上保持着它的稳定性。恒常性的种类：①形状恒常性；②大小恒常性(例如远处的一个人向你走近时，他在你视网膜中的图像会越来越大，但你感知到的他的身形大小却没有什么变化)；③明度(或视亮度)恒常性；④颜色恒常性(一面红旗，不管在白天或晚上，在路灯下或阳光下，在红光照射下或黄光照射下，人们都会把它知觉为红色)。从物理特性和生理角度看，当色光照射到物体表面时，由于色光混合原理的作用，其色调会发生变化，但人对物体颜色的知觉并不受照射到物体表面色光的影响，仍把物体知觉为其固有的颜色。这是由于人们在实际生活中建立了大小、距离、形状与角度的联系。当观察条件变化时，利用已建立的这些联系，就能保持对客观世界较稳定的知觉。

知觉的恒常性反映在消费者的购买行为上，就是消费者能够避免外界干扰，在复杂多变的市场环境中，仍然可以根据以前购买商品后的使用经验来辨别眼前的商品，从而增加购买的安全性，降低购买风险。

这一规律在使消费者形成对某一品牌的忠诚度上很有启示，要求企业将自己的产品、服务、广告等做到尽善尽美，防止顾客产生负面印象，一旦顾客对某品牌、产品产生了不好的印象，以后将很难改变。

有些传统商品、名牌商标、老字号商店之所以能长期保有市场份额，而不被众多的新产品、新企业淘汰掉，其重要的原因之一就是消费者已经对它们形成恒常性知觉，在各种场合和条件下对它们都能准确无误地加以识别，并受惯性驱使进行连续购买。

新口味可口可乐的失败

20 世纪 80 年代，百事可乐的“百事可乐新一代”“为了那些思想年轻的人们”的广告动摇了可口可乐的主导地位。为此，可口可乐公司出动了 2 000 名市场调查员在 10 个主要城市调查，结果表明只有 10％～20％的顾客对新口味的可口可乐表示不满，但是另外一些测试却提供了相反的结果。为了确保万无一失，可口可乐公司投入 400 万美元在 13 个城市中邀请约 19.1 万人参加了无标记的不同配方的可口可乐的比较，55％的参加者更喜欢新可口可乐的口味。1985 年 4 月 23 日，为了迎战百事可乐，可口可乐宣布更改其行销数十年的饮料配方，并把旧口味的可口可乐撤出市场。

可口可乐公司举行了一次有 200 家报纸、杂志和电视台记者出席的记者招待会，但他们大多数人并未信服新可口可乐的优点，他们的报道一般都持否定态度。在新可口可乐上市后的 4 小时之内，公司接到抗议更改口味的电话 650 个；到当年 6 月中旬，批评电话每天多达 8 000 个。一些激进的忠诚者甚至成立了“美国老可口可乐饮用者组织”，威胁控告可口可乐公司。最终可口可乐公司决定恢复传统配方的生产。这一消息的传出立刻使美国上下一片沸腾，当天即有 18 000 个感激电话打进公司的免费热线。当月，可口可乐的销量同比增长了 8％，股价攀升到 12 年来的最高点——每股 2.37 美元。但是，可口可乐公司已经在这次改变口味的行动中遭受了巨额的损失。

5. 知觉的误差与推销商品的艺术

知觉的误差就是错觉，错觉是指人们对外界事物的不正确的感觉或知觉。这种知觉的误差并不一定是坏事，生产经营者若巧妙地利用人们的错觉，有时能收到良好的效益。比如面积不大的商店，为了增添热闹的气氛，在商店两面的墙上镶上巨大的镜子，使顾客进入商店时感觉商店的空间很大。

据分析，造成错觉的原因可能是由于大脑皮层的响应部位首先产生较强兴奋，从而引起附近部位的抑制。下面是心理研究中常见的八种错觉图片（见图 2-4）。

错觉是客观存在的，在商品促销中，可充分利用错觉（尤其是视错觉）现象制订商品销售策

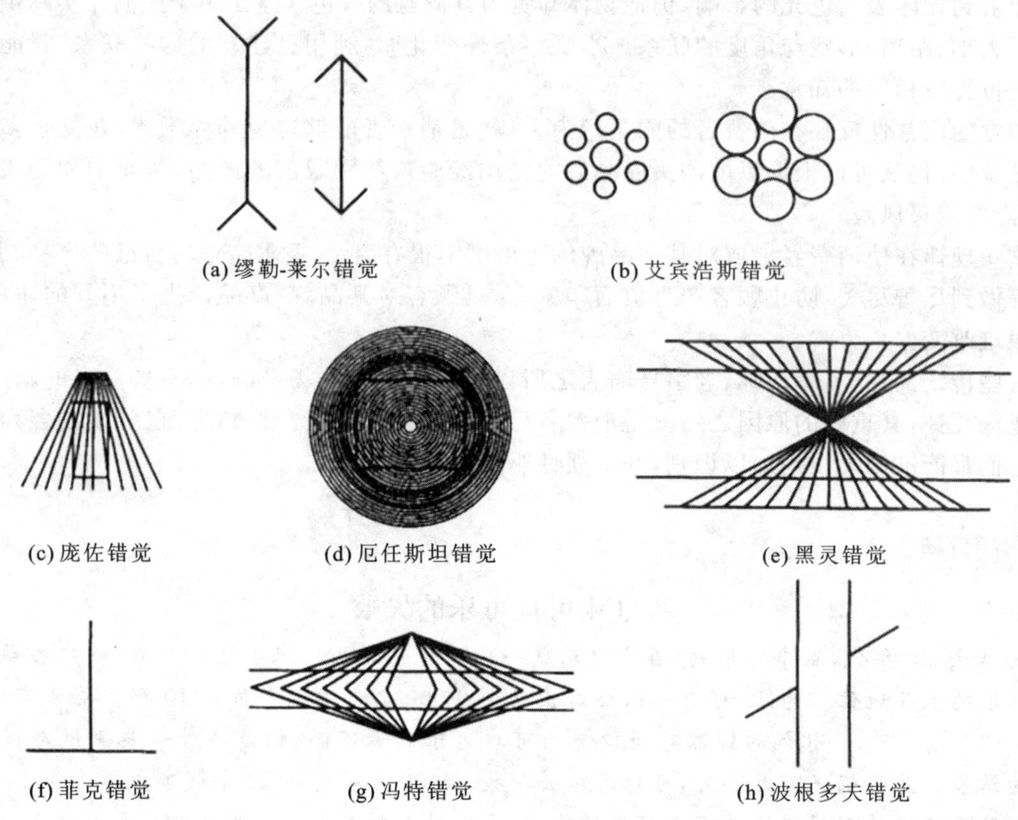

(a) 缪勒-莱尔错觉　(b) 艾宾浩斯错觉

(c) 庞佐错觉　(d) 厄任斯坦错觉　(e) 黑灵错觉

(f) 菲克错觉　(g) 冯特错觉　(h) 波根多夫错觉

图 2-4　常见的错觉图片

略。商业企业在店堂装修、橱窗设计、广告图案、包装装潢、商品陈列等方面，适当地利用消费者的错觉，进行巧妙的艺术处理，往往能产生一定的心理暗示，刺激购买行为的发生。

（1）利用几何图形错觉，提供针对性服务，获得更好的服务效果。

在为消费者提供服务时，巧妙利用几何图形错觉，往往能收到极佳的服务效果。如为矮胖的人推荐竖条服装，劝阻其购买横条服饰、较宽的腰带、低领衬衫等商品，避免使其显得更矮胖。横向的线条，把人的目光引向左右，使人的身材显得更丰满；竖向的线条，把人的目光引向上下，使人的身材显得更苗条——这就是高估错觉。

（2）利用对比错觉，科学制定商品价格。

商品价格是市场中极为敏感的要素，价格学中有两个重要概念：比价和差价。所谓比价，就是指不同商品之间价格的对比。有这样一个故事：有一位农民进城买钟表，买了一个大挂钟后对售货员说："我买了一个大个儿的，你送给我一个小个儿的（指手表）吧！"从理论上说，不同商品之间由于成本等方面的原因，其价格往往不具有可比性，但在现实生活中，消费者却常常进行对比：把定价为 20 元的同一商品放在 20 元以上的商品中陈列，它就是"低价"商品；放在 20 元以下的商品中陈列，它就是"高价"商品。可见，所谓比价，其实质就是消费者对商品价格的错觉。所以，充分利用商品比价进行商品陈列，促进商品销售，是营销人员需要好好研究的重要课题。

所谓差价就是指相同商品之间价格上的差异。也有一个故事：一位消费者花了 100 多元买了一套西服，穿着不合适，就托一位做服装生意的朋友以 90 多元的价格代为转卖，可怎么都卖不出去，另一位朋友知道了这件事就出了一个主意——把90多元的价格改为590元出售，结果，西服很快就卖了出去。为什么会这样？现代市场营销学研究表明，消费品市场上的消费者大多为非专家购买者，由于他们大都缺乏商品知识和市场知识，因此，往往通过商品价格来衡量和判断商品质量和价值，所谓"一分钱一分货""好货不便宜，便宜没好货"反映的就是这个现象。

看似无关的选择

在畅销书《怪诞行为学》中作者丹·艾瑞里提到过这样一个网络广告的促销案例，网页上呈现的内容大致是《Economist》一年的订购价，如下：

A. 80美元，打印版

B. 125美元，电子版

C. 125美元，打印版＋电子版

如果你需要购买，你会选择购买哪一种？

A、B、C三个选项的选择结果是16%的MIT(麻省理工学院的简称)学生选择A选项，0%选B选项，84%选C选项。

既然B选项没有人选，那么它是个无效选项。

去掉B选项，变成：A. 80元，打印版；B. 125元，打印版＋电子版。选择结果发生了质的改变，68%的MIT学生选择A选项，32%选B选项。

增加一个看似无关的选择，原来竟会影响我们的选择。

三、消费者的社会知觉

(一) 社会知觉的概念

社会知觉是美国心理学家布鲁纳(J. Bruner)在知觉研究方面率先提出的一个概念。社会知觉是对人的言行、外表各方面的信息进行分析，进而推测判断其内心活动、性格、兴趣、动机、态度等过程，即不仅对外部行为，也包括对行为动机的分析。

(二) 社会知觉的个体心理定式

个体心理定式是指人们不自觉地沿着一定方向感知事物、记忆事物，并思考问题和寻找解决问题的方法，即人们对阻碍自己发展的信息或和自己已成定型的知觉不一致的信息，有时会故意视而不见，或将输入的信息加以歪曲。由于受到认知主体或客体及环境因素的影响，社会认知往往会产生这样或那样的心理定式。

1. 首因效应与近因效应

首因效应指第一次接触到的人或事物留下的印象往往会成为一种心理定式，从而影响以后对该人或事物的看法。近因效应指最近的印象对人的认知的影响具有较为深刻的作用。

顾客对于产品的认知取决于市场的推广力度，当然，人们也会有一些先入为主的观念。就目前而言，即使推出新的产品，在没有打开市场之前顾客是持观望态度的。所谓首因效应，不一定必须要做市场中的第一个推出的，而是指品牌自身的创意更为重要，如何让你的品牌在同类产品中引起顾客注意，才是现阶段你应该考虑的，如果做得到位，首因效应会更为有效。

这两个效应对品牌的强化和弱化起到重要作用。在认知过程中，第一印象会起到先入为主的作用。从品牌延伸的角度来看，某个品牌极易成为该品牌的第一种产品的代名词。由于首因效应的存在，消费者趋向于把某种品牌看作是一种特定的商品。又由于近因效应的影响，又可能对首因效应起到巩固或减弱的作用。著名的社会心理学家 Luchins 认为在某种信息被连续感知时，人们总是倾向前一种信息，并对其印象较深，此时发挥作用的是首因效应；而当某种信息被断续感知时，起作用的是近因效应。

加多宝凉茶更换商标后，为了克服“王老吉”这一品牌的首因效应，从舆论、渠道、广告和活动各个方面进行整合营销，试图对消费者进行“心理图像”的重塑。

2. 晕轮效应

晕轮效应指由对象的某种特征推及对象的总体特征，从而产生美化或丑化对象的现象，这就像月晕一样，由于环境的虚幻印象，人看不清对方的真实面貌，这种印象常常是“一好百好，一丑百丑”，这就是晕轮效应，又称月晕效应。晕轮效应是一种以偏概全的评价倾向，即在社会认知时，人们常从对方所具有的某个特征而泛化到其他一系列的有关特征，也就是从所认知到的特征泛化、推及至未被认知的特征，从局部信息出发而扩充形成一个完整的印象。

阿希实验

S. E. 阿希是最早研究有关首因效应对认知影响的社会心理学家。1946 年，他以 7 种描述个体人格特征的词为刺激物，以大学生为被试研究了有关人格印象的形成过程。这 7 种人格修饰语为“精干、坚信、健谈、冷酷/热情、机智、进取、有说服力”。

实验分 A、B 两组进行，除第四个人格修饰语不同外(A 组为“冷酷”、B 组为“热情”)，给予两组被试的刺激语没有区别，提示的方式、时间间隔、重复次数也一概相同。实验结果发现，两组被试都很快根据 7 种人格修饰语描述了该人的人格形象，但两组反馈的印象大相径庭。A 组被试说该人是个“冷型”的人，B 组被试说该人是个“热型”的人；两组被试都坚持认为，在这 7 个修饰语中，最关键的是“冷酷”或“热情”。而阿希将这个词抽出后，用另 6 个词进行的实验表明，两组被试此时形成的印象转变为中性的了，已不再具有前述褒贬性质。据此，阿希得出这样两条结论：其一，印象形成是所有人格要素综合作用的结果；其二，在这些人格要素中有一种是左右印象形成的主要因素，最早出现的中心词(如“冷酷/热情”)决定了第一印象。

戴恩实验

美国心理学家戴恩等人的实验证实了晕轮效应的存在。戴恩的实验是：让被试看一些照片，照片上的人有的显得很有魅力，有的无魅力。然后让被试对这些人与魅力无关的特点方面进行评定。结果表明，照片上有魅力的人在各方面得到的评分都很高，照片上无魅力的人则在各方面得到的评分都很低。这一实验充分证明了晕轮效应的存在。

为什么会产生晕轮效应？

一是品质的吸引力。譬如天生的外貌之美与后天修养的心灵之美均能产生极强的吸引力，而这种吸引力就会把人的其他品质弱化为知觉的背景，产生模糊的认知，上述的戴恩实验结果充分说明了这一点。

二是中心性品质的泛化作用。中心性品质是指那种与许多其他品质有着密切联系的品质。这种联系极易产生品质的泛化作用，上述的阿希实验便是一个例证。

三是社会期望性品质的促进作用。如果一个人的某种品质是社会所期望的那种品质，那么这个人的其他品质就会得到肯定，或会赋予他许多为社会所接纳的其他品质。

四是其他品质的信息量少。实验表明：当被试与实验中的人面对面接触、交往后，其晕轮效应作用大大变小。这说明，信息量越多，晕轮效应越小，反之，信息量越少就越容易产生晕轮效应。

五是与认知者的个性有关。据观察分析，外向性的认知风格容易产生晕轮效应，内向性的认知风格不易产生这一效应。

案例分析

松本清，一个头脑灵活的生意人。在他经营“创意药局”的时候，曾将当时售价200元的膏药以80元卖出。由于80元的价格实在太便宜了，所以“创意药局”连日生意兴隆。由于他不顾血本地销售膏药，所以这种膏药的销售量也越来越大，亏损也免不了越来越大。

那么他这样做秘密在哪儿呢？原来，前来购膏药的人，几乎都会顺便买些其他药品，这就提供了无限商机。靠着其他药品的利润，不但弥补了膏药的亏损，同时也使整个药局的经营出现了前所未有的盈余。这种明亏暗赚的创意，降低一种商品的价格而成功促销其他的商品，不仅吸引了顾客，而且大大提高了知名度。

营销启示：掌握有关知觉对象信息，引导消费者在少量信息的情况下做出总体判断的结果。

3. 刻板印象

刻板印象是指社会上对于某一类人或事产生的一种比较固定、概括和笼统的看法。人们把在头脑中形成的对某类知觉对象的形象固定下来，并对以后有关该类对象的知觉产生强烈影响。比如：中国人勤劳勇敢，美国人敢于冒险；山东人豪放，上海人精明；已婚员工比未婚员工更稳定；无商不奸，等等，这些都是刻板印象的例子。

刻板印象是人们在认识他人时经常出现的一种普遍现象。刻板印象一经形成就很难改变，因此，在日常生活中，一定要考虑到刻板印象的影响。例如，市场调查公司在招聘入户调查的访问员时，一般首选女性，而不选择男性，因为在人们心目中，女性一般来说比较善良、攻击性较小、力量也比较单薄，因而入户访问对主人的威胁较小，而男性，尤其是身强力壮的男性如果要求登门访问则很容易被拒绝，因为他们更容易使人联想到与暴力、攻击有关的事物，使人们对其有较强的防卫心理。但是，“人心不同，各如其面”，刻板印象毕竟只是一种概括而笼统的看法，并不能代替活生生的个体或某类人群，“以偏概全”的错误时有发生。如果不明白这一点，在与人交往时，“唯刻板印象是瞻”，如同“削足适履”的郑人，宁可相信作为“尺寸”的刻板印象，也不相信自己的切身体验，就会闹出让人啼笑皆非的笑话。

常见的刻板效应

(1) 地域偏见。如认为北方人憨直，南方人聪慧，山东人豪爽，江浙人经济。

(2) 民族偏见。台湾心理学家李本华等调查了我国民众对其他民族的刻板印象，调查结果：①美国人是民主的、天真的、乐观的、友善的、热情的；②英国人是保守的、狡猾的、有教养的、严肃的、善外交的；③法国人是好艺术的、轻浮的、热情的、潇洒的；④德国人是有科学精神的、进取的、爱国的、聪慧的、勤劳的；⑤俄国人是狡猾的、欺诈的、有野心的、残酷的、唯物的；⑥日本人是善模仿的、爱国的、尚武的、进取的、有野心的。

(3) 种族偏见。如认为白种人文明、有教养，黄种人勤奋、节俭，黑人愚笨、野蛮、懒惰等。

(4) 年龄偏见。如认为老年人保守，年轻人激进、轻率、办事不牢靠等。

(5) 职业偏见。如认为工人豪爽，农民朴实，商人见利忘义，知识分子呆头呆脑、能说不会做。

(6) 性别偏见。如认为：男性独立、事业心强、自信、豪爽、能约束自己、能力强、办事有主见；女性依赖性强、顺从、事业心差、嫉妒心强、任性、能力差。

4. 投射效应

投射效应常使人们对知觉对象产生失真印象。人们倾向于按照自己是什么样的人来知觉对象，而不是按照被观察对象的真实情况进行知觉。心理学家罗斯做过这样的实验来研究投射效应，在 80 名参加实验的大学生中征求意见，问他们是否愿意背着一块大牌子在校园里走动，结果，48 名大学生愿意背牌子在校园内走动，并且认为大部分学生都会乐意这样做，而拒绝背牌的学生则普遍认为，只有少数学生愿意这样做。可见，这些学生将自己的态度投射到其他学生身上。

古代一位喜欢吃芹菜的人，总以为别人也像他一样喜欢吃芹菜，于是一到公众场合他就向别人热情推荐芹菜，结果成了一个众所周知的笑话。生活中每个人都免不了犯类似这样的错误，这种“以己度人”的现象，心理学上称之为投射效应，即在人际认知过程中，人们常常假设他人与自己具有相同的属性、爱好或倾向等，常常认为别人理所当然地知道自己心中的想法。

案例分析

在日本，洋娃娃代表着小女孩希望自己长大后的形象。芭比娃娃在日本刚推出时，在青少年眼中，胸部太大，腿也太长，蓝眼睛，一点也不像日本少女，因此销售不佳。公司修改了芭比娃娃的胸部和腿，也将眼睛改变成咖啡色。于是，两年内芭比娃娃卖出了近 200 万件。很多人认为洋娃娃是日本少女的投射，同时形成了广泛的消费需求。

营销启示：起初公司失败之处就在于公司假定了日本市场和美国市场相似，在美国受欢迎的芭比娃娃在日本同样会受到欢迎，这是忽略投射效应的后果。

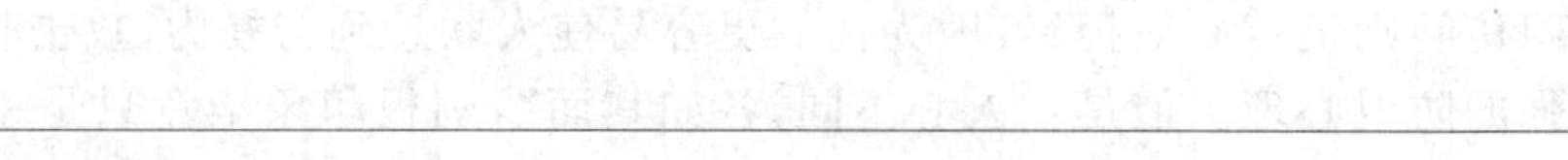

任务二　消费者的学习与记忆

知识目标

■理解消费者的学习理论。

■掌握消费者的记忆分类。

■理解影响记忆的因素。

技能目标

■记忆在营销中的表现。

新一天开始了,天刚蒙蒙亮,周强一骨碌就翻身下了床,这是他从20世纪70年代就养成的习惯。洗漱后,他很得意地欣赏起昨天刚买的一双白网鞋。这是小时候哥们最喜欢穿的运动鞋。周强今天又要去跑步了。跑步回来,一边听着《军港之夜》,一边刷牙。"中华牙膏的味道就是好。"周强想。该到食堂吃早餐了,品种很多,可是选来选去,还是选择了肉包子。"这肉包子也忒小了点,为什么不做成像读大学时的包子那样二两一个呢? 那才够劲儿嘛! 现在连包子都缩水了。"

吃完早餐,周强照例搬出一张小凳子,打开20世纪80年代末买回来的钻石牌鸿运扇。"以前的东西就是耐用、好用!"

思考:上述案例说明消费者的行为会受到什么因素的影响?

任务分析

消费者的行为倾向绝大部分是后天习得的。许多营销者意识到,把产品与记忆之间习得的联系作为一种重要的商机,是培养和保持品牌忠诚度的有效途径。通过学习,消费者获得了丰富的知识和经验,提高了对环境的适应能力。同时,在学习过程中,其行为也在不断地调整和改变。消费者的学习与记忆是紧密联系在一起的,没有记忆,学习是无法进行的。

一、消费者的学习

(一) 学习的含义

人出生以后,从牙牙学语到掌握高深的科学知识,从蹒跚学步到掌握各种复杂的技能,始终贯穿着学习这一主题。所谓学习,是指人在生活过程中,因经验而产生的行为或行为潜能的比较持久的变化。

(二) 有关消费者学习的理论

1. 经典性条件反射理论

经典性条件反射理论是由俄国生理学家伊万·巴甫洛夫提出来的。该理论认为,借助于某种刺激与某一反应之间的已有联系,经由练习可以建立起另一种中性刺激与同样反应之间的联系。这一理论是建立在著名的巴甫洛夫狗与铃声的实验基础上的。在该实验中,巴甫洛夫发现,当实验助手将食物放入狗的口中,狗的唾液分泌量开始增加。这是一种自然的生理现象,是狗的一种本能反应,本不足为奇,但随后巴甫洛夫进一步发现,在食物进入狗的口中之前,其唾液分泌量就开始增加了。最初,狗是在看到食物的时候,唾液分泌量增加,后来则发展到未见食物只见到送食物的助手,甚至只听到助手走来的脚步声,狗的唾液分泌量便开始增加。受此现象的启发,巴甫洛夫开展了著名的条件作用研究。

经典性条件反射理论已经被广泛地运用到市场营销实践中。比如,在一则沙发广告中,一只可爱的波斯猫坐在柔软的沙发上,悠闲自得地欣赏着美妙的音乐,似乎在享受着沙发的舒适和生活的美好。很显然,该广告是试图通过营造一种美好的氛围,以激发观众的遐想,并使之与画面中的产品相联系,从而增加人们对该沙发的兴趣与好感。还有一则香烟平面广告,画面上除了香烟盒与品牌外,呈现的主要是白雪皑皑的优美景象。这个广告的目的无非是为了在消费者心中激起美好的情感，并使之与广告中的香烟品牌相联系，使人们对该品牌形成美好的印象。

一般来说，在低介入情境下，经典性条件反射比较常见，因为此时消费者对产品或广告可能并没有十分在意，也不大关心产品或广告所传达的具体信息。然而，在一系列对刺激物的被动接触之后，各种各样的联想或联系可能会由此建立起来。应特别指出的是，在低介入情境下，消费者所学到的并不是关于刺激物的信息，而是关于刺激物的情感反应。正是这种情感反应，将导致消费者对产品的“学习”和试用。

消费者通过经典性条件反射的学习的营销应用如下。

(1) 在广告中重复播放音乐，使人们把音乐和产品联系起来。这会产生两个结果：第一，如果消费者喜欢这首歌曲，就会延伸到喜欢这种产品；第二，消费者一听到这首歌曲就会想起这种产品。如果广告中所使用的歌曲成了热榜金曲，只要这首歌曲在电台等媒体播放，相关产品就会获得免费宣传。

(2) 在令人兴奋的体育节目之间持续地播放广告，可能会让产品本身具有令人兴奋的效果。

2. 操作性条件反射理论

操作性条件反射理论是由美国著名心理学家斯金纳(Skinner)提出来的。该理论认为：学习是一种反应概率上的变化，而强化是提高反应概率的手段。如果一个操作或自发反应出现之后，有强化物或强化刺激相尾随，则该操作或该反应出现的概率就会提高；经由条件作用强化了的反应，如果出现后不再有强化刺激尾随，则该反应出现的概率就会降低，直至不再出现。

操作性条件反射理论的基本思想实际上很简单，归结到一点就是强化会加强刺激与反应之间的联结。联结学习或刺激与反应之间的学习，在很大程度上取决于对强化物的安排。金伯尔发现：如果给予连续强化，即在每次正确反应后就给以强化物，则个体对正确反应的学习速度就会加快，但当强化物不再呈现或中止强化时，正确反应的消退速度也很快；如果强化是间断性的或部分的，即不是对所有正确反应而只是对部分正确反应予以强化时，虽然最初对正确反应的学习速度较慢，但在强化物消失后，行为消退的速度也比较慢。这一发现对营销的启示是，给予顾客奖券、奖品或其他促销物品，在短期内就可以促进产品的销售，但当这些手段消失后，销售量可能会马上下降。因此，企业要与顾客保持长期的交易关系，还需采取一些间断性的强化手段。此发现所揭示的原理，对解释产品或品牌形象为什么难以改变的事实也颇有启发意义，因为产品或品牌形象是建立在消费者对产品或品牌的间断性体验的基础上的，是消费者在长期的消费体验中，经过点滴的积累逐步形成的，因此，构成品牌形象的各种联想和象征含义也需要经过很长的时间才可能逐步消退(或改变)。

一般来说，操作性条件反射作用更适合于高介入度的购买情境，因为在高介入情境下，消费者对购买回报将会有意识地予以评价。以购买西服为例，消费者将西服购买回家后很可能会从象征性和功能性两个方面对购买行为做出评价，在此情形下，强化无疑会在消费者心理上产生重要影响。比如，有人对消费者所买的西服予以赞许，或者在某些场合看到他人穿同样品牌西服时的风采，均会对消费者起到正面的强化作用。在低介入的购买情境下，除非产品功效远远低于预期，否则消费者不会对购买行为做出太多的评价。因此，低介入情境下的满意购买虽然对行为也具有强化作用，但相对而言不如高介入情境下的作用那么大。

消费者通过操作性条件反射的学习的营销应用：

（1）保证产品质量的一致性；

（2）保持直邮或售后的联系；

（3）对于光顾某一商店或某一品牌的购买者给予诸如折扣、小礼品、优惠券、试用品之类的“额外”强化物；

（4）营造愉快的购物氛围，如增设娱乐场所、空调设施、精美布置等。

（三）认知学习理论

前面介绍的经典性条件反射理论和操作性条件反射理论均着眼于刺激与反应之间的联结，将学习等同于刺激与反应之间关系的获得。个体获得这种刺激（S）-反应（R）关系后，经反复练习和强化就会形成习惯，只要原来的或类似的刺激情境出现，习得的习惯性反应就会自动出现。诚然，在人们的日常生活中，许多简单行为的习得确实如此，诸如走路的姿态、说话的腔调以及书写的字体都是习惯使然，然而，对于人类复杂的学习行为，用S-R联结或习惯的形成来做出解释未免过于简单化。比如，小学低年级学生对同一数字的连加最初可能形成了逐一相加的习惯算法，但在学过乘法后，再遇到同一数字的连加运算则往往不再采用过去的习惯算法，而是采用简捷的乘法运算方法。可见，习惯未必一定支配人的行为。

最早对行为主义学习理论提出反对意见的是完形心理学家，其中以德国心理学家柯勒的研究最为著名。柯勒通过观察黑猩猩在目的受阻的情境中的行为反应，发现黑猩猩在学习解决问题时，并不需要经过尝试与错误的过程，而是通过观察发现情境中各种条件之间的关系，然后再采取行动。柯勒称黑猩猩此种类型的学习为顿悟。在柯勒看来，顿悟是主体对目标和达到目标的手段之间关系的理解，顿悟学习不必靠练习，只要个体理解到整个情境中各成分之间的相互关系，顿悟就会自然发生。

继柯勒的顿悟学习实验之后，美国心理学家托尔曼（E. C. Tolman）等人又以方位学习实验反驳了S-R联结理论，并在此基础上发展了学习的认知理论。托尔曼从事的一项最为有名的研究是三路迷津实验。该实验以白鼠为对象，进行认识方位学习。实验分预备练习与正式实验两个阶段。在预备练习阶段，先让白鼠熟悉整个环境，并确定它对自出发点到食物箱的三条通道的偏好程度。结果发现，白鼠选择第一条通道的偏好程度最高。在正式实验阶段，先在第一条通道中设阻，结果白鼠迅速从第一条通道中退回，改走第二条通道；随后，再将第二通路阻塞，此时，白鼠才改走路程最远且练习最少的第三条通道。实验时，以随机方式在第一条通道中或第二条通道中设阻，以观察白鼠的反应，结果发现，白鼠能根据设阻情境随机应变，选择最佳的取食路径。

托尔曼认为，白鼠在迷津中经过到处游走，已掌握了整个迷津的认知地图，其随后的行为是根据认知地图和环境变化予以调整，而不是根据过去的习惯行事。这正如出租车司机在发现塞车严重的情况下会舍弃平时习惯的最直接的路径，而改走预计没有塞车但相对曲折的路径一样。在托尔曼看来，个体的行为并不是由行为结果的奖赏或强化所决定，而是由个体对目标的期待所引导的。

托尔曼与霍齐克（C. Honzik）于1930年所做的关于潜伏学习的实验对行为主义的强化学习原理做了进一步反驳。该实验发现，在既无正强化也无负强化的条件下，学习仍可以采用潜伏的方式发生。关于这一点，现实生活中的很多现象都可以对此提供支持。比如，在接触各种广告的过程中，消费者可能并没有有意识地对广告内容予以学习，在其行为上也未表现出受某则广告影响的迹象，但并不能由此推断消费者没有获得关于此广告的某些知识与信息，也许，当某一天消费者要达成某种目标时，会突然从记忆中提取出源自于该广告的信息，此时，潜伏的学习会通过外显行为表现出来。

（四）社会学习理论

社会学习理论，又称观察学习理论，主要由美国心理学家班杜拉（A. Bandura）所倡导。不少著作将班杜拉的社会学习理论归于认知学习理论之下，但从严格意义上讲，班杜拉的思想既受认知心理学的影响，也受到了行为主义心理学的影响，他本人并不能称为认知心理学家。基于此，似乎可以将其社会学习理论视为认知学习理论与行为主义学习理论的某种融合。班杜拉的社会学习理论的一个最显著的特点是强调学习过程中社会条件的作用。下面对他的这一理论做简要介绍。

班杜拉认为，人的许多行为都是通过观察学习而获得的。所谓观察学习（或称替代学习），是经由对他人的行为及其强化性结果的观察，一个人获得某些新的反应，或使现有的行为反应得到矫正，同时在此过程中观察者并没有外显性的操作示范反应。观察学习具有以下特点：首先，观察学习并不一定具有外显的行为反应；其次，观察学习并不依赖直接强化，在没有强化作用的情况下，观察学习同样可以发生；最后，观察学习不同于模仿，模仿是指学习者对榜样行为的简单复制，而观察学习则是从他人的行为及其后果中获得信息，它可能包含模仿，也可能不包含模仿。例如，两辆汽车行驶在公路上，前一辆车不小心撞上了路桩，后一辆车急忙转弯，以避免与前面那辆车碰撞。在这个例子中，后一辆车的司机的行为是观察学习的结果，但并不涉及任何模仿的因素。

班杜拉指出，观察学习较之于其他类型的学习具有很多优点。首先，通过对榜样行为的观察，可以避免试错学习情况下各种昂贵代价的错误。其次，观察有时是学习很多新行为的最好甚至是唯一手段。比如，通过观察别人如何使用现金取款机，观察者很快就能够自行使用现金取款机取款。再次，可以缩短行为学习的时间。想象一下，如果人们只有通过亲身经历才能学习，那将要花多么漫长的时间才能学会使用各式各样的产品！最后，有些试错行为相当危险，如果通过试错学习，多多少少会对学习者造成伤害。

在观察学习过程中，观察学习的对象被称为榜样或示范者，观察学习的主体称为观察者。需要特别指出的是，榜样或示范者既可以是活生生的人，也可以是以符号形式存在的人和物。只要能成为观察者观察学习的对象，就可以称之为榜样。

二、消费者的记忆与遗忘

恒源祥“12生肖广告”

“恒源祥，北京奥运会赞助商，鼠鼠鼠！恒源祥，北京奥运会赞助商，牛牛牛！……”2008年，恒源祥身为2008年北京夏季奥林匹克运动会（简称北京奥运会）赞助商，它们拍了一则企业形象广告，但广告画面枯燥无味，并且广告词是每个生肖念3次，中间再加上“恒源祥”3个字，当时媒体、网络、民众对此广告骂声一片，堪称2008年中国最让人哭笑不得的广告。

尽管如此，恒源祥却短时间内家喻户晓，或许是因为这样的经验，恒源祥不怕骂，2009 年新版“12 生肖广告”再来和民众拜年。不少已经看过的网友将其戏称为“春节第一雷”。

“我属牛，牛牛牛！我属虎，虎虎虎！我属兔，兔兔兔！……”这是恒源祥的新版广告词，足足一分钟内就是“牛牛牛、虎虎虎、兔兔兔……”12 生肖每个念 3 次，让人听起来简直就是对感官的疲劳轰炸，看到该广告的民众实在痛苦、无奈。

(一) 记忆的含义

记忆是过去经验在人脑中的反映。凡是人们感知过的事物、体验过的情感以及练习过的动作，都可以以映像的形式保留在人的头脑中，在必要的时候又可把它们再现出来，这个过程就是记忆。记忆既不同于感觉，又不同于知觉。记忆总是指向过去，它出现在感觉和知觉之后，是人脑对过去经历过的事物的反映。

记忆是一个复杂的心理过程，它包括识记、保持、再认或回忆三个基本环节。识记是记忆的开端，它是主体识别和记住事物，从而积累知识和经验的过程。保持是巩固已获得的知识和经验的过程。再认或回忆是主体从头脑中提取知识和经验的过程。凡经历过的事物再度出现时，能把它认出来称为再认；凡经历过的事物不在面前，能把它重新回想起来，则称为回忆或再现。从信息加工的观点看，记忆就是对输入信息的编码、储存和提取的过程。其中，对信息的编码相当于识记过程，对信息的储存相当于保持过程，对信息的提取则相当于再认或回忆过程。记忆过程中的三个环节是相互联系和相互制约的，没有识记就谈不上保持，没有识记和保持，就不可能有对经历过的事物的再认或回忆。

(二) 记忆的分类

(1) 根据记忆的内容不同，可以将记忆分为形象记忆、逻辑记忆、情绪记忆和运动记忆。

形象记忆是以消费者感知过的消费对象的形象为内容的记忆方式，如对产品形状、色彩等的记忆。这是消费者大量采用的一种记忆方式，主要以视觉和听觉的形象记忆为主。

逻辑记忆是以概念、判断、推理等为内容的记忆方式。如关于产品的质量、性能、使用效果测定的记忆，这是人类所特有的具有高度理解性和逻辑性的记忆，它主要借助于语言和思维来完成，要求消费者有较强的逻辑思维能力。

情绪记忆是以体验过的情绪为内容的记忆方式。它可以激发消费者重新产生过去体验过的某种情感，呈现出某种心境-情绪记忆的映像，有时会对消费者产生强烈而持久的影响。

运动记忆是以身体的运动状态或动作形象为内容的记忆。如果没有运动表象，就没有运动记忆。运动记忆是以消费者过去完成过的动作过程为内容的记忆方式，它有助于消费者形成成熟的购买技巧。

广告两则

一、南方黑芝麻糊经典广告

南方黑芝麻糊的一则广告情节是一位身穿旧式服装的小孩站在自己家门口玩耍，忽然听到小巷深处传来一声吆喝：“黑芝麻糊哟——”小孩立即向母亲要了钱，拿起一只碗，飞快地朝传来吆喝声的地方跑去。之后，小孩买回一碗又香又甜的黑芝麻糊，美美地喝起来。接着，电视的镜头一转，几十年后这个小孩已经变成了中年人，当他每次看到南方黑芝麻糊时，他都会回忆起自己孩提时代的美好记忆。于是，他对南方黑芝麻糊产生了一种浓厚的感情，经常给自己和家人买。

这则广告曾经被评为最佳广告，它使得南方黑芝麻糊在很短的时间内打开了市场，一举成为名牌产品。

营销启示：这则广告就是综合运用了心理学中的情绪记忆原理，通过激发消费者的怀旧情绪而达到增强其对产品的记忆和好感的目的。

二、售房平面广告

某地产公司的一则售房平面广告的主体画面是一栋别墅，优雅的环境，别致的二层建筑，几株树木与翠绿的草地……画面下方写着一句广告词："此情此景让我忆起了童年，坐在树下听父亲讲故事……今天，我已长大，看着已经驼背的父亲与同我当年一样大的儿子，我多么希望这样的回忆能再现并把它传承下去……"

营销启示：这则售房平面广告旨在引起30～45岁、感性的、中产阶层人士的情感共鸣，继而影响其购买决策，效果非常明显。

"经典回忆"事件的营销应用

香港一家名为G.O.D的连锁商店敏锐地发现，有一个相当庞大的，拥有中国20世纪70年代前后"红色回忆"的消费群体，该群体不仅人数众多，同时对那段回忆都刻骨铭心，每每提起都异常激动，对与其相关的事物都高度敏感并关注。

G.O.D确定了这个群体为目标顾客后，门店装修上就力求怀旧的红色复古风格，这在香港高楼林立、前卫时尚的商区中独树一帜、非常醒目，走进这家店，仿佛时间的车轮倒转，引领人们回到了20世纪70年代的中国。让经历过那段"红色革命"的人不由得思绪万千。这家店专门出售中国1970年前后流行的怀旧产品——那个时代的痰盂、水果盘、铁质水杯等生活用品；中山装、前进帽、胶底鞋、线手套等服饰；《毛主席语录》、小人书，甚至大字报都可以在这家店买到。这家店的生意非常火爆。

营销启示：集体回忆是岁月中流淌的情感，采用的形式就是把回忆内容融合到其他商品中进行销售，消费者的怀旧情感便自然流溢，情有独钟地选择了它。

(2) 根据记忆保持时间的长短，可将记忆分为感觉记忆、短时记忆和长时记忆。

感觉记忆，又称瞬时记忆，它是指个体凭视、听、味、嗅等感觉器官，感应到刺激时所引起的短暂记忆，其持续时间往往以几分之一秒计算。感觉记忆只留存在感官层面，如不加注意，转瞬便会消失。如你乘车经过街道，对街道旁的店铺、标牌、广告和其他景物，除非加以注意，否则，大多是即看即忘，此类现象即属感觉记忆。感觉记忆按感觉信息原有形式储存，它反映的内容是外界刺激的简单复制，尚未经加工和处理，因此，感觉记忆的内容最接近于原来的刺激。

短时记忆是指记忆信息保持的时间在一分钟以内的记忆。例如，我们从电话簿上查一个电话号码，然后立刻就能根据记忆去拨号，但一段时间过后，再问这个号码是什么，就记不起来了。此类记忆，就是短时记忆。

感觉记忆中的信息如果被注意和处理，就会进入短时记忆，而且这些信息可以保持在一种随时被进一步处理的状态。也就是说，短时记忆中的信息可以自动而迅速地被提取，一旦需要对新输入的信息予以解释，长时记忆中的信息也可带入到短时记忆中来。实际上，短时记忆是这样一种即时的信息处理状态：从感觉记忆和长时记忆中获取的信息同时被处理。短时记忆中的信息经适当处理，一部分会转移到长时记忆系统，另一部分则会被遗忘。

长时记忆是指记忆信息保持在一分钟以上，直到数年乃至成为一辈子的记忆。人们日常生活中随时表现出的动作、技能、语言、文字、态度、观念，以至有组织有系统的知识等，均属于长时记忆。

（三）遗忘及其影响因素

遗忘是对识记过的内容不能再认和回忆，或者表现为错误的再认和回忆。从信息加工的角度来看，遗忘就是信息提取不出来，或提取出现错误。

最早对遗忘现象进行实验研究的是德国心理学家艾宾浩斯（H. Ebbinghaus）。艾宾浩斯以自己为被试对象，以无意义音节作为记忆材料，用时间节省法计算识记效果。艾宾浩斯曲线表明了遗忘变量与时间变量之间的关系：遗忘进程不是均衡的，在识记的最初一段时间遗忘很快，之后逐渐缓慢，过了一段时间后，几乎不再遗忘。可以说，遗忘的发展历程是先快后慢，呈负加速型（见图 2-5）。

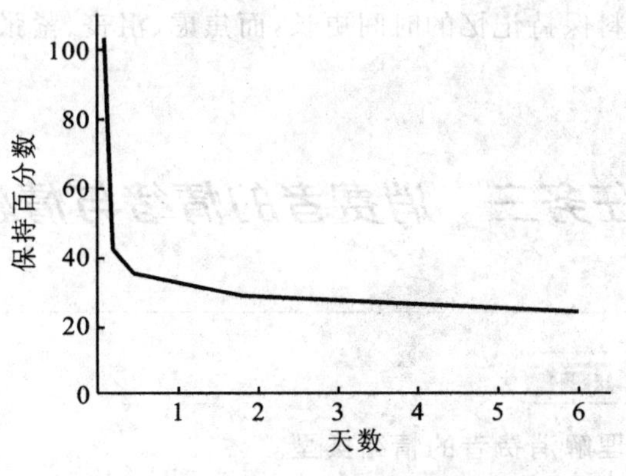

图 2-5 艾宾浩斯遗忘曲线

除了时间以外，识记材料对学习者的意义、识记材料的性质、识记材料的数量、学习强度、学习材料的系列位置等均会对遗忘的进程产生影响。下面对这些因素分别予以分析。

1. 识记材料对消费者的意义与作用

凡不能引起消费者兴趣，不能满足消费者需要，对消费者购买活动没有太多价值的材料或信息，往往遗忘得快，相反，则遗忘得较慢。同是看有关计算机的宣传材料，对于准备购置计算机的消费者与从未想到要购置计算机的消费者，两者对所记信息的保持时间将存在明显差别。

2. 识记材料的性质

一般来说，熟练的动作较不熟练的动作遗忘得较慢。贝尔（Bell）发现，一项技能在一年后只遗忘了 29%，而且稍加练习即能恢复。同时，有意义的材料较无意义的材料遗忘较慢。莱斯托夫效应（Restoff effect），实际上从一个侧面反映了学习材料的独特性对记忆和遗忘的影响。所谓莱斯托夫效应，就是指在一系列类似或具有同质性的学习项目中，最具有独特性的项目最易获得保持和被记忆住。对于广告主来说，要使广告内容被消费者记住，并长期保持，广告主题、情境、图像等应当具有独特性或显著性，否则，广告内容可能很快被遗忘。广告中经常运用对比、新颖、新奇、色彩变化、特殊规模等表现手法，目的就是为了突出宣传材料的独特性。

3. 识记材料的数量

识记材料数量越大，识记后遗忘得越多。实验表明，识记 5 个材料的保持率为 100%，10 个材料的保持率为 70%，100 个材料的保持率为 25%。

4. 识记材料的系列位置

一般而言，系列性材料开始部分最容易记住，其次是末尾部分，中间偏后的内容则容易被遗忘。之所以如此，是因为前后学习材料相互在干扰，前面学习的材料受后面学习材料的干扰，后面学习的材料受前面材料的干扰，中间材料受前后两部分学习材料的干扰，所以更难记住，也更容易被遗忘。

5. 学习强度

一般来说，学习强度越高，遗忘越少。过度学习达 150%时，记忆效果最佳。低于或超过这个限度，记忆的效果都将有所下降。所谓过度学习，是指一种学习材料在达到恰好能背诵时仍继续学习的状况。

6. 学习时的情绪

心情愉快时习得的材料保持记忆的时间更长，而焦虑、沮丧、紧张时所学习的内容更易于被遗忘。

任务三　消费者的情绪与情感

知识目标

■理解消费者的情绪类型。

■掌握消费者的情绪状态。

■理解影响消费者情绪的因素。

技能目标

■理解并掌握镜面映像法则。

任务引入

一位年轻母亲的情感变化

有一位母亲在报纸上看到“初生婴儿不宜喂食蜂蜜”的报道，联想起她天天给宝宝吃的某品牌的米粉恰好是含有蜂蜜的，于是她非常担心地打电话到该米粉生产公司询问。该公司接电话的工作人员认为她所问的问题非常愚蠢，不但指责某报纸信口胡说，最后还用相当自满的口气说：“我们的东西一定没有问题。”这位年轻母亲对该公司的工作人员的态度非常不满意，这使她对该品牌失去信心，不但立即转换品牌，还逢人就数落该品牌的不好。

思考

(1) 该年轻母亲情感变化的直接原因是什么？这给该公司造成的损失是什么？

(2) 如何才能做好这位消费者消极情感的转化工作？

一、情绪情感的概念

(一) 情绪

情绪是指人对客观事物的态度的体验。其具有独特的主观体验形式(如喜、怒、哀、乐等感受)、外部表现形式(如面部表情)和极为复杂的神经生理过程。

(二) 情感

情感是指情绪过程的主观体验，对正在进行的认识过程起评价和监督作用，着重于表明情绪过程的感受。

二、情感与情绪的区别和联系

情绪是情感的基础，情感要通过情绪表现出来。情感对情绪又具有调节和控制作用。对一个人的积极情感可能会使人抑制暂时的不愉快的情绪。情感侧重于认知方面的体验和感受，认知性、评价性、理智的成分多些，主要受长期、稳定的因素影响。情绪则侧重于欲求方面，欲求性、满足性、自发、本能、无意识的成分多些，主要受短期、现场因素影响。

情感和情绪又会相互转化。情绪是情感的袒露和表现，深切的情感有明显的情绪表现。一些情感又是由情绪转化而来的，如某商场的服务态度经常使人感到高兴，人们就会对该商场产生偏爱而时常去光顾。

情绪和情感的比较如表 2-2 所示。

表 2-2 情绪与情感的比较

	情 绪	情 感
相关需要	生理需要	社会需要
情境性及不稳定性	十分明显	不明显
外显冲动	明显	不明显

三、情感的表现形式与消费

情感的表现形式多种多样，根据其发生的强度、速度，以及持续时间的长短和外部表现来划分，可以划分为三种表现形式：激情、心境和热情。情感的不同的表现形式对消费的影响不尽相同。

(一) 激情与消费

众所周知，激情是一种迅速的、强烈的、短暂的情绪体验，如狂喜、暴怒、绝望或痛苦等。对于消费者，激情的发生通常是由重要购买活动中的刺激所引起的。例如：为购买到盼望已久的紧俏商品而欣喜若狂;为自己省吃俭用购买的一件耐用消费品质量不过关而气愤不已;为工作人员的服务态度恶劣而火冒三丈。如果企业能从消费者的心理出发,分析消费者所关注的利害得失,那么市场经济的运转将更加顺畅、和谐。

(二) 心境与消费

心境是一种比较微弱、平静而持久的情感状态,如心情舒畅或闷闷不乐等。心境的好坏对消费者的购买行为具有很重要的影响。良好的心境能使消费者发挥主动性和积极性,容易引起对商品的美好联想,对企业的服务也总是看到好的一面,此时如再加上亲朋好友的劝说或服务员的因势利导,则易产生购买行为。而不良的心境则会使消费者心灰意懒、意志消沉,因而会抑制购买欲望,阻碍购买行为。

(三) 热情与消费

热情是一种强有力的、稳定而深刻的情感,如对祖国、对人民深厚的爱,对科学的执着追求等,都是热情的表现。对消费者而言,则是指对某一方面的狂热追求,以及为达到目标而乐意做出某种努力或奋斗。例如一个非常喜欢小提琴的人,必定会为了自己的目标和理想而努力,哪怕省吃俭用,也要买到钟爱的小提琴。许多消费者都是在热情的推动下购买某种商品的。消费者的购买热情往往取决于优质的产品和服务,有时也可能出于对某种促销手段的兴趣,如有奖促销、让利促销等。

四、情绪、情感的外部表现与镜面映像法则

(一) 情绪、情感的外部表现

情绪、情感的外部表现,称为表情。表情是通过情绪、情感产生时所引起的机体内部和外部变化而实现的。表情也因此成为我们判断人脑内是否产生了一定情绪、情感状态的客观标志之一。外部表情一般分为面部表情、体态表情和言语表情。

1. 面部表情

面部表情是人类表达情绪的最主要的一种表情。面部表情以面部的眼部肌肉、颜面肌肉和嘴部肌肉的活动变化为主。人脸能做出大约 25 万种不同的表情。人的眼神是最善于传达情绪的,嘴部肌肉的变化也是表达情绪、情感的重要线索。

知识拓展

美国心理学家伊扎德将人的面部分为额眉-鼻根区、眼-鼻颊区、口唇-下巴区三个区域,这三个区域的活动构成了人类不同的面部表情,表达着相应的情绪。

在现实生活中,将上述三区各区的肌肉的细微活动综合起来就可了解人的不同情绪。比如,人在愉快时,额眉会放松,眉毛下降,眼睛眯小,面颊上提,鼻孔扩张,嘴角后收、上翘。这些肌肉运动组合起来就形成了一个笑的面部表情。

在表现不同情绪的面部表情中,起主导作用的肌肉各不相同。如笑时嘴角上翘,惊奇时眼睛和嘴张大,悲哀时双眉和嘴角下垂。另外,在人的面部表情中,唇、眼、眉、鼻、嘴等,以及它们之间的关系都具有重要作用。如高兴时,嘴角后收、上唇提升、双目有神,表现为笑容满面;愁苦时,眉头紧皱、眼睑下垂,由于双颊双唇下垂导致整个面孔变得狭长,头部低垂,呼吸缓慢微弱并不时发出叹息声,表现为垂头丧气;惊悚时,张嘴、冒汗、双唇颤动、面色苍白,表现为大惊失色,

等等。

在面部表情中,应该特别指出眼睛的作用。眼睛被认为是感情最灵敏的表现者,素有“心灵之窗”的美称。许多感情如悲伤、恐惧等主要是通过眼睛来表现的。有一种见解认为,你越喜欢某个人,你就越喜欢用眼睛与他/她接触,而对不喜欢的人用眼睛接触的时间就少得多。几乎在一切人际交往活动中,目光接触都传递着这样或那样的感情信息。长时间的目光接触能表达出关切,而避免或中断目光接触则可能表示缺乏兴趣。

人类不但在面部表情的性质上具有高度的一致性,而且在对面部表情意义的理解方面,也具有惊人的相似性。

有实验研究表明,向不同民族的被试提供一些标准的面部表情照片,要求被试说明照片表现的是什么情绪,被试判断有着惊人的一致性。

2. 体态表情

人们用全身姿态或四肢活动变化来表达情绪、情感的即体态表情。如鼓掌表示兴奋,顿足代表生气,搓手表示紧张焦虑,垂头代表沮丧,摊手表示无奈,捶胸代表痛苦。当事人以各种肢体活动表达情绪,他人则由此辨识出当事人的心境。体态表情不仅有个别差异,而且由于受到文化和传统习惯的影响还存在民族或团体的差异。

相关研究总结出了人类各种身体姿势及意义,如图 2-6 所示。

3. 言语表情

言语表情是人们通过说话时的语音、语调、节奏、速度等的变化来表达情绪、情感的。例如:悲哀时语调低沉,节奏缓慢;高兴时语调高昂,节奏轻快;紧张时声音尖锐、急促;恼怒时语气凶狠,言语生硬;悲痛、惋惜时语调缓慢,语气沉重等。

总而言之,人们除了通过语言交流以外,还可以通过面部表情、体态表情、言语表情这种非言语交流形式来表达个人的思想和感情。

(二) 销售魔方:镜面映像法则

镜面映像法则是营销实战中常用的方法之一。镜面映像法则是指顾客看见你时,就像看见镜子中的自己一样,因此,当你模仿顾客的肢体动作、表情时,顾客就会产生亲切感,因而易迅速进入你的“频道”。

梅拉宾在 1971 年提出著名的梅拉宾法则,即一个人对他人的印象约有 7% 取决于谈话的内容,辅助表达的方法如手势、语气等则占了 38%,肢体动作所占的比例则高达 55%。

销售最大的技巧是在文字、声音、肢体语言上与客户保持一致,尤其是肢体语言。

模仿可以让对方潜移默化地喜欢你、接纳你,注意力集中在你身上,和你一见如故。一般来说,模仿的内容包括说话的语气、音调、表情、呼吸方式及频率、表情、手势、举止动作等。

五、影响消费者情绪情感的因素

消费者的情绪是指产品使用或消费经历中引发的一系列情绪反应。有学者针对消费者在购物过程中的情绪影响因素进行了研究,认为在消费中的情绪影响因素主要有三点,具体如下。

(一) 产品属性

产品属性指体现某种产品特征的一系列要素,包括产品相关属性和非产品相关属性两类。前者是指实现产品功能所必需的要素,后者是指与产品的购买或消费相关的价格、包装、产品外

图 2-6　各种身体姿势及意义

观、使用者形象和使用形象等外部要素。

（二）商店环境

商店环境是指商店消费中的场景，包括周围因素（如灯光、温度、背景音乐和气味）、设计因素（如装修、装饰、陈设、店内拥挤程度）和社会因素（如销售人员的态度）三大类。

（三）营销者可控因素

如广告会引发消费者的情绪变化，营销者的公益活动会引起购买者的正面情绪，赞助活动也会引发消费者对赞助商的正面情绪，而促销活动往往会使消费者产生愉快的情绪。对于广告、销售促进、公益活动和赞助活动引发的情绪与购买行为的研究，以往仅限于情绪与购买意向等购前行为的关系，但是根据稀释效应理论，无关信息对人们的决策也会产生影响。在消费者的评价和决策过程中由于稀释效应，无关信息，例如广告、公益活动、赞助活动等也会弱化产品属性的作用，影响满意度。在这一过程中，情绪很有可能是关键的中介变量，因为广告、包装等信息传播活动会以情绪作为中介变量，间接影响满意度，而除了广告之外，销售促进和公共关系也是信息传播活动，也会引发消费者情绪变动，因此也可能通过情绪对满意度产生间接影响。

知识与技能检测

一、名词解释

感知觉　经典性条件反射　操作性条件反射

二、思考题

(1) 简述知觉特征在营销中的运用。

(2) 试述人际知觉心理定式的表现。

(3) 用自己的语言，阐述情绪、情感的外部表现与镜面映像法则。

三、案例分析

星巴克——一杯咖啡的营销启示

1971年，诞生于美国西雅图派克市场的星巴克，当时是一家专卖咖啡豆的小商店，1987年，现任董事长霍华德·舒尔茨收购星巴克，带领星巴克走上跨越式发展的道路。星巴克现已发展成集咖啡豆、罐装咖啡饮料、咖啡馆、音乐唱片和咖啡器具等多种经营为一身的跨国连锁企业。

在顾客看来，星巴克提供的不仅是咖啡，最让他们难忘的是在那里可以获得的丰富体验。在塑造品牌的影响元素中，除基本的产品和服务元素外，星巴克通过其他多种元素为顾客创造着感官体验、文化体验和社交体验。

(1) 感官体验。星巴克的店面就是一个广告牌，墨绿色美人鱼标志已成为家喻户晓的商标，更是顶级浓缩咖啡的象征。星巴克店内环境布置也都经过精心设计，风格优雅，再配以艺术品、音乐和咖啡香味，通过视觉、听觉、触觉、嗅觉和味觉上的刺激，顾客在消费过程中产生丰富的感官体验。

(2) 文化体验。星巴克不仅是在制作咖啡饮品，更重要的是，他们把咖啡看作是一种载体，借助这种载体，把独特的咖啡文化传递给顾客。准确地讲，在星巴克饮用咖啡，很大程度上是在"消费"咖啡文化。

(3) 社交体验。星巴克为顾客创造了所谓的"第三空间"，柔和的灯光、精致的家具、优美的音乐以及浓郁的咖啡香气，营造出一种浪漫的氛围，让顾客一进门就能感受到温馨、舒适。在这里，人们不仅可以寻找灵感，静心思考，还可以进行人际交流与聊天聚会。

星巴克的品牌传播并不是依靠铺天盖地的广告，而是独辟蹊径，以口碑传播的方式来影响品牌成长。

"我们的店就是最好的广告。"星巴克的经营者们这样说。他们认为，在服务业，最重要的营销渠道就是门店本身，而不是广告，如果店里的产品与服务不够好，顾客体验不好，做再多的广告，也只是让顾客看到负面的形象。因此，星巴克将原本用于广告的支出用于员工福利和培训，这对"口口相传"的星巴克品牌起到了重要作用。

星巴克的体验式营销，对处于快速发展阶段的我国服务业具有重要借鉴意义。体验经济时代的服务不仅是形式的转变，更是理念的突破。传统服务业在提升服务质量的同时，更应重视顾客的感官体验以及文化氛围的营造。有了良好的顾客体验，品牌才能深入人心，才能为口碑传播和品牌成长创造有利条件。

（资料来源：http://www.szeat.net/News/html/2012-05/1802425019422.shtml，此处略有改动。）

（1）从心理活动过程的角度，分析体验式营销是如何在消费者购买过程中形成的。

（2）星巴克是怎样培养消费者积极情感的？

（3）案例中的品牌传播是如何实现的？

四、实训题

以你最近一次比较大的消费活动为例，分析购买商品的心理活动过程。

项目三

消费者的个性、自我概念与生活方式

XIAOFEIZHE XINGWEIXUE

The Body Shop

1976 年 3 月 27 日，安妮塔·罗迪克夫人在英国布莱顿开了 The Body Shop(美体小铺)的第一家门市。美体小铺的标志性颜色是绿色。安妮塔·罗迪克夫人使用这种绿色最初是用来掩饰店里墙壁上的霉斑。没想到的是，这种绿色正好迎合了当时欧洲兴起的环保之风，因而受到人们的喜爱。后来，从标志设计、产品包装、店面装饰到所有视觉设计，绿色成为美体小铺的统一识别色。美体小铺率先提倡提高企业透明度，并根据五个价值观发起各项行动：支持社区公平贸易、维护人权、反对动物实验、积极支持自尊和保护我们的地球，对推动社会和环保改革不遗余力。如今，美体小铺已经在 50 个国家和地区拥有超过 2 000 家分店，每年有数千万的顾客购买其产品。

下面是一系列描述顾客对美体小铺及其商品的感知过程的调查访问题目。

(1) 当你购买美体小铺的商品，到美体小铺的店铺购物、体验时，你感觉到自己一定程度上正在对维护人权、保护动物、支持自尊和保护地球这些理念付诸实践吗？

(2) 这种感觉强烈吗？

(3) 你的朋友、同事与你有同样的感觉吗？

(4) 当你和同样在使用美体小铺的商品的朋友在一起时，你会产生怎样的感觉？

人口统计特点仅仅回答了“谁”会从事哪些行为，而并未回答为什么会出现这种情况。出生于同一时代的两个人可能购买不同的品牌，也可能拥有类似的嗜好，而美体小铺正是通过注重个性、自我概念、生活方式等方面来更好地了解消费者行为，创造了令人瞩目的销售奇迹。

任务一　个性与消费者行为

■理解个性的含义。

■了解各种个性理论。

■掌握个性与消费者行为的关系。

■在消费活动中针对消费者不同的个性进行营销。

芭比娃娃版甲壳虫汽车诞生

墨西哥的芭比娃娃迷迎来了一个让人兴奋的消息，因为德国大众汽车针对墨西哥市场推出一款限量版的芭比娃娃版甲壳虫汽车。这款车是由美国美泰公司和德国大众汽车联手推出的，粉红色的车身，帅气的芭比字样，就连座椅、门饰、地毯和方向盘也都是融入了芭比式的设计风格，这样一款载满青春活力的汽车很难不让女孩子动心。据了解，全球只有13辆，每一辆的售价是24 368美元。两家公司都相信，这款车不仅会抓住孩子的心，还会迷倒很多做了母亲的女性。

芭比，这个迷人的姑娘，不单拥有最时尚华丽的服装、英俊的男朋友，现在还拥有一辆量身定做的座驾——芭比娃娃版新款甲壳虫汽车。这辆粉红色的迷人小车不是玩具车，而是德国大众汽车针对墨西哥市场出售的新款甲壳虫汽车。设计师说："芭比是一个注重细节的优雅女生，所以这款甲壳虫汽车的设计同样注重细节。"

德国大众汽车推出的这款甲壳虫汽车有着浪漫的粉红色车身和粉红色车轮螺帽，同时车身上还带有"芭比"的标志。

任务分析

个性是由个人在其遗传、环境、成熟、学习等因素交互作用下形成的，具有很强的稳定性。根据消费者个性解释其在不同时间、不同情境下行为模式的一致性，测量个性便有助于预测消费者行为。

一、个性的含义

（一）个性的定义

"个性"(personality)一词来源于拉丁语"persona"，意为演员所戴的面具，而后引申为一个人在生活中扮演的角色以及个人品质的总和。

所谓个性就是一个人在思想、性格、品质、意志、情感和态度等方面不同于其他人的特质，这个特质的外在表现就是他的言语方式、行为方式和情感方式等。任何人都是有个性的，个性化是人的存在方式。在心理学中，把个体经常而稳定地表现出来的心理特点的总和，称为个性。个性的心理结构是复杂的，它包括个性心理倾向(包括需要、动机、兴趣、理想、信念、价值观、世界观等)和个性心理特征(包括气质、性格、能力等)。人的性格特征是通过人的行为方式表现出来的，消费者个性心理特征的差异，是通过不同的购买行为表现出来的。因此，研究、了解消费者的个性，不仅可以解释他目前的购买行为，而且可以在一定程度上预测他未来的消费趋向。

（二）个性的特点

个性的特征具有先天性和后天性、共同性和差异性、稳定性和可变性、独立性和统一性、客观性和能动性的特点。

个性既反映个体的差异性又反映了种族和群体的共同心理特征。

个性心理特征的形成具有相对稳定性。例如，判断一个人脾气、性格，要通过一段时间的了解，观察这个人的一些行为表现，才能做出评价。

个性心理特征在个性结构中并非孤立存在，它受到个性倾向性的制约。例如，能力和性格是在动机、理想等的推动作用下形成或发生变化的，也依赖于动机和理想等动力机制表现出来。二者相互制约、相互作用，使个体表现出时间上和情景中的一贯性。不过，生活中的某些重大事件，如小孩的出生、亲人的离世、离婚等都可能导致个性的改变。

二、有关个性的主要理论

（一）弗洛伊德的精神分析理论

弗洛伊德的精神分析理论既是一种动机理论又是一种人格或个性理论。他提出的“三部人格结构”，认为人格是一个整体，这个整体包括三部分，即本我、自我和超我，如图 3-1 所示。这三部分互相影响，在不同的时间段内，对个体行为产生不同的支配作用。

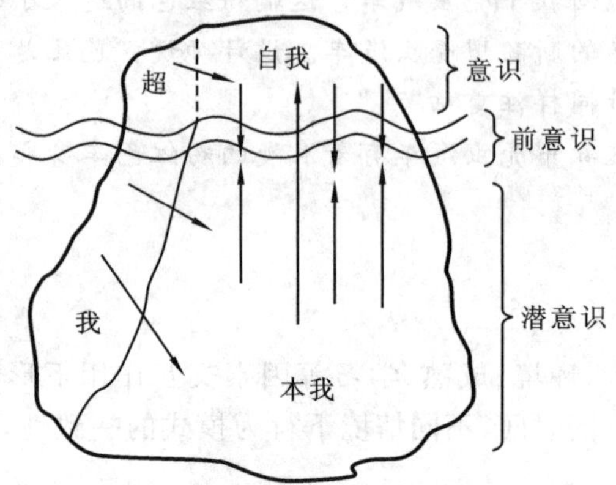

图 3-1　弗洛伊德的人格结构论

本我(id)，也称“伊底”，是人格结构中最基本、最原始的部分。本我由遗传本能、欲望所组成，如饥、渴、性，是一种未知的控制力，肉体是它的能量源泉。本我的唯一机能就是直接释放心理能量或降低紧张，并由此得到快乐和满足。它在获得满足方面没有是非观念，不考虑道德约束。本我的这种机能履行了生命的第一原则，即快乐原则。弗洛伊德说：“我们整个心理活动似乎都是在下决心去乞讨快乐而避免痛苦，而且自动地受唯乐原则的调节。”

自我(ego)是意识的结构部分。它是在本我与现实的接触中，本我的一部分经历了特别的发展而产生的专门的组织。自我处于本我和外部世界之间，是理性的、意识的、现实化的本我。弗洛伊德说：“每个人都有一些心理过程的连贯组织，我们称之为他的自我。意识就隶属于这个自我。”自我是按“现实原则”活动的，它的心理能量大部分消耗在对本我的控制和压抑上，基本上是人格的“执行者”。

超我(super ego)由自我理想和良心组成，代表社会道德标准，是人格中专管道德的司法部门。超我是从自我中分化出来的、道德化了的自我，处于人格的最高层。他是个体在生活中接受社会文化道德规范的教育而逐渐形成的。超我遵循“至善原则”，监督管制本我活动，并指导自我。它具有下列三种功能：

(1) 抑制本我的不符合社会要求的各种行动，特别是性欲和攻击行为，因为这两种行为最受社会谴责；

(2) 诱导自我，用合乎社会规范的目标代替较低的现实目标；

(3) 使个人向着理想努力，追求完善的人格。

弗洛伊德认为，超我同本我一样是非现实的，自我周旋于本我和超我之间，它一方面要满足本我的要求，另一方面又要调节整合精神活动。弗洛伊德对本我、自我、超我的相互依存、相互冲突的关系，以“一仆三主”来生动地予以比喻：“有一句格言告诫我们，一仆不能同时服侍两个主人，然而可怜的自我却处境更坏，它服侍着三个严厉的主人，而且要按它们的要求和需要相互协调。这些要求总是背道而驰并似乎常常互不相容，难怪自我经常不能完成任务。它的三位专制的主人是外部世界、超我和本我。"弗洛伊德认为，在正常情况下，本我、自我与超我处于相对平衡状态，若这种平衡遭到破坏，则易使人心理上患病。"三部人格结构"是在无意识理论的基础上构造了一个完整的人格模式，展现个体从受本能、欲望控制进而成为具有社会属性和文明标志的现代人的成长历程。

弗洛伊德的人格发展理论

弗洛伊德的人格发展理论又称性心理期发展论，该理论以身体不同部位获得性冲动的满足为标准，将人格发展划分为5个阶段：口腔期、肛门期、性器期、潜伏期、生殖期。该理论认为，如果个体在某一阶段遇到了阻碍，没能得到满足，那么个体的人格发展就会停留在这个阶段。

口唇期：0～18月，此时嘴唇、口舌是最主要的性兴奋点。如果这个时期个体获得的刺激不够或者是过度，就会在以后的生活过程中形成"口唇期人格"。

肛门期：18月至3岁，这一时期肛门成为最主要的动情点，而且这一时期刚好是小孩子如厕的训练时期，如果这一时期受到创伤，则会形成"肛门期人格"。

性器期：3～6岁，此时，儿童已经注意到男女性器官的不同，并且伴随着以性器官作为性兴奋点的行为。弗洛伊德特别强调这一时期，此时男孩子面临着俄狄浦斯情结，又称恋母情结，并出现了阉割焦虑。同时，女孩子也面临着相似的问题。

潜伏期：6～12岁，性欲表现不再那么明显。

生殖期：青春期及以后，此时的儿童对异性保持浓厚的兴趣。如果前面几个阶段的发展正常，此时他们将具有正常的性机能。

弗洛伊德的人格发展理论充分体现了弗洛伊德对性本能的强调，然而正因为如此，这个理论也受到了很多的批评。

（二）荣格的个性类型说

荣格(Jung)曾是弗洛伊德精神分析理论的支持者，后因观点不同而自创分析心理学。荣格提出的心理学理论涉及内容极为广泛，与消费者行为分析尤为密切的首推其个性类型说。荣格首先将人类心理类型分为外向和内向两种，又按人类心理的四种功能——思考、情感、感觉和直觉，将人的性格分为八种类型。分析这些个性类型，有助于营销者了解每种类型的个性在行为上的特点，从而据此制订更加有效的营销策略来满足消费者的需要。

1. 外倾感觉型

这种类型的人唯一看重的是感官的对象。他们热衷于积累与外部世界有关的经验，属现实主义者、实用主义者，头脑清醒，但并不对事物过分地追根究底。他们根据生活的本来面貌看待生活，并不赋予生活以自己的思想和预见。

他们也是敢于享乐、追求刺激的。他们欠缺理性，情感相对浅薄。他们的全部生活仅仅是为了从生活中获得一切能够获得的感觉。他们中典型的极端者，或者成为粗陋的纵欲主义者，或者成为浮夸的唯美主义者。他们可以根据感觉倾向，沉溺于各种不同类型的嗜好，具有变态行为和强迫行为的倾向。

这种类型以男性居多。

2. 内倾感觉型

和所有内倾型的人一样，内倾感觉型的人远离外部客观世界，沉浸在自己的主观感觉之中。有时，他们会被集体潜意识表象困扰，不堪承受外界的各种印象，他们需要较多时间来吸收和理解这些印象。他们还会为一种标志着内向特征的东西难于表达而感到苦恼。

与自己的内心世界相比，他们觉得外部世界是平淡寡味、了无生趣的。除了艺术之外，没有别的办法表现自己，然而他们创作的作品往往缺乏任何意义。他们缺乏理性，情感功能不发达。在外人看来，他们可能显得沉静、随和、执着和自制，而实际上由于在思想和情感方面的贫乏，他们往往并不是一个十分有趣的人。

这种类型以男性居多。

3. 外倾思维型

这种类型的人思维指向外部客观世界，对事实感兴趣，很容易为客观思维所吸引，使客观思维上升为支配他生活的激情。他们可以将感觉、感情置于一旁，不予理会，坚持思想流动从客观的已知材料出发，并重返这些材料，换言之，外在现实是其思考的起因也是目的。

这一类型的典型例子就是科学家。这些科学家为了尽可能多地认识客观世界，奉献了自己毕生的精力。他们的目标是理解自然现象，发现自然规律，创立理论体系。达尔文和爱因斯坦在外倾思维方向上获得了最充分的发展。

外倾思维型的人通常倾向于压抑自己的情感，因而在别人眼中，他们可能显得缺乏鲜明的个性，甚至显得冷漠和傲慢。如果这种压抑过分严重，情感就会被迫采取迂回曲折甚至病态反常的方式来影响他的性格。他们很可能变得固执、自负、迷信，不接受任何批评。由于缺乏情感，他们的思想很容易变得枯燥乏味。

这种类型以男性居多。

4. 内倾思维型

这种类型的人思维是内向性的，他们对事实不感兴趣，而对观念感兴趣。主要品质是看待事物往往能另辟蹊径，创造一些新的理论和新的视野，提出有深度的观点。对他们而言，外界事实不是目的，只是证明其观念的例证而已。

哲学家或存在主义的心理学家就属于这种类型。他们希望理解的是个人的存在。他们对外部世界很少注意，对周围的人事物往往心不在焉，会引起不合时宜的注意，与其他人在一起时羞怯而沉默寡言或反应突兀，独处时会忘了自己身在何处。在极端的情形下，他们探测自身的结果可能与现实几乎不发生任何关系，最后甚至可能割断与现实的联系而成为精神病患者。

他们具有许多与外倾思维型的人一样的性格特征。他们不得不随时保护自己，以免遭受压抑在无意识中的情感的纷扰。他们往往显得冷漠无情，因为他们并不重视其他人。

他们渴望离群索居，以便沉溺于幻想中。他们并不在乎自己的思想是否为别人所接受，但不乏那么几个与他们属于同一类型的人作为他们的忠实信徒。他们容易变得顽固执拗、刚愎自用、不善于体谅他人、骄傲自大、敏感易怒、拒人于千里之外。随着这种倾向的加强，被压抑的情感很可能以变态和狂热的方式对其思维施加影响。

这种类型以男性居多。

5. 外倾情感型

这种类型的人使理智服从于情感，容易受到客观外在标准的制约，经常被身处的环境控制，对环境的适应能力良好，可以与世界协调发展。

他们会固守已有的价值观念，历史感和传统感较强，善于处理人际关系，这类人在团体活动中很受欢迎，大家喜欢和他们相处，认为他们热情、能干、有魅力、有道德感，觉得他们真诚助人。

然而，外倾情感型的极端则让人觉得浅薄、虚伪，失了人情味。这是他们过于压抑思维功能引起的，这类人的思维能力不足。

外倾情感型更多地体现在女性身上。由于这类型的人的情绪随外界的变化而不断变化，显得反复无常。外界的任何一点极轻微的变化，都可能导致他们情绪的变化。他们往往多愁善感、强烈地依恋于他人（这种依恋又多是短暂的、昙花一现的），他们的爱可以轻而易举地转变为恨，他们总是乐于追逐最时髦的风尚。

在通常情况下，这类型的人往往能相对顺利地找到不错的伴侣。

6. 内倾情感型

这种类型的人通常也较多地见之于女性。他们最容易受到主观因素的干扰，被主观感受所支配，关注点会集中于内在情感，内在感情是由一些原始的情感意象所激发，所以会表现出原始的、不同寻常的和富有创造力的特点。这种类型的人不太关注外部世界，因此适应性会比较差。

他们不像外倾情感型的人那样炫耀自己的感情，而是把它深藏在内心。他们往往沉默寡言、难以捉摸，态度既随和又冷淡，并且往往有一种忧郁和压抑的神态。然而，他们也往往能够给人一种内心和谐、恬淡宁静、怡然自足的印象，在别人看来显得具有一种神秘的魅力。他们属于那种所谓“水静则深”的人。

事实上，他们也确实有着某种深刻强烈的情感，只是不善表达，他们的创造力会表现在文艺作品之中。

7. 外倾直觉型

这种类型的人的特征是异想天开、喜怒无常，他们从一种心境跳跃到另一种心境，借以从外部世界中发现新的可能性，新奇事物对他们来说是非常重要的，是他们生活的动力，他们不愿意忍受一成不变的现实，颇具叛逆精神，风俗习惯和宗教法律并不能对他们造成多大的约束。当他们专注于追寻新的事物时，他们的感觉信念完全不能影响他们，但他们也有建设在他们直观、合理的看法上的道德和信念。

由于缺乏思维能力，他们不可能长期顽强而又勤奋地追随某一直觉，而不得不跃向新的直觉。他们可以作为新企业或新事业的推动者和发起人而做出特殊的贡献，但他们却不能把自己的兴趣始终维系在那上面。他们容易把自己的生命虚掷在一连串的直觉上，毫不吝惜地把自己的发现、创新拱手让人，而自己最终却一事无成。

他们不是什么靠得住的朋友。尽管他们同别人每打一次交道，总是对由此而导致的各种可能性抱着极大的热情，但他们在交往中往往由于自己缺乏持久的兴趣而在无意之中伤害了别人。他们有许许多多的兴趣爱好，但很快就会厌倦并放弃这些爱好。他们通常很难固定地从事某一种工作。

这种类型的人不容易忧愁。

8. 内倾直觉型

这种类型的人致力于从内在的精神世界中寻找可能性。荣格认为：内向直觉的世界是集体潜意识，是模糊不明的经验背景，即所有那些对于外向来说是主观、奇怪、诡异的事物。

最典型的代表是艺术家，同时也包括梦想家、神秘主义者以及充满各种幻觉的古怪的人。

内倾直觉型的人往往被他们的朋友看作是不可思议的人，而他们自己往往把自己看作是不被理解的天才。

由于他们与现实和传统都不发生任何关系，也就不能有效地与他人交流沟通，甚至也不可能与同一类型的人交流沟通。他们禁闭在一个充满原始意象的世界里，而对这些原始意象的含义自己也并不理解。如果内倾直觉型的人是个幻想家，他们会在幻想中桎梏自己，沉浸在自己的冥想中；如果是富有创造性的艺术家，他们会擅长从感知到造型的变化，会以他们的方式向世人展示一些非凡的奇异事物，这些事物既庄重而又平凡，既美好又怪异，既崇高而又可笑。

和外倾直觉型的人一样，他们也从一个意象跳跃到另一个意象，始终在寻找着新的可能性，但他们的全部努力从来都没有超出他们的直觉范围，因而使自己得不到进一步的发展。由于他们的兴趣始终不能停留在一个意象上，因此就不能像内倾思维者那样，对心理过程的理解做出深刻的贡献。但不管怎样，他们却拥有可供别人思考、整理并加以发展的绚丽多彩的直觉。

生活在幻想中对这种类型的人还不够，他们必须找到在一个集体里能被认可的恰当的表达方式。在正常情况下，这类人只是奇特，但心地善良，除非他们受控于内心的幻象不能自拔，就可能产生精神问题。

（三）气质体液说

古代最著名的气质学说是由古希腊著名医生和学者希波克拉底（前 460—前 377 年）提出的体液说。他认为人体含有四种不同的液体，即血液、黏液、黄胆汁和黑胆汁。它们分别产生于心脏（血液）、脑（黏液）、肝脏（黄胆汁）和胃（黑胆汁）。希波克拉底认为，四种体液形成了人体的性质，机体的状况取决于四种液体的混合比例。在体液的混合比例中，血液占优势的人属于多血质，黏液占优势的属于黏液质，黄胆汁占优势的人属于胆汁质，黑胆汁占优势的人属于抑郁质。希波克拉底认为，每一种体液也都是由寒、热、湿、干四种性能中的两种性能混合而成。血液具有热-湿的性能，因此多血质的人温而润，好似春天一般；黏液具有寒-湿的性能，黏液质的人冷酷无情，好似冬天一般；黄胆汁具有热-干的性能，黄胆汁的人热而燥，如夏季一般；黑胆汁的人具有寒-干的性能，因此抑郁质的人如秋天一般。四种体液配比恰当时，身体便健康，否则就会出现疾病。希波克拉底的理论后来被罗马的医生盖伦所发展。

古罗马医生盖伦（C. Galen），从希波克拉底的体液说出发，将人体内的体液的混合“比例”用拉丁语命名为“temperamentum”，这便是近代“气质”（temperament）概念的来源。他除了运用生理和心理特性之外，还加进了人的道德品行，这些因素组成 13 种气质类型，后来简化为 4 种气质类型，即流行于今的多血质、胆汁质、黏液质和抑郁质。每一种气质类型的特点都是某种体液占优势的结果，并有特定的心理表现，如表 3-1 所示。

表 3-1 气质体液说

类　型	对应体液	表现特征
多血质	血液	感受性弱，耐受性强，不随意反应性强，可塑性强，情绪兴奋性强，外向
胆汁质	黄胆汁	感受性弱，耐受性强，不随意反应性强、反应的不随意性占优势，外向性明显，情绪兴奋性强，抑制能力差，反应速度快而不灵活
黏液质	黏液	感受性弱，耐受性强，不随意反应性弱，情绪兴奋性弱，内向性明显，外部表现少，反应速度慢但具有稳定性

续表

类　型	对应体液	表 现 特 征
抑郁质	黑胆汁	感受性强，耐受性弱，不随意反应性弱，严重内向，情绪兴奋性强且体验深，反应速度慢，具有刻板性和不灵活性

消费者的气质类型特点，必然会影响消费者的购买行为。

1. 胆汁质类型消费者

胆汁质类型消费者在购买过程中反应迅速，一旦有某种需要，购买动机很快就形成，而且表现比较强烈，决策过程短，情绪易于冲动，满意与否的情绪反应强烈并表现明显，喜欢购买新颖奇特、标新立异的商品，购买目标一经决定，就会立即引发购买行动，不愿花太多时间进行比较和思考，而事后又往往后悔不迭。在购买过程中，如果遇到礼貌热情的接待，则会迅速成交；如果营业人员态度欠佳或使消费者等候时间过长，则容易引发他们的急躁情绪乃至发生冲突。所以，接待这种类型的消费者，营业员要眼明手快，及时应答，并辅以柔和的语言与目光，使消费者的购物情绪达到最佳状况。

2. 多血质类型消费者

多血质类型消费者在购买过程中善于表达自己的购买愿望，表情丰富，反应灵敏，有较多的商品信息来源，决策过程迅速，但有时也会由于缺乏深思熟虑而做出轻率选择，容易见异思迁，他们善于交际，乐于向营业员咨询、攀谈所要购买的商品，甚至言及他事。对这类消费者施加影响比较容易起作用，接待他们，营业员需要不厌其烦地有问必答，应尽量帮助他们缩短购买商品的过程，当好他们的参谋。

3. 黏液质类型消费者

黏液质类型消费者在购买过程中对商品刺激反应缓慢，喜欢与否不露声色，沉着冷静，决策过程较长，情绪稳定，善于控制自己，自信心较强，不易受广告宣传、商品包装及他人意见的干扰，喜欢通过自己的观察、比较做出购买决定，对自己喜爱和熟悉的商品会产生连续购买行为。接待这种类型的消费者，营业员应有的放矢，避免过多的语言和过分热情，以免引起消费者的反感。

4. 抑郁质类型消费者

抑郁质类型消费者在购买过程中对外界刺激反应迟钝，不善于表达个人的购买愿望和要求，情绪变化缓慢，观察商品仔细认真，而且体验深刻，十分在意商品的细微之处，购买行为拘谨，神态唯诺，不愿与他人沟通，对营业员的推荐介绍心怀戒备，甚至买后还会怀疑是否上当受骗。接待这种类型的消费者，营业员要小心谨慎，细心观察，适当疏导，打消消费者的不必要的顾虑，使他们在愉快的气氛中购物。

以上是四种气质类型消费者的典型表现。而在现实生活中绝对属于某种气质类型的人并不多，大多数人是以某一种气质类型为主，兼有其他气质特征的混合型。

气质并不决定人的心理活动内容和方向，气质类型无所谓好坏。不能盲目认为，某种气质就是好，某种气质是不好的。一般来说，每种气质都有积极的方面，也都有消极的方面。气质对人的心理活动的进行和个性品质的形成，既有一定的积极作用也有一定的消极作用。

三、个性与消费者行为

（一）运用个性预测购买者行为

大多数个性研究是为了预测消费者的行为。心理学和其他行为科学关于个性研究的丰富文献促使营销研究者认定，了解消费者的个性特征应当有助于预测消费者的品牌或店铺偏好等购买活动。在20世纪50年代，美国学者伊万斯（Evans）试图通过个性预测消费者是拥有“福特”车还是“雪佛莱”车。他将一种标准的个性测量表分发给“福特”车和“雪佛莱”车的拥有者，然后对收集到的数据用判别分析法进行分析。结果发现，在63%的受访者中，依据其个性特征能够准确地预测其实际的汽车拥有情况。由于在随机情况下这一预测的准确率也将达到50%，所以个性对行为的预测力并不很大。万斯由此得出结论，个性在预测汽车品牌的选择上价值较小。

几个后续研究虽然发现了关于个性与产品选择和使用之间存在相关关系的证据，但个性所能解释的变动量是很小的。迄今为止，即使是颇具结论性的研究中，个性所能解释的变动量也不超过10%。个性对行为只有较小的预测力，这一发现实际上并不奇怪，因为个性只是影响消费者行为的众多因素中的一个而已。即使个性特征是行为或购买意向的有效的预示器，能否据此细分市场还取决于很多条件。

（二）与采用创新产品相关的个性特征

消费者采用新产品是有先后的，有些人是新产品的率先采用者或叫创新采用者，而另外一些人则是落后采用者。创新采用者和落后采用者的区别性特征，是营销者特别希望了解的。有些人几乎对所有新生事物采用排斥和怀疑的态度，而另外一些人则采用开放和乐于接受的态度。教条倾向是这样一种个性特质：它反映个体对不熟悉的事物或与其现有信念相抵触的信息在很大程度上持僵化态度。持教条倾向的人对陌生事物非常不信任，相反，非教条倾向的人对陌生事物持开放的立场。与此相应，非教条倾向的人更可能选择创新性产品，而教条倾向严重的人则更可能选择既有产品。另外，教条倾向重的人更可能接受带有“权威诉求”的新产品广告，出于这个原因，一些企业运用名人和权威人士来推广其新产品，以使那些疑心重重的消费者乐于接受新产品。

（三）品牌个性

品牌个性是品牌形象的一部分，它是指产品或品牌特性的传播以及在此基础上消费者对这些特性的感知。现在，越来越多的研究人员开始摒弃那种认为个性特征对消费者决策行为的影响放之四海而皆准的假设，相反认为具体的品牌具有激发消费者一致性反应的作用。

对品牌可以从三个方面来考察。

一是品牌的物理或实体属性，如颜色、价格、构成成分等。

二是品牌的功能属性。

三是品牌的个性，即消费者对品牌是新潮还是过时，是沉闷还是富有活力，是激进还是保守等方面的评价和感受。

品牌的个性无疑具有一定的主观性，然而它一旦形成就会与其他刺激因素共同作用于消费者的信息处理过程，使消费者得出这一品牌是否适合于自己的印象。品牌个性不仅使其与其他品牌相区分，而且它还具有激发情绪和情感，为消费者提供无形利益之功效。因此，品牌个性还会引发生理上的反应，而这种反应是可以通过某些客观的方法予以量度的。

罗兰·贝格公司认为，在众多品牌竞争的市场环境下，消费者在实施购买决策时，会对不同品牌传递的信息进行接收和过滤，形成他们对品牌价值的理解。消费者所感知到的品牌价值定位与其自身价值观的重合程度越高，就越能够产生共鸣，越能形成品牌偏好。

任务二　自我概念与消费者行为

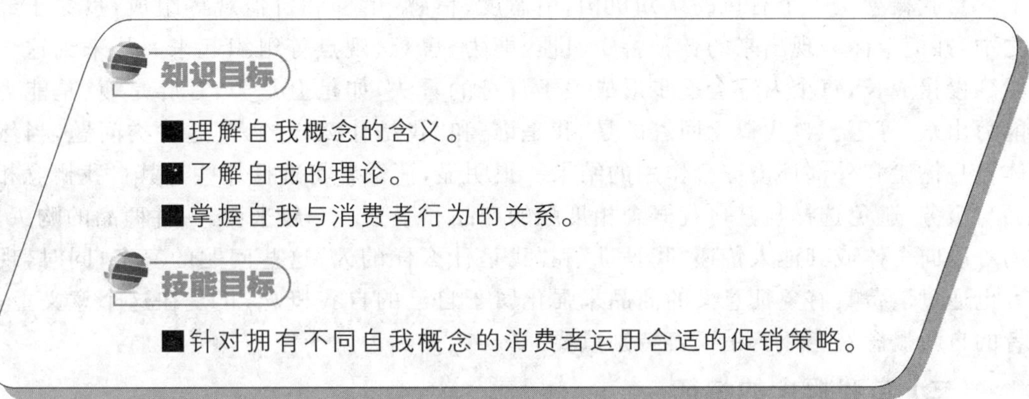

知识目标

■理解自我概念的含义。

■了解自我的理论。

■掌握自我与消费者行为的关系。

技能目标

■针对拥有不同自我概念的消费者运用合适的促销策略。

过一种经典的生活——可口可乐

可口可乐一贯坚持的自身定位是“正宗、经典”。在第二次世界大战中，可口可乐伴随着美国士兵的足迹遍布世界的各个角落，可口可乐意味着一种经典的美国式生活。从多年不变的配方，到至今仍然采用的古典字体的标志，可口可乐已经成为软饮料行业里的一个里程碑。

可口可乐所倡导的是一种正宗、经典的生活方式。对中老年人而言，可口可乐更优雅、不花哨，更符合他们的生活态度；对一些年轻人而言，百事可乐只是一种小孩子的饮料，而可口可乐却可以显示自身的成熟。

新一代的选择——百事可乐

百事可乐摒弃了不分男女老少“全面覆盖”的策略，而从年轻人入手，力图树立其“年轻、活泼、时代”的形象，而暗示可口可乐的“老迈、落伍、过时”。

百事可乐抓住了年轻人喜欢扮酷的心理特征，推出了一系列以“百事新一代”为主题的广告。当代人往往通过其所消费的产品来彰显自己的个性，“百事新一代”所倡导的生活理念正符合当代人心底暗藏的消费需求，突出了年轻人的张扬个性。在“百事新一代”的广告宣传中，“年轻、活力、自由、挑战、渴望”成了最重要的词汇。

人们倾向于购买与自我概念相似的产品和品牌：汽车、啤酒、香烟、肥皂和牙膏等产品消费

行为的研究已证实了这一点。

一、自我概念的含义

(一) 自我概念的定义

自我概念(self-concept),即一个人对自身一切的知觉、了解和感受的总和,以及自身存在的体验。它包括一个人通过经验、反省和他人的反馈,逐步加深对自身的了解。换句话说,自我概念是由一个人对自己的态度(看法和感觉)所构成。

自我概念是一个有机的认知机构,由态度、情感、信仰和价值观等组成,贯穿于经验和行动之中,并把个体表现出来的各种特定习惯、能力、思想、观点等组织起来。从来到这个世界上开始到慢慢成长,每个人都会逐步形成关于自身的看法,如是丑是美、是胖是瘦、是能力一般还是能力出众,等等。自我概念回答的是“我是谁”和“我是什么样的人”这一类问题,当然答案是个体自身体验和外部环境综合作用的结果。很明显,消费者将选择那些与其自我概念相一致的产品与服务,避免选择与其自我概念相抵触的产品和服务。一般来说,一件商品的购买、展示和使用可以向个体或其他人传递“我是谁”和“我是什么样的人”这些问题的答案;同时,现在的消费者也通过消费具有象征意义的商品来强化属于自己的自我概念,正是在这个意义上,研究消费者的自我概念对企业营销而言特别重要。

(二) 自我概念的特征

自我概念有三个重要的特征,具体如下。

1. 自我概念是多维的

我们可以从多个方面来认识自我,有时我们用名字,如“我叫小明”“我的名字是小红”等;有时我们会依靠生理区别和社会类别,如“我是女性”“我来自中国”等;还有时,我们会用技能或者爱好,如“我是一个音乐家”“我是个篮球高手”等。然而更多的时候,我们会根据我们与他人的关系来认识自我,如“我是他的哥哥”“我是温馨社的志愿者”等。除此之外,我们还会根据自己的评价来认识自我,如“我是一个诚实的人”“我是一个爱好和平的人”等。

你会发现,描述自我的方法有很多种,但是哪一种才反映了真实的自己呢?其实,自我概念由很多个部分组成,每一种描述只是反映了其中一个或多个部分。如果你是一名女性,性别只是你自我概念的一个部分,并不代表你的所有。同理,亚洲人、运动员、不可知论者、哮喘病患者等身份,都只描述了自我概念的一部分。任何一个词都不能完整地描述一个人的自我概念。

区分自我概念的一种方式是将别人对你所熟知的方面与只有你自己知道的方面区分开来。1955 年,美国心理学家约瑟夫·勒夫特和哈里·英厄姆发明了约哈里窗户,它是由代表了自我概念的四部分组成的(见图 3-2)。

根据约哈里窗户可知:“公开的我”部分(开放区)由自己和别人都知道的特征组成,其中还包括一些你自己知道并能与他人分享的方面;相反,“隐藏的我”部分(隐藏区)由你自己知道,但不便于公开与他人分享的方面组成,包括过去的情感秘密或痛苦经历等;“盲目的我”(盲区)反映了别人知道而你自己却没有意识到的自我;而“潜在的我”部分(未知区)则代表了自己和他人都不了解的自我。

约哈里窗户的创新之一在于它指出了存在着未被自己觉察的自我概念。例如,别人可能认为“我”不耐心、性情多变,但是“我”自己可能完全没有意识到这一点,这些特征组成了模型的第

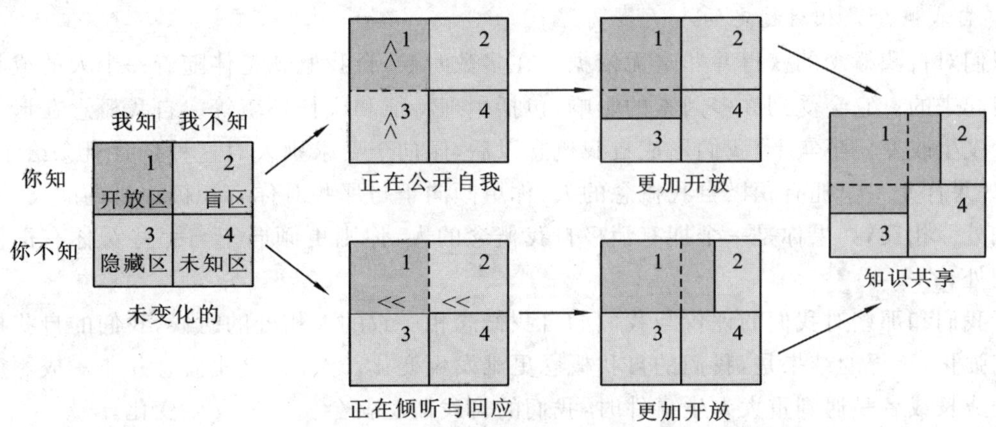

图 3-2 约哈里相识模型:约哈里窗户

三个部分——“盲目的我”。最后,“潜在的我”代表了自己和他人都不了解的自我维度。例如:无论是谁,在真正成为一个家长之前,都不知道自己是否会成为一个好家长;在突如其来的财富或者灾难到来之前,没有人知道自己会对它们做出怎样的反应。约哈里窗户的四个部分的重要性对每个个体来说,并不是完全一致的。例如,赖莎对绝大部分的自我有所保留,那么她的隐藏的部分就会更大一些,相反,艾伦被人们称为一本“打开了的书”,也就是说他很少对自我进行隐藏,因此,对他而言,“公开的我”这部分会更多一些。约哈里窗户的每个部分都会随着人们经历的改变而发生变化。例如,当某人被确诊为癌症晚期以后,她可能会发现自己也可以变得情感丰富、乐于表达,甚至是拥有未曾有过的幽默感。癌症的经历可能使她的“潜在的我”向“公开的我”转变。

2. 自我概念包括了部分主观成分

我们对自我的了解有一些是基于客观事实的。例如,“我”身高 167 厘米,有一头黑色的头发,出生在中国的福州,以教书为生。这些方面的自我概念都是客观的,它们以事实为依据,不会根据人们的观点而改变。但是,这并不代表我们不能改变它们。例如,“我”把头发染成其他颜色等。客观的自我仅仅代表了现实中自我的存在方式。自我的很多方面却是主观的,它更多地由我们对自我的印象所决定,而非基于客观的现实。有一点我们必须时刻记住:人们对自己的评价往往很难做到客观和准确。

有些时候,我们的自我评价会过高。例如,你可能会发现有许多人对自己的智力、特异功能或者世界观有不现实的看法。美国大学理事会(College Board,一个主持 SAT 的机构)曾经做过这样的一项研究,他们调查了接近 100 万名美国高三学生,让他们把自己的能力和他人进行比较,几乎每个学生都认为自己的能力“在平均水平之上”,而这在统计学里完全是不可能的。此外,60%的学生声称他们的能力排在前 10%,而 25%的学生甚至认为他们的能力排在前 1%,而事实上,这两者也都是不可能的。

而有些时候,我们的自我评价又会过低。对于那些自尊心不足的人尤为如此。许多研究表明,这样的人常常会夸大失败对他们的影响。他们经常低估了自己的能力,并且,当他们得到负面的反馈时,更倾向于认为这是一种理所当然的事情。一些研究表明,具有较低自尊的人往往在临床上伴随着更高的抑郁倾向,这不仅对他们的心理健康带来冲击,同时也侵蚀着他们的身体健康。相反,那些高自尊的人会弱化消极反馈的影响,他们把消极反馈看成偶然的事件。

3. 自我概念是相对稳定的

我们对自我概念的获得并非毫无依据。在多数时候，自我概念是伴随着一个人的成长而慢慢发展起来的。它会受到许多因素的影响，包括生理特征和成长环境等。自我概念在形成以后就很少发生改变。事实上，我们形成自我概念以后，倾向于要求别人对这种自我概念给予认同。例如，如果你是一个拥有积极自我概念的人，你更倾向于与那些对你有积极评价的朋友、同学或同事相处。相反，如果你是一个拥有消极自我概念的人，你则更倾向于与那些对你有消极评价的人相处。

当我们和那些对我们的评价与我们的自我概念相一致的人相处的时候，我们的自我概念就会得到强化，这样的结果是，我们的自我概念更难发生变化。然而，自我概念并非一成不变。随着人的成长或者是遇到重大人生事件时，我们的自我概念就会相应地发生变化。

有一项研究表明，在14～23岁之间，人们的自信与自尊水平会发生一定的变化。而在这个年龄段中，人们的自我概念常常是最为明显的。儿童心理学家杰克·布洛克和理查德·罗宾斯发现，大约80%的人在这个年龄段都经历过自尊水平的升高或者降低。

在面对人生中重大事件的时候，如经历重大疾病时，人们的自尊水平也会相应发生变化。例如，美美在成为寡妇并失去工作之后，无家可归而不得不住在自己的汽车里面，她如果越适应无家可归的现实，就越会觉得自己被社会所抛弃，同时也越来越不信任从前亲密的人，这样，无论是朋友还是亲人向她提供帮助时，她都会感到不好意思去接受，长此以往，她便只愿意和那些同样无家可归的人交往，因为他们之间交流起来更加容易一些。

健康的自我概念应该是灵活可变的，它会根据生活环境做出相应的调整。然而，这并不意味着生活中每一次重大的事件都会使人们的自我概念发生变化。

自我概念更多随着那些发生在人们的发展阶段的重大事件而发生变化。此外，外部治疗也能帮助改变人们的自我概念，这通常是向好的方向变化。但是，总体来说，自我概念一般不会发生重大的变化。

（三）自我概念的类型

自我概念有五种类型：

（1）实际的自我概念，指个体实际上如何看待自己；

（2）理想的自我概念，指个体希望如何看待自己；

（3）社会的自我概念，指个体感到别人如何看待自己；

（4）理想的社会自我概念，是指个体希望别人如何看待自己；

（5）期待的自我概念，指个体期待在将来如何看待自己，这是介于实际的自我与理想的自我之间的一种形式。

（四）自我概念的功能

1. 保持个体内在一致性

保持个体内在一致性即保持个人的想法与情绪或行为一致。通过维持内在一致性的机制，自我概念实际上起着引导个人行为的作用。积极的自我概念容易塑造积极的自我形象，引导人采取积极的行动。李·福斯特格提出当人们的不同信念和态度之间、或那些态度和他们的行为之间不一致时，就会出现不和谐状态。

2. 决定个体对经验的解释

自我概念对经验的解释作用是指个体倾向于按照与自己的自我概念相一致的方式来解释自己的行为。不同的人对于完全相同的经验的解释可能是不同的，自我概念影响着解释经验的方法。具有积极自我概念的人可能对每一种经验赋予积极的含义。自我概念消极的人倾向于将每一种经验与消极的自我评定联系在一起。这些积极或消极的经验都会对个体的心理健康产生不同程度的影响。

3. 决定个体自我期望的水平

个体对自身的期望是在自我概念的基础上发展起来的，并且与自我概念相一致，其后继行为也由自我概念的性质所决定。所以说，自我概念积极的人自信、乐观、健康，而自我概念消极的人则自卑、无望、沮丧、孤独。由此可见，培养个体对自己合理的认识和评价，能使之提出恰当的期望值并倾向于运用可以实现该期望的行为方式。

二、有关自我的理论

（一）精神分析的自我观

弗洛伊德：自我是一个组织，围绕着它的有三个方面，即现实的环境、本我和超我；自我的任务就是控制，即协调本我和外部世界或者本我与超我之间的关系；自我遵循现实的原则，它尽力满足本我的要求，同时又要考虑现实的可行性和超我的允许。

阿德勒：创造性自我，指人格中的自由成分，它使得个体能够自由选择自己的生活状态和追求目标。

沙利文的自我观：人际关系理论，强调自我发展的社会和人际关系基础，特别是早期的母婴交往中的体验和感知决定着自我的发展；自我系统的出现提供了回避和控制焦虑的方法；自我系统是指以个体的人际经验为基础建立起来的一种自我印象；自我系统是社会道德规范和文化的产物，其功能在于减轻焦虑，认识外界环境中的各种人际关系，并加以应对和适应。

（二）罗杰斯的现象学理论的自我观

根据人们如何看待自己和周围的世界来理解他们，每个人都有一种独特的看待世界的方式，这种知觉构成个人的现象场，包括有意识的知觉和无意识的知觉。对行为最重要的决定因素是有意识的知觉。自我是一套有组织的知觉模式，包括现象场中区分为主格我、宾格我和所有格我等部分。这个自我是现实的自我，反映了经验，又影响着经验。相对于现实的自我，他还提出了理想的自我，代表个体最希望拥有的自我概念。

（三）自我的社会认知观

1. 凯利的个人构念理论

构念选择论强调个体为了应对世事都要创建自己的构念，以个人意愿的任何方式自由地解释现实。

凯利将个人在其生活中经由对环境中人事物的认识、期望、评价、思维所形成的观念称为个人构念，每个人的生活经验不同，个人构念自然也因人而异，因此个人构念就代表他的人格特征。以父母体罚孩子为例：对父母而言，体罚可矫正偏差行为，有益孩子成长；对孩子而言，父母的体罚只能无奈地接受；对社会工作者而言，父母体罚孩子是对儿童的虐待；对传教士而言，父母体罚孩子是神对罪恶世界审判的延伸。这种现象说明了不同的人有不同的个人构念。个人构念就像一种微型科学理论，是一个人用之于预期事件的主要工具。凯利形象地描写了个人构念："人类通过由他创造的各种半透明的模式或样板去观察世界，然后试图去适应构成这一世界的现实……让我们把这些供人们使用的大小模式取名为不同的构念吧。"如果由某种构念产生的预测为经验所证实，那么这种构念就是有用的，如果这种预测没有得到证实，那么这种构念就必须修正或被抛弃。

个人构念是凯利人格理论的核心。个人构念是以个人对周围世界进行知觉、解释并赋予意义的方式来实现的。构念是一个系统，有核心的，也有边缘的。自我则是运用这些构念的个人或角色。

2. 马库斯的自我图式理论

马库斯提出的自我概念也叫自我图式，是指自我的概括化。如"我是一个独立的人""我习惯于依靠别人"，这些认知来自于过去的经验，它们一旦形成就会指导人们加工与自我有关的新信息。例如，如果一个人有依赖、被动和服从的自我图式，那么他将比没有这些图式的人更快地加工和记忆与这些图式有关的信息。人们对描述特质的信息比非描述特质的信息有更好的回忆，因此，人们对与自我有关的信息进行特殊的认知处理，对这些信息的注意也较多。

三、自我概念与消费者行为的关系

消费者购买某种商品，不仅是为了满足特定的物质或精神需要，同时还出于维护和增强自我概念的意愿。在这一意义上，自我概念是控制购买行为的中心要素。了解消费者的自我概念，告知他们哪些商品与其自我形象一致，哪些不一致，向消费者推荐最能反映其形象特征的商品，这样可以有效地影响和引导消费者的购买行为。

（一）自我概念与产品的象征性

自我概念之所以在现代营销学中占有重要地位，是因为它会影响消费者行为。这种影响一般来说来源于两种动机：自我提升动机和自我一致性动机。自我提升动机指的是一个人会倾向于那些可以提升自我概念或者自我形象的行为；自我一致性动机指的是一个人会倾向于那些与自我概念相一致的行为。

人们倾向于根据自己的拥有物来界定自己的身份，在多数情况下，消费者购买产品不仅仅为了获得产品所提供的功能效用，也为了获得产品所代表的象征意义。

在现实生活中，我们每个人所拥有的东西和所喜爱的活动，都在一定程度上反映了我们的某些追求和情感。也就是说，消费者购买商品旨在通过购置物表现其自我意象。消费者一旦形成了某种自我概念，就会在这种自我概念支配之下产生购买行为和消费行为。

大量实践证明，消费者在选购或者偏好某种商品时，他们不仅以质量优劣、价格高低、实用性能强弱为依据，而且把商品品牌特性是否符合自我概念作为重要的选择标准，即判断商品是否有助于"使我成为我想象或者期待的那种人"，以及"他人将我看成我所期待的那种人"。调查与研究表明，自我概念影响消费者从自我象征性意义角度来知觉和选择购买已有的产品或者想得到的产品。如果产品的形象符合于他们的自我概念，那么就会积极地评价此产品或偏好此产品。研究发现我国消费者自我概念与品牌个性的一致性程度对消费者的品牌偏好具有积极的影响，并且消费者理想自我概念与品牌个性的一致性对品牌偏好的影响要高于消费者真实自我概念与品牌偏好的一致性对品牌偏好的影响。

(二) 自我概念与消费者决策

真实自我一般来说是指一个人如何看待自己,是对客观存在的自我的认知。倾向真实自我的消费者倾向于客观、独立地评价产品的特性和功能,因此,这类消费者在决策时往往考虑更多的是自我的现实需求,他们注重产品的实用性,很少有冲动型购物,也很少刻意地追赶时尚潮流。

理想自我是指一个人理想中的自己应该是什么样子,这是对理想自我状态的一种想象。倾向理想自我的消费者一般来说更注重产品的品牌,他们考虑更多的是自己的内在需求,注重产品的独特性。这类消费者往往是时尚潮流的忠实拥护者。

社会自我是指他人对自己的看法。此类消费者更容易受到参照群体的影响,更加考虑产品的合群性,注重产品的社会性象征意义。在进行购买决策时,消费者会更多地考虑社会规范,他们容易受到社会上意见领袖的影响,换句话说,他们更容易受广告的影响。同时,他们不易采取冒险的消费决策,冲动性购买较少。

(三) 自我概念与营销战略

1. 自我概念之产品转移——销售时间和地点

产品转移指产品从厂商到消费者面前的全过程。因此,产品在何时出现,产品在哪里与消费者接触直接关系到消费者对产品的认知。比如在小杂货店出现的商品一般会被消费者认为是档次低的商品。

消费者通过自我概念来选购商品的前提是"商品拥有形象",只有使商品拥有凌驾于物理特性之上的特征才能在消费者的认知结构中与其产生共鸣。

2. 自我概念之商品特性——象征

消费者在自我概念下购买商品看重的是商品的什么?消费者购买一件商品除了要获得其物理使用价值外,还希望获得情感上的认同。

3. 自我概念之情境刺激——揭示差距和提高理想

情境刺激这一因素贯穿于消费者的整个购买过程中,虽然商品已经实实在在地出现在消费者眼前,但还需要一些刺激其采取购买行为的外在动力,情境刺激其实提供的就是超越商品特性的外在动力源。

任务三 生活方式与消费者行为

■理解生活方式的含义。

■了解生活方式的发展趋势。

■掌握生活方式的测量方法。

■针对消费者不同的生活方式运用不同的营销策略。

任务引入

移动动感地带——年轻时尚者的拇指生活方式

移动动感地带不仅是一种新形式的套餐业务，它还代表着一种个性化的生活方式。移动动感地带的品牌属性就是创新、个性、归属感。从某种意义上来讲，移动动感地带带来的是一场通信观念上的变革和更新。拇指的发达直接带动了大脑，而大脑影响着思维，思维牵引着情感，情感控制着语言，语言引发交流，交流促进关系，关系改变行为，行为越来越时尚，时尚塑造了后现代文化，文化影响社会，社会改变人……如同多米诺骨牌，手机、短信、拇指大张旗鼓地改变了人们的沟通方式和生活方式。

任务分析

一、生活方式的含义

（一）生活方式的概念

生活方式是一个内容相当广泛的概念，它包括人们的衣、食、住、行、劳动工作、休息娱乐、社会交往、待人接物等物质生活方式和精神生活方式。它是指作为社会主体的个人在一定的历史条件和社会环境中，为谋求自己的生存与发展而选择、确立的日常生活诸方面构成和实现方式。从广义上说，生活方式可以理解为在一定的历史时期与社会条件下，各个民族、阶级和社会群体的生活模式。从狭义上说，生活方式即个体生活的方式，指个体所有的生活习性的总和。

生活方式是人的社会化的一项重要内容，决定了个体社会化的性质、水平和方向。生活方式是一个历史范畴，随着社会的发展而变化。生活方式的变化直接或间接影响着一个人的思想意识和价值观念的变化。因此，生活方式是通过个体的思想意识与心理结构的形成来影响着他的行为方式和对社会的态度，反映了他的价值观念，即世界观的基本倾向。

（二）生活方式的内容和结构

生活方式是生活主体同一定的社会条件相互作用而形成的活动形式和行为特征的复杂有机体，其基本要素分为生活活动条件、生活活动主体和生活活动形式三部分。生活方式又是由家庭生活方式、个人及家庭生活资料谋得与消费方式、个人精神需求的满足方式、能力素质的培养方式、交往方式、社群（村社）生活方式等诸多方面构成的。生活方式的基本结构可以表达为：以物质生活要素的满足及谋取方式为基础，以一定价值观为核心与指向，所形成的包括家庭伦理、社会交往与社区生活、消费与财产处理、文化教育、精神生活与信仰等诸因素构成的生活模式和生活空间。

（三）生活方式的种类

对生活方式可从多种角度做类型学分析。

(1) 按主体层面的不同可将生活方式划分为社会、群体和个人三大类型的生活方式。社会生活方式是该社会全体成员生活模式的总体特征。人类历史上出现的不同社会生活方式类型有原始社会生活方式、奴隶社会生活方式、封建社会生活方式、资本主义社会生活方式和社会主义社会生活方式等。群体生活方式包括各阶级的生活方式、各民族的生活方式、各职业集团的生活方式,以及家庭生活方式等。个人生活方式从心理特征、价值取向、交往关系以及个人与社会的关系等角度可分为:①内向型生活方式和外向型生活方式;②奋发型生活方式和颓废型生活方式;③自立型生活方式和依附型生活方式;④进步的生活方式和守旧的生活方式,等等。

(2) 按生活方式的不同领域,可将生活方式划分为劳动生活方式、消费生活方式、闲暇生活方式、交往生活方式、政治生活方式、宗教生活方式等。

(3) 按不同的社区,可将生活方式分为城市生活方式和农村生活方式两大类。发达国家的城市人口占很大比重,城市生活方式是绝大多数居民的生活方式;发展中国家的农业人口占很大比重,农村生活方式仍占优势。伴随着工业化、城市化的进程,城市生活方式将在发展中国家得到相应的发展。

(4) 按时代特征,可将生活方式分为现代社会生活方式、传统社会生活方式。

(5) 按主要经济形式,可将生活方式分为自然经济生活方式、商品经济生活方式。

(四) 生活方式与个性的关系

(1) 联系:生活方式很大程度上受个性的影响,生活方式是个性在日常生活中的体现。

(2) 区别:生活方式关心的是人们如何生活,而个性侧重于从内部来描述个体,它更多地反映个体的思维、情感和知觉特征。

二、当下消费者生活方式的发展变化趋势

(1) 男性在购物中的变化:购物和照看家庭、从事家务的机会变多了;过去只有女性才会购买的首饰、护肤品等,如今男性也会采购这类物品。

(2) 女性在购物中的变化:购买物品涵盖了家庭用品到汽车等各类产品;妇女不再认同教她们如何清扫地板和取悦丈夫的广告,更愿意接受表现女性把握自己人生的广告。

(3) 年轻人强调自我放纵,对健康关注有所下降。

三、生活方式的测量

目前较为流行的生活方式的测量方法主要有两种:一是 AIO 结构法,即消费者活动(activity)、兴趣(interest)、意见(opinion)结构法;二是 VALS 方法,即价值观念和生活方式结构法。以下分别对这两种方法做简单介绍。

(一) AIO(活动、兴趣和观点)结构法

AIO 结构法是通过问卷调查的方式了解消费者的活动、兴趣和意见,以区分被调查对象不同的生活方式类型。研究人员从消费者中抽取大量样本,以问卷的方式向被调查者提出一系列问题和答案,请消费者以文字表述或选择答案的方式回答。提出的关于活动方面的问题包括消费者做什么、买什么、怎样打发时间等;兴趣方面的问题包括消费者的偏好和优先考虑的事物是什么等;意见方面的问题包括消费者的世界观、道德观、人生观是怎样的等。表 3-2 列出了测量消费者活动、兴趣和意见因素的主要指标及人口统计项目。

表 3-2　消费者活动、兴趣、意见的主要指标及人口统计项目

活　　动	兴　　趣	意　　见	人口统计项目
工作	家庭	自我表现	年龄

续表

活　动	兴　趣	意　见	人口统计项目
爱好	性别	社会舆论	性别
社会活动	工作	政治	收入
度假	交际	业务	职业
文娱活动	娱乐	经济	家庭规模
俱乐部会员	追求时髦的程度	教育	寓所地理区域
社交	食品	产品	教育
采购	媒介	未来	城市规模
运动	成就	文化	生命周期阶段

研究人员运用计算机分析消费者的回答，把回答相似的消费者归为一类，以此识别消费者不同的生活方式。

AIO 问卷表中具体设计什么项目并没有一成不变的标准，应视研究目的和研究所涉及的领域及其性质来决定。一般来说，AIO 问卷中的问题可分为具体性问题和一般性问题两种类型。前者与特定产品相结合，测试消费者在某一产品领域的购买和消费情况；后者与具体产品或产品领域无关，意在探测人群中各种流行的生活方式。两种类型的问题均有各自的价值。具体性问题提供关于消费者如何看待某种产品的信息，使营销者了解消费者喜欢产品的哪些方面，不喜欢产品的哪些方面，以及希望从中获得哪些利益，从而有助于企业改进产品质量和提高服务水平。一般性问题提供的信息为营销者勾勒出目标市场上消费者的一般生活特征，从而有助于企业从中发现市场机会和据此拟定营销策略。

表 3-3 列举了 AIO 问卷中的一些典型问题。

表 3-3　AIO 问卷中的一些典型问题

1. 活动方面问题
(1) 何种户外活动你每月至少参加两次？
(2) 你一年通常读多少本书？
(3) 你一个月去几次购物中心？
(4) 你是否曾经到国外旅行？
(5) 你参加了多少个俱乐部？
2. 兴趣方面问题
(1) 你对什么更感兴趣？运动、电影还是工作？
(2) 你是否喜欢尝试新的事物？
(3) 出人头地对你而言是否很重要？

续表

(4) 星期六下午你是愿意花两个小时陪你妻子,还是一个人外出钓鱼?
3. 意见方面问题(回答"同意"或"不同意")
(1) 俄国人就像我们一样。
(2) 对于是否流产,妇女应有自由选择权力。
(3) 教育工作者的工资太高。
(4) CBS 由东海岸的自由主义者在动作。
(5) 我们必须做好应付核战争的准备。

(二)价值观念和生活方式结构法

迄今为止,最受推崇的关于生活方式的研究是斯坦福国际咨询研究所(SRI)于 1978 年所做的价值观与生活方式的研究,该研究利用价值观念和生活方式结构法对被试的生活方式进行分类,得出 VALS 模型,又称 VALS 系统。VALS 系统以动机和发展心理学作为理论基础,将美国成年人的生活方式分成 9 种类型。由于美国 2/3 的人口被划在其中的两种类型里,加上该系统过多地依赖于人口统计数据,因此其运用价值受到了影响。基于此,SRI 于 1989 年引进了被称为 VALS2 系统。下面将对 VALS 系统和 VALS2 系统做一简要介绍。

1. VALS 系统

该系统将美国成年消费者分为三大类别九种类型,如表 3-4 所示。

(1) 类别一:需求驱动型。这类消费者的购买活动是被需求而不是偏好所驱动,他们可进一步分成求生者和维持者,前者生活在社会的底层,是社会中处境最困难的群体。

(2) 类别二:外部引导型。这类消费者可分成归属者、竞争者和成就者三种类型。他们是大多数产品的消费主体,非常在意别人的评价,紧跟时代潮流。

(3) 类别三:内部引导型。这类消费者的生活更多地被个人需要、内心的情感体验而不是外界的价值观所支配。他们可进一步分为我行我素者、体验者、社会良知者、综合者。

表 3-4 VALS 系统对消费者的分类

类别	在 18 岁以上人口中的百分比	消费者类型	价值观与生活方式	人口统计情况	购买模式
需求驱动型	4%	求生者	为生存而挣扎,多疑,社会处境不佳,被食欲所支配	收入在贫困线以下,教育程度很低,大多是少数民族,生活在贫民窟	价格是第一位考虑因素,购物集中于基本必需品,购买是为了即时需要
	7%	维持者	关注安全,时时有不安全感,较求生者自信且较乐观	低收入,低教育程度,较求生者年轻,很多是失业者	对价格很敏感,要求质量保证,是谨慎的购买者

续表

类别	在18岁以上人口中的百分比	消费者类型	价值观与生活方式	人口统计情况	购买模式
外部引导型	35%	归属者	从众、传统、怀旧、家庭观念强	低于中等收入，低于社会平均教育水平，蓝领工作者	重视家庭和住宅，追求时尚，多去中低大众化市场购物
	10%	竞争者	雄心勃勃，好炫耀，重地位和身份，上进心和竞争意识强	年轻，收入高，大多住在市区，传统上男性居多，但这一人群的男女比例正在经历变化	炫耀性消费较多，好模仿、追逐流行，更多地花费而不是储蓄
	22%	成就者	成功、声望高、物质主义、注重效率和舒适度	收入丰厚，商界或政界名流，受过良好教育，多住在城市或郊区	喜欢那些能显示成功、高品质的产品，乐于尝试采购新产品
内部引导型	5%	我行我素者	极度个人主义、求新求变、情绪化、冲动、重情绪体验	年轻，大多未婚，学生或刚开始工作的人，具有富裕的家庭背景	好展现品位，喜欢购买刚上市的时尚品，好结伴购买
	7%	体验者	受直接体验驱动，活跃，自信，好参与和尝试新事物	中等收入，受过良好教育，大多在40岁以下，成家不久	喜欢户外活动，喜欢自己动手
	8%	社会良知者	社会责任感强，生活简朴，重内在成长	较高收入，受过良好教育，年龄和居住地呈多样化，白人为主	关注环境，强调自然资源的保护，节俭、生活方式简单
	2%	综合者	心智成熟，内外平衡，宽容，追求自我实现，具有全球视野	良好收入，受过一流的教育，多元化的工作和居住分布	注重各式各样的自我表现，讲究美感，具有生态意识

一些企业和组织运用VALS系统了解不同生活类型的消费者在某些具体活动和产品消费上的差异，并以此指导营销策略的制订。20世纪七八十年代，因人均牛肉消费量下降，美国的牛肉行业很不景气，为了更好地把握消费趋势，美国牛肉行业协会做了一项消费者调查。该调查根据VASL系统的分类法，将消费者分成8个群体，并分析每个群体的牛肉、羊肉、鱼肉、鸡肉等主要肉制品的消费情况。表3-5列出了这8个群体的主要肉制品的消费指数。从表3-5中可以看出，求生者和维持者也许是受资源的制约，对肉制品的消费并不太多；成就者和社会良知者是各类肉制品的大量消费者。收入差异可能是形成上述结果的重要原因，然而生活方式亦发挥着不可忽视的作用。例如，体验者在很多肉制品的消费上低于平均水平，尤其是羊肉消费特别少，这恐怕很大程度上与其生活方式有关。基于VALS分析，美国牛肉行业协会的广告代理

商建议，促销活动应重点瞄准成就者、体验者、我行我素者和社会良知者，原因是这些群体人数增长较快，同时成就者和社会良知者是意见领袖，而我行我素者与体验者对牛肉有某种偏见。

表 3-5　与肉制品消费相关的 VALS 分析①

	牛肉	羊肉	鱼肉	鸡肉
求生者	64	21	62	69
维持者	77	54	111	93
归属者	98	96	90	97
竞争者	102	62	111	107
成就者	115	125	108	107
我行我素者	90	174	119	90
体验者	95	36	79	100
社会良知者	109	160	121	108

2. VALS2 系统

较之于 VALS 系统，VALS2 系统具有更广泛的心理学基础，而且更加强调对活动与兴趣方面的问题的调查。VALS2 系统根据两个层面将美国消费者分成 8 个细分市场，其中第一个层面是资源的多寡，第二个层面是自我导向。消费者资源不仅包括财务或物质资源，还包括心理和体力方面的资源。自我导向被分成三种类型：①原则导向，持原则导向的人主要是依信念和原则行事，而不是依情感或获得认可的愿望做出选择；②地位或身份导向，持这种导向的人在购物过程中很大程度上受他人的言行、态度的影响；③行动导向，持这一导向的人热心社会活动，积极参加体能性活动等，喜欢冒险，寻求多样化。

下面就 VALS2 系统的 8 个细分市场进行简单描述。

(1) 实现者，约占人口的 8%。他们是一群成功、活跃、独立、富有、高自尊的消费者。他们的资源最丰富，多为大学文化水平，平均年龄在 43 岁左右，年收入达 58 000 美元。他们在消费活动中喜欢精美的东西，容易接受新产品、新技术，对广告的信任度低，经常广泛地阅读出版物，看电视较少。

(2) 完成者，约占人口的 11%。他们属于原则导向型，是一群成熟、易于满足、善于思考的人。他们拥有较丰富的资源，多受过良好教育，从事专业性工作，平均年龄 48 岁，年收入约 38 000美元，一般已婚并有年龄较大的孩子。在消费活动中他们对形象或尊严不感兴趣，在家用产品上他们是高于平均水平的消费者，休闲活动以家庭为中心，喜欢教育性和公共事务性的节目，阅读广泛。

(3) 信奉者，约占人口的 26%。他们属于原则导向型，是传统、保守、墨守成规的一群人。他们拥有较少的资源，多为高中教育程度，平均年龄 58 岁，年收入约 21 000 美元。他们的生活品质超出平均水平，活动以家庭、社区或教堂为中心，购买美国制造的产品，寻找便宜货，看电视，阅读多以有关养老、家居、花园等主题为主，不擅于创新，改变习惯较困难。

(4) 成就者，约占人口的 13%。他们属于身份导向型，是一群成功、事业型、注重形象、崇尚

① 注：表中数字是消费者指数，100 代表平均水平。

地位和权威、重视一致和稳定的人。他们拥有丰富资源，多受过大学教育，平均年龄 36 岁，年收入约 50 000 美元。在消费活动中，他们对有额外报酬的产品特别感兴趣，看电视的时间处于平均水平，阅读有关商业、新闻和自己动手一类的出版物。

(5) 奋斗者，约占人口的 13%。他们同属于身份导向型，寻求外部的激励和赞赏，将金钱视为成功的标准，由于拥有资源较少，因而常感到经济拮据而抱怨命运不公，易于厌倦和冲动。他们平均年龄 34 岁，年收入约 25 000 美元。在消费活动中，他们中的许多人追赶时尚，注重自我形象，携带信用卡，日常开销主要用于服装和个人护理，看电视比阅读更受他们欢迎。

(6) 体验者，约占人口的 12%。他们属于行动导向型，是年轻而充满朝气的一群人。他们拥有较丰富的资源，一般是单身、尚未完成学业，平均年龄 26 岁，年收入约 19 000 美元。他们追逐时尚，喜欢运动和冒险，将大多收入投入在社交活动上，经常冲动性购物，关注广告，偏好听摇滚音乐。

(7) 制造者，约占人口的 13%。他们是行动导向型，保守，务实，注重家庭生活，勤于动手，怀疑新观点，崇尚权威，不是十分关注物质财富。他们拥有的资源较少，多受过高中教育，平均年龄 30 岁，年收入约 30 000 美元。在消费活动中，他们的购买目标物是具有舒适、耐用和有价值等特性的产品，不太关注奢侈品，只购买基本的生活用品，听收音机，一般阅读涉及汽车、家用器具、时装和户外活动的内容。

(8) 挣扎者，约占人口的 14%。他们生活窘迫，受教育程度低，缺乏技能，没有广泛的社会联系。一般年纪较大，平均年龄 61 岁，年收入仅 9 000 美元，常常受制于人和处于被动的地位。他们最关心的是健康和安全。他们在消费上比较谨慎，属品牌忠诚者，购物时常使用赠券并留心降价销售，相信广告，经常看电视、阅读小报和女性杂志。

需要指出的是，虽然 VALS2 系统较 VALS 系统有较大的改进，但它同样存在 VALS 系统所具有的某些局限。如 VALS2 系统中的数据是以个体为单位收集的，而大多数消费决策是以家庭为单位做出的或很大程度上受家庭其他成员的影响。另外，很少有人在自我导向上是“纯而又纯”的，SRI 所识别的三种导向中的一种导向可能对消费者起到支配性作用，然而支配程度以及处于第二位的自我导向的重要性会因人而异。尽管如此，VALS2 系统仍是目前运用生活方式对市场进行细分的最完整的系统，它已经并将继续被企业广泛地运用。

3. 中国消费者生活形态模型——China-VALS 模型

2002 年，中国新生代市场监测机构宣布在中国消费者细分市场的分群深度研究上已取得重大成果。基于美国、日本业界领先的消费者生活形态的分类研究模型 VALS 模型，根据自 1997 年以来在中国(除港、澳、台地区)进行的关于居民媒体接触习惯和产品/品牌消费习惯的连续调查积累的大量翔实的数据，中国新生代市场监测机构对中国的消费者进行了心理层面上的分析，建立了复杂的经济态势下适应中国市场大众时代的中国消费者生活形态模型——China-VALS 模型。

这一模型把中国消费者按消费心理因素分为 14 种族群，又称 14 类消费者。其中：理智事业族、经济头脑族、工作成就族、经济时尚族、求实稳健族、消费节省族等 6 种族群为积极形态派，占整体的 40.41%；个性表现族、平稳求进族、随社会流族、传统生活族、勤俭生活族等 5 种族群为求进务实派，占整体的 40.54%；工作坚实族、平稳小康族、现实生活族等 3 种族群为平稳现实派，占整体的 19.05%。

从整体上分析，包括积极形态派和求进务实派等 11 种族群，占中国消费者整体的 80%以上，反映了中国消费者普遍持有积极、务实的消费心态。这 14 类消费者在消费者总量中所占的比例大多都在 6%～8%之间，分布均匀，其中随社会流族(13.95%)、经济时尚族(8.54%)在 14 类消费者中所占比例较大。随社会流族、经济时尚族、平稳小康族、工作成就族、平稳求进族、工作坚实族共占整体的 47.9%，共同构成位于社会中层的中国消费者人群。这与中国整个社会发展态势以及典型消费形态相吻合，也证实了 China-VALS 模型的精确性与精准度。

中国新生代市场监测机构的专家还根据 97 条有关生活形态测试的语句获得的数据进行分析，在深入到消费者生活形态和消费心理层面上，综合消费者的分层(以教育程度、职业、收入等为标准)，“画”出了 14 类消费者的心理“肖像”。比如：理智事业族事业成就欲望强，饮食生活超出社会水平，男性占七成；而随社会流族个人主观性较弱，易受他人影响，男女比例、年龄分布较均匀，工作倾向也不明显。不同族群的人在消费行为上也有显著的不同：理智事业族高收入倾向明显，购物注重效率及产品功能；随社会流族多习惯货比三家，谨慎消费。

中国新生代市场监测机构对中国消费者 14 种族群的划分方法，在很大程度上改善了市场细分的效果，以这种市场细分为基础，企业还可以从消费者的产品及品牌消费习惯、媒体接触习惯、人口统计变量等多个角度针对具体的某一族群进行详细的分析。

四、生活方式在营销策略领域的应用

如何引领生活方式，如何做好企业的产品创新和市场布局？中国企业在这个方面还缺乏足够的认识，甚至可以说，从来没有从生活方式的角度出发来思考企业的问题。

对于产品创新、市场趋势和现状分析，有人说，消费者研究是最有用的方法，事实上确实如此。但是，现实让很多企业对此也有颇感困惑。如何洞察未来的消费趋势？企业应该提供什么样的产品和服务？对消费者行为和生活方式的理解则成为关键。

如何获得好的产品概念和创意？如何去搜集消费者相关的信息？如何获得市场趋势？如何挖掘出人们头脑中未来可能会消费的产品概念？用创新的方法解读消费者的生活方式，剖析消费者的生活密码，才能让吻合消费者未来生活方式的产品研发不再成为问题，因为你了解消费者的生活方式密码，就知道其潜藏在背后的真正需求。很多企业对于自己产品在消费行为和结构中所处的位置并不是很清楚，这样导致新产品到底应该切中哪个细分市场，在产品的创意和概念上做什么样的创新等很难形成正确的判断。

未来的主导产品和主流消费方式就在消费者生活方式的碎片中，产品概念的开发不仅在于产品开发理念上的创新，也同样在于信息捕捉方式的创新。而灵活运用正确的研究方法来获取潜藏在大众生活方式中的元素，是企业洞察未来消费趋势的最好选择。

美国和日本早已将生活方式考察视为市场研究中的一项重要内容与方法，所以当下美国和日本的生活方式对世界影响最大，他们的产品也非常畅销，我们可从其中获取经验和启示。

知识与技能检测

一、名词解释

个性　　自我　　生活方式

二、思考题

(1) 消费者的个性有何特征？

(2) 自我概念有几种类型？

(3) 描述 VALS2 系统中的每一个细分市场。

三、案例分析

斯沃琪手表引领世界手表消费潮流

瑞士手表曾一度占领了世界上大部分手表市场，但世界上手表行业的竞争日益激烈。美国的天美时(TIMEX)成功地推出了简单、可靠、低成本的计时手表，深受追求便利型的消费者的喜爱。香港也曾在市场上大量推出瑞士和日本手表的廉价仿制品，使顾客不用花多大成本就能充分享受世界名表带来的时尚潮流。结果，瑞士只能立足于高价、时髦的珠宝手表市场，如劳力士(Rolex)、浪琴(LONGINES)等。

1981 年，瑞士最大的手表机芯公司 ETA 开始一项新计划，推出了现已驰名世界的斯沃琪手表(Swatch)。根据该公司的调查和预测，21 世纪充满个性的新人类时代即将来临，每个年轻人渴望着与他人不同，并时刻愿意在别人面前表露出自己的个性。因而斯沃琪手表是专为满足那些有个性、热爱时尚和渴望表露自我的新人类的需要而设计的。斯沃琪手表重量轻，能防水防震，属电子模拟手表，其表带是多种颜色的塑料带。它有许多不同的表壳和表带，颜色都很鲜艳，很适合运动场合。

斯沃琪手表在 30 多个国家销售，到 1994 年已售出 1.5 亿只，1993 年公司净利润已达到 4.4亿瑞士法郎。因为它能很好地迎合现代人的心理需要，因此很受年轻人的喜欢。另外，斯沃琪手表的促销和推销技巧也充分显示了该产品对满足人类心理需要的深入熟悉和了解。下面举例说明。

(1) 斯沃琪每年都不断推出新式手表，以至于人们都焦急地期待新产品的出现。许多人拥有的斯沃琪手表不止一款，因为他们希望在不同的时间、场合展示给不同的人看。有位商人拥有 25 块斯沃琪手表，每天他都要换一套西服、领带、衬衫和一只斯沃琪手表。

(2) 所有的斯沃琪手表在推出 5 个月后将停止生产，因此即使是最便宜的手表也都是有收藏价值的。而且斯沃琪公司每年分两次推出数目有限的时髦手表设计版本。公司可能只生产 4 万只手表，而收藏家的订单却常常达 10 万份甚至更多。公司只好举行抽签活动来决定可以购买手表的 4 万位幸运收藏家。

(3) 在里斯本的一个博物馆里，专门设有数目有限的斯沃琪手表陈列台，并设有防弹玻璃的保护。这种设计常常给观众以强烈的刺激，觉得佩戴这种手表将得到时尚和尊贵的认可。而斯沃琪公司将自身拥有的几百万美元的"斯沃琪情感经历"进行展览，在全世界周游展出。

案例思考

(1) 斯沃琪手表是一种什么样的产品？为什么它能获得成功？

(2) 消费者的个性对企业营销有何影响？

四、实训题

收集近期出现的尝试将产品消费与特定生活方式联系起来的广告，这一目标通常是怎样达到的？

项目四

消费者购买的动力来源

XIAOFEIZHE
XINGWEIXUE

雀巢咖啡稳占中国大陆市场第一的秘密

在台湾地区市场，麦斯威尔是咖啡中的第一品牌，其广告语是“好东西要和好朋友一起分享”，但雀巢咖啡在中国大陆市场的销量远高于麦斯威尔咖啡。雀巢咖啡在中国大陆是如何击败麦斯威尔咖啡的呢？

早在20世纪80年代，麦斯威尔咖啡和雀巢咖啡同时进入中国大陆市场的时候，两家公司都委托了不同公司做市场调查。麦斯威尔咖啡委托国际公司的调查结果是，向往西方文化的知识分子才会尝试喝咖啡，因为咖啡是舶来品。于是，麦斯威尔咖啡的广告语非常文雅：“滴滴香浓，意犹未尽。”

相反，雀巢咖啡经过调查发现，当时上海女大学生最愿意嫁的人不是知识分子，而是出租车司机，因为那时出租车司机的平均工资是当时平均工资的十几倍甚至几十倍。于是，雀巢咖啡就明确地知道目标消费者绝对不是大学教授、知识分子，因为当时大学教授一个月工资才100多元钱，而一杯雀巢咖啡的价格是20多元钱。除此之外，当时发现了一个特殊现象，喝完雀巢咖啡的人都会把雀巢咖啡的罐子带到办公室当茶杯用，几个月后罐子上雀巢的标志还会保持得非常好。本来在国外一个非常普通的品牌，在中国变成了一个炫耀品牌，所以雀巢咖啡的广告语很简单：“味道好极了！”

雀巢咖啡炫耀其香浓诱人的味道，也洞察到消费者希望炫耀高档饮品的内心想法。其实咖啡的味道并不好喝，尤其是对以茶为主饮的中国人来说，但是，它的广告语天天暗示你：“味道好极了！”天天在人的脑海中进行灌输和心理暗示，习惯成自然，自然就认为雀巢咖啡味道就是好。久而久之，雀巢咖啡就等同于“味道好极了”的代名词，抢占了目标消费者的心智资源，使其在20世纪80年代先期进驻中国大陆市场便取得了无可替代的位置。麦斯威尔咖啡错失良机，没有找准目标消费者内心对咖啡品牌的真正需求是什么，只能屈居于雀巢咖啡之下。其广告语“滴滴香浓，意犹未尽”播出了半年之久还有很多人以为是卖香油的广告语。

因此，唯有真正了解到目标消费者的内心是如何看待品牌的真实想法和心理感受，才能抢占市场先机稳坐翘楚地位。这就是雀巢咖啡为什么在中国大陆市场能够遥遥领先于麦斯威尔咖啡，从而获得成功的原因所在。

任务一　消费者的需要与动机分析

■了解消费者的需要的内容、特征与形态。

■掌握消费者的动机的定义、类型。

技能目标

■熟练掌握和运用马斯洛的需要层次论，并能据此分析某一具体的消费行为。

■具有运用所学的有关动机的理论来激发消费者的购买动机的能力。

任务引入

国外有家制鞋商，以为消费者对有关鞋的属性关注的顺序首先是式样，然后依次是价格、料子和小饰件。于是，把广告的主题对准了鞋的式样，结果销路平平。后来，制鞋商进行了实地调查，询问了 5 000 名顾客对鞋的关注点。结果发现：42％的顾客表示最为关注"穿着舒服"；32％最为关注的是"耐穿"；16％是"样式好看"；9％为"价格合理"。根据所得的调查结果，制鞋商果断地改变了广告的主题，结果销量大增。

问题：本案例说明了什么？给你什么启发？

任务分析

在影响消费者行为的诸多心理因素中，需要和动机占有非常特殊的重要地位，并与消费行为的产生有着密切的联系。这是由于人们的消费行为往往都是有目的性的活动，这些目的的实现是为了满足人们的直接驱动力。上述案例中，制鞋商由失败到成功正说明了商品销售唯有考虑到消费者的需求和消费动机，才可能占领市场。正因为这样，长期以来消费者的需要和动机一直都是消费心理学研究的重要领域。

一、消费者需要的含义和特征

（一）消费者需要的含义

需要是个体由于缺乏某种生理或心理因素而产生的内心紧张感，从而形成与周围环境之间的某种不平衡的状态。它是客观要求在人脑中的反映，是个体积极性的源泉，它推动着人们去从事某种活动。需要的实质是个体为延续和发展生命，并以一定的方式适应环境所必需的客观事物的需求反映，这种反映通常以欲望、渴求、意愿的形式表现出来。

消费者需要包含在人类的一般需要之中，它反映了消费者缺乏某种生理体验的状态，并直接表现为消费者对获取以商品或劳务形式存在的消费对象的要求和欲望。需要的产生主要取决于生理状态、社会因素、个人的认知等因素。

例如：人们感到饥饿时，会产生对食物的需要；感到寒冷时，会产生对御寒衣物的需要；感到孤独寂寞时，会产生对交往、娱乐活动的需要等。这些需要成为人们从事消费活动的内在原因和根本动力。

任何需要都是有对象的。消费者的需要总是针对能满足自身生理或心理状态的物质对象而言的，在商品社会中，主要表现为对商品和劳务的需要。

(二)消费者需要的特征

尽管消费者的需要多种多样、复杂多变,但是也有一定的倾向性和规律性。主要有以下几个方面。

1. 需要具有对象性

人们的需要总是针对某个或一系列的具体事物和内容,即需要具有对象性,离开了具体事物、具体目标、具体内容,就无所谓需要。

2. 需要的多样性和差异性

由于消费者性别、年龄、民族、文化程度、职业、收入水平、社会阶层、宗教信仰、生活方式和个性心理特征等不同,因此,消费者在需要的内容、层次、强度和数量方面是千差万别的。就同一消费者而言,其需要也是多元的,不仅有生理方面的、物质方面的需要,还有精神方面的需要。例如,有的人以经济实用作为选择标准,有的人则要求商品外观美观新颖。每个消费者不仅有生理的、物质的需要,还有精神方面的需要,不仅要满足衣、食、住、行方面的基本要求,而且希望得到娱乐、审美、运动健身、文化修养、社会交往等高层次需要的满足。

3. 需要的层次性和发展性

消费者的需要可以划分为高低不同的层次,一般是从低层次开始满足,不断向高层次发展,但在特殊情况下,需要的层次顺序也可能发生变化,即在尚未完全满足低层次需要的情况下,也可能会跨越低层次需要而萌生高层次需要。随着经济的发展和消费者收入水平的提高,消费者的需要呈现出由低级到高级、由简单到复杂不断发展的趋势。消费者需要的发展性,为工商企业提供了更多的营销机会。消费者的需要常常受到时代精神、风尚和环境等多种因素的影响。如20世纪六七十年代,消费者对耐用消费品的需要是手表、自行车和缝纫机;20世纪80年代发展为电视机、洗衣机和电冰箱;20世纪90年代则发展为电脑、住房和家用轿车。随着现代化建设进程的加快,消费者对教育、科技和文体用品以及精神文化生活的需求日益增多。消费需要不断出现,不断满足,再出现,再满足,周而复始,永无止境。

4. 需要的伸缩性和周期性

需要的伸缩性又称为需求弹性,消费者的需要是个多变量的函数,可多可少,可强可弱,会受到内外多种因素的影响和制约,消费者购买商品的数量、品种等方面会随收入和商品价格的变化而变化。消费者需求的伸缩性可能是消费者的需求欲望及货币支付能力等内因引起的,也可能是商品供应、企业营销活动、售后服务、价格变动和储蓄利率等外因综合发生作用而引起的。

消费者的需要还具有周期性的特点。这主要是由于其生理机制及心理特性引起的,并受自然环境变化周期、商品的经济寿命周期和社会时尚的变化周期的影响。例如,消费者对服装的需要直接受气候变化的影响,表现出很强的季节性;一些与节日、纪念日相关的商品的需要,其周期性更为明显。

5. 需要的可变性和可诱导性

消费者的消费需要是可以引导和调节的。通过引导可以使消费者需求发生变化和转移,潜在的消费欲望会变为现实的购买行动,未来的消费也可以成为即期消费,微弱的需要转变为强烈的需要。消费者的需要还可以通过营销者人为地、有意识地给予外部刺激和诱导而发生变化。例如,面对美味诱人的佳肴,消费者可能产生购买行为,尽管当时不饿。又如,由于商品的广告宣传的刺激，消费者可能会购买原先并不打算购买的商品。现实中，许多企业就是利用消费者需要的可变性和可诱导性这一特性，不惜斥资百万，开展广告宣传，引导消费时尚，创造示范效应，影响和诱导消费行为，并且屡屡收效。

（三）消费者需要的基本形态

现实当中，多种多样的消费需要并非都处于显现的、即存的统一状态，而是存在于各种不同的形态中。存在形态的差异对消费需要激发购买动机的强度以及促成购买行为的方式，都有着直接影响。从消费需要与市场购买行为的关系角度分析，消费者的需要具有以下基本存在形态。

1. 现实需要

现实需要指消费者已经具备对某种商品的实际需要，且具有足够的货币支付能力，而市场上也有充足的商品，因而消费者的需要随时可以转化为现实的购买行为。

2. 潜在需要

潜在需要指目前尚未显现或明确提出，但在未来可能形成的需要。潜在需要通常由于某种消费条件不具备所致，如市场上缺乏能满足需要的商品、消费者的货币支付能力不足、缺乏充分的商品信息、消费意识不明确等。然而，上述条件一旦具备，潜在需要可以立即转化为现实需要。

3. 退却需要

退却需要指消费者对某种商品的需要逐步减少，并趋向进一步衰退之中。导致需要衰退的原因，通常有时尚发生变化、消费者兴趣转移，或新产品上市，对老产品形成替代，或消费者对经济形势、价格变动、投资收益的心理预期发生变化等。

4. 不规则需要

不规则需要又称不均衡或波动性需要，指消费者对某类商品的需要在数量和时间上呈不均衡波动状态。如季节性商品、节日礼品以及旅游、交通运输的消费需求就具有明显的不规则性。

5. 充分需要

充分需要又称饱和需要，指消费者对某种商品的需要总量及时间与市场商品供应量及时间基本一致，供求之间大体趋向平衡。这是一种理想状态。但是，由于消费需要受多种因素的影响，任一因素变化如新产品问世、消费时尚改变等，都会引起需求的相应变动，因此，供求平衡的状况只能是暂时的、相对的。

6. 过度需要

过度需要又称饱和需要，指消费者的需要超过了市场商品供应量，呈现供不应求的状况。这类需要通常由外部因素和社会心理因素引起，如多数人的抢购行为，对未来经济形势不乐观的心理预期等。

7. 否定需要

否定需要指消费者对某类商品持否定、拒绝的态度，因而抑制与其相关的需要。究其原因，可能是商品本身不适合消费者，也可能由于消费者缺乏对商品的正确认识，或者因旧的消费观念束缚、错误信息误导所致。

8. 无益需要

无益需要指消费者对某些危害社会利益或有损于自身利益的商品或劳务的需要。例如，对香烟、烈酒、毒品、赌具等的需要，对消费者个人或社会都是有害无益的。

9. 无需要

无需要又称零需要，指消费者对某类商品缺乏兴趣或漠不关心，无所需求。无需要通常是由于商品不具备消费者所需要的效用，或消费者对商品效用缺乏认识，未与自身利益联系起来。

从上述分析中可以发现，并不是任何需要都能够直接激发动机，进而形成消费行为的。现实中，有些需要如潜在需要、零需要、否定需要等，必须给予明确的诱因和强烈的刺激加以诱导、引发，才能达到驱动行为的足够强度。此外，并不是任何需要都能够导致正确、有益的消费行为，如过度需要、无益需要等，就不宜进一步诱发，且必须加以抑制或削弱。不能不加区分地倡导满足消费者的一切消费需要，而应区分消费需要的不同形态，从可能性和必要性两方面确定满足需要的方式和程度。

二、消费者需要的分类和层次

(一) 消费需要的分类

消费需要的种类极其丰富，不同角度的分类形式不同。

1. 按照需要的起源，可分为生理需要和社会需要

生理需要是消费者为维持和延续生命，对于衣、食、住、行、健康、安全等基本生存条件的需要。这种需要是人作为生物有机体与生俱来的，是由消费者的生理特性决定的。

社会需要是消费者在社会环境的影响下所形成的带有人类社会特点的某些需要，如社会交往的需要、对荣誉的需要、尊重的需要、表现自我的需要等。这些需要是人作为社会成员在后天的社会生活中习得的，是由消费者的心理特性决定的。

2. 按照需要的对象，可以分为物质需要和精神需要

物质需要是指消费者对以物质形态存在的、具体有形的商品的需要。这种需要反映了消费者在生物属性上的欲求。

精神需要是指消费者对于意识观念的对象或精神产品的需要。其具体表现为对艺术、知识、美、真理、兴趣爱好，以及友情、亲情等方面的需要。这种需要反映了消费者在社会属性上的欲求。

3. 按照需要的形式，可以分为生存的需要、享受的需要、发展的需要

生存的需要包括对基本的物质生活资料、休息、健康、安全的需要。满足这类需要的目的是使消费者的生命得以维持和延续。

享受的需要表现为要求吃得好、穿得美、住得舒适、用得奢华、有丰富的消遣娱乐生活。这类需要的满足，可以使消费者在生理和心理上获得最大程度的享受。

发展的需要体现为要求学习文化知识，增进体力和智力，提高个人修养，掌握专业技能，在某一领域取得突出成就等。这类需要的满足，可以使消费者的潜能得到充分释放，人格得到高度发展。

(二) 需要的层次

美国心理学家马斯洛在 1943 年提出了需要层次理论(见图 4-1)，他把人类多种多样的需要划分为五个基本层次，分别为生理需要、安全需要、爱和归属的需要、尊重的需要、自我实现的需要。

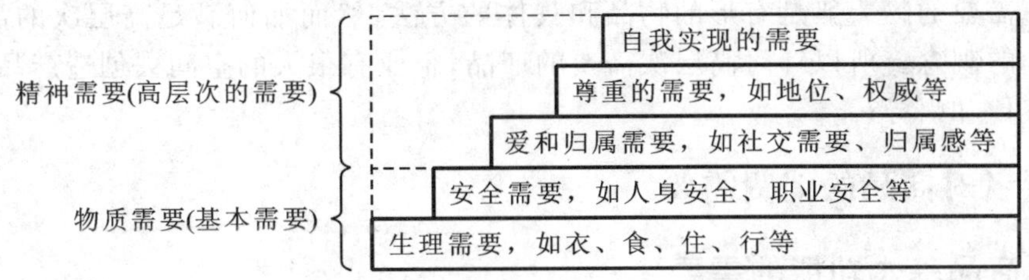

图 4-1　马斯洛需要层次理论

生理需要，是个人生存的基本需要，如吃、喝、住。

安全需要，包括心理上与物质上的安全保障，如不受盗窃和威胁，预防危险事故，职业有保障，有社会保险和退休基金等。

爱和归属需要，人是社会的一员，需要友谊和群体的归属感，人际交往需要彼此同情、互助和赞许。

尊重的需要，包括要求受到别人的尊重和自己具有内在的自尊心。

自我实现的需要，指通过自己的努力，实现自己对生活的期望，从而对生活和工作真正感到有意义。

马斯洛的需要层次论认为，需要是人类内在的、天生的、下意识存在的，而且是按先后顺序发展，满足了的需要不再是激励因素等。生理需要位于最低层次，其他依次上升，自我实现的需要是最高层次的需要。通常，低层次的需要得到满足后，较高层次的需要才会出现，而一种需要一旦得到满足，就失去对动机和行为的支配力量，转而由新的占优势的需要起支配作用。

马斯洛的理论对研究和划分消费者的需要类别，以及各类需要之间的相互关系具有重要的指导意义。例如，根据需要层次理论对商品进行分类。

(三) 需要层次理论对现代营销的作用

(1) 需要层次理论为市场细分提供了重要的理论依据。营销者可将整个市场依据消费者不同层次的需要划分为若干个子市场。

比如，整个汽车市场，依据消费者不同的需要，可以按照满足运输的需要、满足安全的需要、满足社交的需要、满足显示身份的需要等来细分市场。

(2) 从消费者需要的多样性可以看出消费者的购买活动可能是出于多种需要与动机，所以企业在产品的生产营销过程中，应当注意到一种产品满足人们多种需要的功能。

例如，企业推销微波炉，宣传中可以指出它能够满足人们的生理需要，能够方便快捷做出食品；还指出它满足安全需要，即比其他产品的安全指数更高且不烫手；也可以指出它满足归属和爱的需要，比如展示用它做出款待朋友的食物的情景；还可以说明它能提高身份地位以满足人们受尊重的需要，如把它摆放在一间高级、高雅的厨房中，显示出主人的富有。

(3) 需要层次理论指出，需要是由低级向高级渐进层次性发展的。一般情况下，低级需要满足后，高级需要才会更好地得到满足。

因此，企业在产品的生产营销中，既要重视满足基本需要产品的核心价值，也要注视高层需要产品的附加价值。

(4) 需要层次理论中，低级需要往往是具体物的需要，而越高级的需要，越难以确定这种需要的满足方式和途径。

满足基本需要的物一般是有形的物品和具体的方法，然而如何满足高层次的需要，消费者往往没有明确的观念。所以针对高层次需要的产品，企业有很大的空间去创造产品的差异性并进行有效的宣传和引导。

三、消费者对商品的消费需要

（一）对商品基本功能的需要

指商品的有用性，即商品能满足人们某种需要的物质属性。商品的有用性是商品被生产和销售的基本条件，也是消费者需要的最基本内容。例如，冰箱要能冷冻、冷藏食品，护肤品要能保护皮肤。通常情况下，基本功能是消费者对商品诸多需要中的第一需要，如果不具备基本功能，即使商品质量优良，外观诱人，价格低廉，消费者也难以产生购买欲望。

（二）对商品质量性能的需要

质量性能的需要是消费者对商品基本功能达到满意或完善程度的要求，通常以一定的技术性能指标来反映。但就消费者需要而言，商品质量不是一个绝对的概念，而具有相对性。一方面，消费者要求商品的质量与其价格水平相符，即不同的质量有不同的价格，一定的价格水平必须有与其相称的质量；另一方面，消费者往往根据商品的实用性来确定对质量性能的要求和评价，某些质量中低档的商品，如果已经达到了消费者的质量要求，就会被消费者所接受。消费者对商品质量要求的相对性，对于企业正确进行产品市场定位具有重要意义。

（三）对商品安全性能的需要

对商品安全性能的需要即消费者要求所使用的商品是安全可靠、不伤害身体的。这种需要在食品、药品、化妆品、电器等商品的购买、使用中表现明显。

（四）对商品消费便利的需要

对商品消费便利的需要表现为消费者对购买和使用商品过程中便利程度的要求。在购买过程中，消费者要求以最少的时间、最近的距离、最快的方式购买到所需的商品。同类商品，价格、质量几乎相同，其中购买条件便利者往往成为消费者首先选择的对象。近年来，随着网络技术和电子商务的发展，网上购物以传统购物方式无法比拟的便利、快捷、零距离等优势，受到越来越多的消费者青睐。

在使用过程中，消费者要求商品使用方法简单、易学好懂、操作容易、便于维修。实际生活中，许多商品虽然具有良好的性能、质量，但由于操作复杂，不易掌握，或不便携带，维修困难，因而不受消费者的欢迎。

（五）对商品审美功能的需要

对商品审美功能的需要主要体现在消费者对商品在工艺设计、造型、色彩、整体风格等方面审美价值上的要求。在消费活动中，消费者对商品审美功能的要求，同样是一种持久性的、普遍存在的心理需要。在审美需要的驱动下，消费者不仅要求商品具有实用性，同时还要求具备较高的审美价值；不仅重视商品的内在质量，而且希望商品拥有完美的外观设计。当然，由于消费者在个性特征、职业特点、文化水平、社会地位等方面存在差异，因而审美标准也会不同，对同一商品，不同的消费者会得出不同的审美结论。

（六）对商品情感功能的需要

对商品情感功能的需要是指消费者要求商品蕴含浓厚的感情色彩，能够外现个人的情绪、情感,成为人际交往中感情沟通的媒介,并通过购买和使用商品获得情感的补偿、追求和寄托。消费者在从事消费活动中,会将喜怒哀乐等各种情绪映射到消费对象上,即要求所购商品与自身的心境情绪相吻合,以求得情感的平衡。例如,在欢乐愉悦的心境下,消费者往往喜爱明快热烈的商品色彩;在压抑沉痛的情绪状态中,则倾向于暗淡冷僻的商品色彩。

(七)对商品社会象征性的需要

对商品社会象征性的需要是消费者要求商品体现和象征一定的社会意义,使购买、拥有该商品的消费者能够显示出自身的某些社会特性,如身份、地位、财富、声望等,从而获得心理上的满足。某些商品由于价格昂贵、数量稀少、制作难度大、不易购买,使消费行为受到极大限制,只有少数特定身份、地位或阶层的消费者才有条件购买和拥有,由此,这些商品便成为一定社会地位、身份的象征物,如奢侈品。

四、消费者的购买动机分析

(一)动机及购买动机

动机是推动人们去从事某种活动、达到某种目的、指引活动满足一定需要的意图、愿望和信念,是行为的直接原因。正常人只要在头脑清醒的时候,任何一种带目的性的行为都是由一定的动机所驱使的。动机是在需要的基础上产生的一种心理倾向。当人的这种需要必须通过购买行为才能获得满足时,便产生了对商品的购买动机。

一般而言,人们有什么样的需要就会相应地产生什么样的动机。例如,人的肚子饿了,需要吃东西,只要他身上有钱,而商店又有食品出售,他就会产生购买食品的动机,动机一旦产生就会推动他到商店去买食品充饥。购买动机是直接驱使消费者进行某种购买活动的一种内部动力,它反映了消费者在心理上、精神上和感情上的需求,它实质上是消费者为满足某些需求采取购买行为的动力。

(二)购买动机的功能

购买动机是消费者需求与其购买行为的中间环节,具有承前启后的中介作用。一般而言,购买动机对购买行为有以下三种功能。

1. 始发和终止行为的功能

动机是人们行为的根本动力,消费者的购买行为是受购买动机的驱使而进行的。当动机指向的目标达成,即消费者在某方面的需求得到满足之后,又会终止有关具体行为。原有动机获得满足之后,新的动机就会相继出现,从而引起新的消费行为。

2. 指引行为方向的功能

动机的这种功能在消费活动中表现为:一方面,它使人们的购买行为具有一定的目标和方向,即满足人们某方面的需求;另一方面,它可以使消费者在购买动机的冲突中进行选择,即首先满足人们最强烈、最迫切的需要。

3. 维持与强化行动的功能

动机的实现都需要一定的过程。在人们实现目标的过程中,动机贯穿于行动的始终,不断激励人们为实现目标而努力行动,直至动机的最终实现。另外,动机对人的行动还具有重要的强化作用,即由某种动机引发的行动结果对该行为的再生具有加强或减弱的作用。

东京迪士尼乐园的经营魔法

东京迪士尼乐园位于日本千叶县浦安市。1983 年开业后,商界许多人认为它将失败。结果令人大吃一惊:从开业至 1991 年 5 月,游客累计为 1 亿多人次。现在该园每年约吸引 1 600 万人次的游客,年营业额约 1 470 亿日元,成为日本企业界的奇迹。

该园的成功,是运用独特的经营技巧,全方位满足游客旅游心理动机的结果。为了吸引游客,提高"重游率",从规划、建设到经营,处处体现出心理诱导策略。

(1) 地理位置。该园选址在距东京约 10 千米、乘电车 20 分钟便可到达的浦安市。

(2) 占地面积。该园面积大到游客无法在一日内游完,但也不能过分大,经统计设定为最恰当的面积(46.2 万平方米)。

(3) 景观环境。聘请农学博士专家协助建园,使该园一年四季都能呈现出不同的景观,始终维持花草繁茂的状态。

(4) 适应国情。该园商店街建有屋顶,而美国加利福尼亚州、佛罗里达州的迪士尼乐园却没有,主要原因是日本雨水较多。

(5) 商品奇俏。该园游客的平均消费水平远高于传统乐园游客的平均消费水平,主要原因是该园销售的商品经过了仔细挑选,许多商品在外面买不到。

(6) 设施常新。该园几乎每年都增添新的游乐设施,1987 年建"雷电世界",1989 年修"星际之旅",1992 年将推出"米奇胜过滑雪"节目。因此,东京迪士尼乐园重游率高达 85%。

(三) 消费者购买动机的形成

消费者的购买动机并不是无缘无故产生的,也不是凭消费者单方面的需求欲望或只由外界目标(如商品、商品广告等)的刺激而产生的。它必须是消费者自身需要这一主观内在因素与目标商品这一客观外在刺激相结合而形成的。

一般来说,购买动机的形成过程大体上包括如下四个阶段。

(1) 当消费者的内在消费需求已被自身意识到的时候,即需要心理的产生是购买动机形成的基础。

(2) 可供满足消费需求的商品已经存在或目标对象已被发现,这是购买动机形成的导火线。

(3) 消费需求与消费对象的理想结合,使消费者机体的能量激发出来,形成动机的动力。

(4) 消费者赋予已被动员的机体能量以明确指向,并指向可供满足需求的对象,促使消费者机体向该目标对象趋近,于是就进行满足需求的内心活动,即动机的结果。

(四) 购买动机的类型

1. 消费者一般性购买动机

一般性购买动机是建立在消费者为其生存和发展而进行的各种消费活动基础上的,其带有普遍性。它是众多个别具体购买动机的抽象和共性,可细分为生理性购买动机和心理性购买动机。

1) 生理性购买动机

这是指消费者为保持和延续生命而引起的各种需要所产生的购买动机。生理因素是引起消费者的生理性购买动机的根源，消费者为了使生命得以延续，就必须寻求温饱、安全，能够组织家庭和繁衍后代，同时还包括增强体质与智力。所有这些需要都必须通过各种途径来加以满足，购买那些能满足此类需要的商品的购买动机就是生理性购买动机。

2）心理性购买动机

这是指消费者的心理活动而引起的购买动机。消费者的购买行为不仅受到生理需要的影响，而且还会受到来自心理因素的制约。由于消费者的心理活动有复杂多变的特点，所以相对生理性购买动机来讲，心理性购买动机更复杂、更难以把握。其一般分为以下三类。

（1）感情购买动机，即消费者在购买活动中由于感情变化而引起的购买动机。如，出于爱国而购买本国生产的产品，女士为了爱美而购买化妆品。

（2）理智购买动机，即消费者经过对商品的质量、价格、用途、款式、品种等进行分析、比较之后而产生的购买动机。

（3）惠顾购买动机，即消费者基于感情上与理智上的经验，对特定的商品、商标、牌号和商店等产生特殊的信任和偏爱，从而重复地、习惯地购买的一种购买动机。

案例分析

美国麦尔·休·高浦勒斯制鞋公司经过市场调查，发现美国市场人们购买鞋子的目光已不仅仅停留在“质优价廉”上，人们需要的更多的能体现和寄托消费者自我情绪的个性、情感型产品。于是，该公司设计售货员便发挥想象力，设计能激发人们购买欲望、引起情感共鸣的鞋子，并有意赋予鞋子以不同个性的情感色彩，如“男性情感”“女性情感”“优雅感”“野性感”“轻盈感”“年轻感”等。此外，他们还费尽心机地给鞋起了一个个稀奇古怪的名字，如“笑”“哭”“愤”“怒”“爱情”等，以此充分满足消费者的情感需求。果然，该公司创造了巨额利润。

2. 消费者具体的购买动机

在实际的购买活动中，消费者的购买动机常以简明的方式表现出来，主要有以下类型。

1）求实购买动机

这是以追求商品和服务的使用价值为主导倾向的消费动机，其特点是讲求实用、实惠。消费者在这种动机的支配下，购物时特别注意商品的效能、质量和使用方法，不过分强调其外观的漂亮、新颖、象征意义及独特性，在挑选时也比较细致。产生该动机的原因一方面是消费者的经济条件、传统观念和消费习惯；另一方面也与商品自身特点有关，如基本的生活用品易使人产生这种购买动机。

2）求新购买动机

这是以注重商品的趋势和满足消费者的特殊爱好为主的购买动机，其核心是“时髦”和“嗜好”。这种消费动机在发达国家和地区经济条件较好的人群中较为多见。具有这种动机的消费者在购买商品时，特别注重商品的款式、色泽和流行性等，一般不讲究实用与否或价格高低。他们对商品制作的新技术、新工艺、新设计非常敏感，且多少有些了解。城市消费者和青年人群中，具有求新购买动机的消费者较多。

3）求美购买动机

求美型购买动机是以追求商品的欣赏性和艺术性等审美价值为主导倾向的消费动机。具有这种动机的消费者在购买商品时，特别重视商品对人体的美化作用、对环境的装饰作用、对其身份的表现作用以及对人的精神生活的陶冶作用，追求商品的美感带来的心理享受。因此，他们对商品的造型、色彩、款式、艺术欣赏价值格外重视，而对商品的价格、实用性等不太看重。文化界人士中较多人具有这种购买动机。

4）求名购买动机

这是一种以追求名牌、高档商品，仰慕某种传统产品的名望为主导倾向的消费动机，其核心是“崇拜”和“纪念”。这种动机在旅游者和出差人员中较多见。多数人都喜欢在游览名胜古迹的同时品尝、选购一些反映当地特色的土特产品和风味食品。对于外国旅游者来讲，具有中国民族特点的工艺品对他们有很强的吸引力，往往能激起他们的购买动机。此外，具有求名购买动机的消费者对名牌产品很感兴趣，他们往往对商品的商标、牌号比较看重。

5）求廉购买动机

这是一种以追求价廉物美为主导倾向的消费动机，其特点是“经济”和“实惠”。具有这种动机的消费者以经济收入较低者居多。这类消费者对价格特别重视，对价格的变化反应格外敏感，喜欢选购处理价、优惠价、特价、折价的商品。

6）攀比购买动机

这是一种以争强好胜或为了与他人攀比为主导倾向的购买动机。这种消费者购买商品时往往不是出于迫切需要，而是出于不甘落后、欲胜过他人的心理。其特点是冲动性、偶然性、即景性，具有浓厚的感情色彩。有时，他们为了买到令人羡慕的商品往往不惜贷款或较长时间节衣缩食。此种心理一般发生在年轻消费者中。

从炫耀性消费看红旗车的悲剧

想当年，红旗牌轿车（简称红旗车）何等辉煌！红旗车以它典雅的造型、精心的手工工艺、宽敞的车身，代表着一种极高的社会身份，成为人人皆知的名牌车，不仅中国人尊崇，连外国人也仰慕。而如今，红旗车被视作奥迪的变形，不被人们看好。红旗车的这种悲剧源于生产者给它定错了位，把它从炫耀性商品变为一般商品，没有了名牌的光环。

经济学家认为，人的消费动机决定了人的消费行为。人的消费不仅仅是为了满足物质欲望，还要满足精神欲望。随着社会发展，人们富裕程度的提高，精神欲望也越来越重要。精神欲望是多种多样的，其中之一就是通过消费来显示、炫耀自己的社会身份。这种消费称为炫耀性消费，用于这种消费的物品称为炫耀性物品。炫耀性物品往往是高价的名牌物品。在市场经济社会中，人的财富总是与社会地位和身份紧密相关的，所以，消费高价名牌的物品能显示自己的富有，也能强调自己的身份或地位。

红旗车曾经之所以受到青睐就是因为当时它是炫耀性物品。汽车实际有两种功能：交通方便与炫耀身份。一般车的功能主要是方便交通，而特殊的名牌车（如英国的劳斯莱斯、德国的奔驰与宝马、美国的卡迪拉克等）则主要是用于炫耀身份。红旗车以前作为炫耀性商品，一是因为它做工精细（许多零件由高级技术工人手工制作），成本高，产量少，从而价格高；二是使用它有严格限制（据说“文革”前正部级以上干部才有资格坐红旗车）。这样，红旗车自然身价不凡、名震中外了。

像红旗车这样的炫耀性物品只有价格昂贵才有炫耀作用，因此对这种物品的需求与一般物品不同。一般物品是价格下降，需求量增加，但炫耀物品如果降价，买的人很多，就无法起到炫耀的作用了。所以，价格下降，作为炫耀性物品的作用就没有了（作为一般物品的作用仍然有），因此，那些为了满足炫耀性消费的需求量就相应减少了。这种物品的生产者必须坚持低产量、高质量、高价格才能维持该商品作为炫耀性商品的地位，并从中获利。

红旗车的悲剧在于生产者把这种炫耀性物品降为普通商品。如果说一般物品走向大众化是成功的起点，那么，炫耀性物品走向大众化则是它失败的开始。红旗车大批量生产，改变了原来典雅的形式，用机械生产的部件代替了手工精制部件，降低了市场价格，与其他车型一样在作为交通工具的市场上竞争，这时它的悲剧也就开始了。红旗车作为普通汽车人人都可以用，何身份之有？但作为普通汽车，红旗车的价格性能比又远远不如其他汽车。现在红旗车的价格几乎是捷达、富康、桑塔纳的三倍，性能比它好的本田、别克、欧宝价格都比它低。红旗车象征身份的作用没有了，作为普通车又没有优势，它的前途能辉煌吗？

一种物品能成为社会公认的炫耀性物品是非常不容易的。劳斯莱斯、卡迪拉克这些西方公认的炫耀性名车都有将近百年的奋斗史。红旗车在人们心目中作为身份的象征也是由汽车工人的勤劳奋斗和当时特殊的历史条件形成的。但要动摇这种地位很容易。红旗车几十年的奋斗成果不就在几年中烟消云散了吗？

其实许多名牌产品都在某种程度上可以作为炫耀性物品，消费这些物品都包含有某种炫耀性消费的成分。高质量和高价格是名牌的生命。可惜我们的一些企业领导人不懂这个道理，葬送了我国不少名牌产品。记得20世纪70年代前抽“大前门”、“恒大”烟还是很“牛”的，这些烟都是当时的名牌，无论有意无意，拿出这些烟来抽在当时还是能彰显身份的。然而现在谁还抽“大前门”“恒大”烟？没有跟随时代的脚步，提高质量、保持高价，名牌不也就消失了吗？

无论伦理学家如何评价炫耀性消费，这种消费需求的存在都是不容忽略的，而且还变得越来越重要。企业想要根据市场需求生产，就不能轻视炫耀性物品的重要性。一方面企业要满足广大消费者的普通消费需求，另一方面也要满足一些人（哪怕是极少数人）的炫耀性消费的需要。

7）储备购买动机

这是以占有一定量紧俏商品为主要目的的购买动机。当市场上某种商品出现供不应求、脱销或者限量购买的情况时，具有这种消费动机的人就会尽可能地购买此种商品储备以满足将来的需要。另外，当商品价格发生变化时，也可能会促使消费者产生这一动机，这种情况经常会出现在商品不够丰富的国家或地区。储备心理动机也会在有灾难发生的情况下出现，如战争、地震、社会动荡等情况发生时。

（五）消费者购买动机的特征

1. 主动性

消费者对引起动机的刺激物的接受往往是自觉和主动的，这大多数是源于消费者的需要、兴趣或消费习惯等。例如：如果你是一个集邮爱好者，那你一看到邮票就会产生购买邮票的动机；如果你是一个爱打扮的消费者，那你看到漂亮的衣服就会情不自禁地产生购买它的动机。

2. 组合性

动机与消费行为之间并不完全是一一对应的关系。同样的动机可能产生不同的行为，而同样的行为也可能由不同的动机所引起。例如，现在是购买房子的高峰期，有些人买房会出于几种动机，既是因为想真正拥有一套漂亮的新房子，也是因为想满足自己的一种攀比欲望，同时也为了以后房子升值可以赚一笔钱，等等。

3. 内隐性

动机并不总是显露无遗的。消费者的真实动机经常处于内隐状态，难以从外部直接观察到。例如：早些年，有些地方农村还未用上电，一些姑娘结婚时，就非要让男方买电视机，美其名曰以后使用，实质上其真正的购买动机可能是为了显示自己的身价及富有程度，满足自己的虚荣心。

4. 主导性

动机是很复杂的，不同的动机所处的地位和所起的作用是不相同的。有些动机相对强烈且稳定，在动机体系中处于支配地位，就称之为主导动机。在消费者的诸多消费需求中，往往只有一种需求占主导地位（亦称优势消费需求），但同时还具有许多辅助的需求。主导性的动机能引起优先购买行为。

5. 可转变性

在消费者购买过程中，由于新的消费刺激出现而发生动机转移，原来的劣势动机上升为主导动机，这就是动机的可转变性。

案例分析

女律师简妮·布洛菲尔特小姐终于攒够了购买小汽车的钱，兴冲冲地来到一家经营汽车的大公司，她看中了这儿出售的海蓝色“西尔斯”牌小轿车。价格尽管贵一点，但她喜欢这种车的颜色和式样，而且“西尔斯”这个牌子和名称也叫她喜欢。不巧，售货员正要去吃午饭。售货员对她说，如果简妮小姐愿意等待30来分钟的话，他一定乐意尽快赶回来为她服务。简妮小姐同意等一会儿，总不能不让人吃饭呀，就是再加上30分钟也没关系，要紧的是她特意挑选今天这个日子来买车，无论如何都必须把车开回去。她走出这家大公司，看见街对面也是一家出售汽车的公司，便信步走了过去。

这家公司的售货员是个活泼的年轻人，他一见简妮进来，立即彬彬有礼地问：“我能为您效劳吗？”简妮微微一笑，告诉他自己只是来看看，消磨一下时间。年轻的售货员很乐意陪她在销售大厅参观，并自我介绍说他叫汤姆。

汤姆陪着简妮聊天，很快两人便变得很投缘。简妮告诉他，自己是来买车的，可惜这里没有她想要的车，只好等对面那家公司的售货员回来了。汤姆很奇怪简妮为什么一定要今天买到车。简妮说：“今天是我的生日，我特意挑选今天这个日子来买车。”汤姆笑着向简妮祝贺，并和身旁一个同伴低声耳语了几句。不一会，这个同伴捧着几只鲜艳的红玫瑰进来，汤姆接过来送给简妮，说：“祝你生日快乐！”

简妮的眼睛亮了，她非常感谢汤姆的好意。他们越谈越高兴，什么海蓝色“西尔斯”，什么30分钟，简妮都想不起来了。

突然，简妮看见大厅一侧有一辆银灰色的轿车，色泽是那样的柔和诱人，她问汤姆那是辆什么牌子的轿车。汤姆热心地告诉了她，并仔细地介绍了这辆车的特点，尤其是价钱比较便宜这一特点。简妮觉得自己就是想要买这种车。

结果，简妮·布洛菲尔特小姐驾了一辆自己原本根本没有想到的车回家了。车上插着几支鲜艳的红玫瑰。简妮的生日充满了欢乐。

上面这个案例表明，消费者的购买动机是复杂的，也是多变的。

6. 冲突性

当个体同时存在两种以上消费需求，且两种需求互相抵触、不可兼得时，内心就会出现矛盾或冲突。常见的动机冲突有双趋式、双避式、趋避式三种。

如，你刚好有一定的存款，只够买房或买车，可是这两种产品你都想购买，这就属于双趋型动机冲突。

如，当一个消费者的旧洗衣机坏了，他可能就会面临这种冲突：既不想花钱买新的，也不想花钱把旧的修一修，但他又不能没有洗衣机。这属于双避型动机冲突。

如，一个非常关心体重的消费者喜欢吃零食，则属于趋避型动机冲突。

7. 模糊性

有关的研究表明，引起消费者购买行动的动机有几百种，其中最普遍的是多种动机的组合作用。这些相互组合的动机中，有些是消费者意识到的动机，有些则处于消费者的潜意识当中，这种情况往往表现为一些消费者自己也不清楚自己购买某种商品到底是为了什么。购买动机的模糊性主要是由于人们动机的复杂性、多层次和多变性等造成的。

8. 可诱导性

消费者的主导动机与辅助动机在客观环境因素影响下，可以相互转移和转化。人为创造的外部刺激因素，也可以引发或改变人的动机。

9. 逆反性

购买动机并非一直是顺向发展的，有时会出现反向发展的情况，这是消费者心态变动的反常现象。

比如有些女孩子逛街，她一直习惯穿休闲风格的衣服，所以一直只看休闲装，突然有一天她心血来潮想改变自己的风格尝试新的类型，这时反而会对淑女装有了购买动机。

任务二　消费者的购买决策分析

■了解消费者购买决策及其过程。

■熟悉消费者购买决策程序及原则。

技能目标

■熟知影响消费者购买决策过程的因素。

■能够分析消费者的购买决策过程。

阿雯选车的故事

35岁的阿雯是上海购车潮中的一位普通的上班族，月收入1万元。以下记录了她在2004年4—7月间选购汽车决策过程中受到的各种信息的影响。阿雯周围的朋友与同事纷纷加入了购车者的队伍，阿雯不觉开始动了心。她的工作地点离家较远，加上交通拥挤，来回花在路上的时间近3个小时。她的购车动机越来越强烈，只是此时除了坐车的体验，直觉上喜欢漂亮的白色、流畅的车型和大而亮的车灯外，阿雯对车一无所知。

阿雯是在上司的鼓励下上驾校学车的。在驾校学车时，未来将购什么样的车成为几位学车者的共同话题。"我拿到驾照就去买一辆1.4升自动挡的POLO车。"一位MBA同学对POLO车情有独钟。虽然阿雯也喜欢此车的外形，但此车爬坡便要关空调的问题阻碍了阿雯的热情。"宝来是不错的车"，问驾驶学校的师傅和周边人的用车体会，都反馈了这样的信息。差不多价位的车，开一段时间，还是觉得德国车不错。宝来好是好，但后排的拥挤会使人高马大的人坐着不舒适，于是宝来也成为候选车。

阿雯的女邻居，在小区门口新开的一家海南马自达专卖店里买了一辆福美来，便自然地向阿雯做了详细介绍。阿雯很快去了小区门口的专卖店，她很快就被展厅里的车所吸引。销售人员热情有加，特别是有这么一句话深深地打动了她："福美来各个方面都很周全，反正在这个价位里别的车有的配置福美来都有，而且福美来的配置只会更多。"此时的阿雯还不会在意动力、排量、油箱容量等抽象的数据，直觉上清清爽爽的配置，配合销售人员正对阿雯心思的介绍，令阿雯在这一刻已锁定海南马自达的汽车了。她乐呵呵地拿着一堆资料回去，福美来成了阿雯心中的首选。

阿雯回家征求先生的意见，先生说："为什么放着那么多上海大众和通用公司的品牌不买，偏偏要买'海南货'？它在上海的维修和服务网点是否完善？"这两个问题马上动摇了阿雯的初定方案。阿雯开始阅读汽车杂志，随着阅读的试车报告越来越多，阿雯开始明确自己的目标：8万～15万元的价位。众多品牌的车都开始进入阿雯的视野——上海通用的别克凯越与赛欧、上海大众的超越者、一汽大众的宝来、北京现代的伊兰特、广州本田的飞度、神龙汽车的爱丽舍、东风日产的日产阳光、海南马自达的福美来等。经过反复比较，阿雯开始锁定别克凯越和本田飞度这两款车。随着参与别克凯越论坛的讨论，阿雯很快发现，费油是别克凯越的最大缺陷；而本田飞度精巧、独特、省油、发动机强劲有力，以及各个车主活灵活现的试车报告，都令人喜爱。

此时，阿雯对电视里各种汽车广告并没有多少印象。由于工作、读书和家务的关系，她没有时间坐在电视机前。地铁里的广告受上下班拥挤的人群影响，阿雯没有心情去看。于是周边车主的直接用车体验对阿雯有着一言九鼎的说服力，阿雯开始致电各款车的车主了。朋友C已购买别克凯越，问及行车感受，说凯越是款好车，值得购买。同学D已购买别克赛欧，说有质朴而舒适的感觉，但空调开后感觉动力不足。朋友E已购了飞度(1.3升)，她说飞度轻巧、省油，但底盘、车身好像太薄，不小心用钥匙一划便是一道印痕，装点东西感觉像是"小人搬大东西"。阿雯的梦中有了一辆车：漂亮的白色，流畅的车型，大而亮的灯，安静地停在阿雯的面前。

思考

(1) 从阿雯选车的过程中归纳出中国消费者购买大型耐用品时如何处理信息、何时以及从哪些方面收集相关信息，来自哪方面的信息来源影响较大？

（2）本案例似乎显示了广告的影响不大，该如何解释这一现象？

消费者做出购买决策的心理过程是购买行为的前奏，它们之间的关系非常紧密。消费者的购买行为是由一系列环节、要素构成的完整过程，在这一过程中，购买决策起着主导作用。决策的正确与否，直接决定购买行为的发生方式、指向以及效用的大小。

一、购买决策概述

（一）消费者购买决策的含义

一般意义上的决策，是指为了达到某一预定目标，在两种或两种以上的备选方案中，选择最优方案的过程。而消费者决策是指以消费者作为决策主体，为了实现满足需求这一特定目标，在购买过程中进行的评价、选择、判断和决定等一系列活动。

消费者在实施购买之前，都要确定需要什么商品，确定是否购买，什么时候购买，购买地点及买什么品牌、买多少等。这些问题都要经过消费者的考虑和权衡，最后才能做出决定。而这个做出决定的过程就是购买目的的确立、手段的选择和动机的取舍的过程，就是消费者的决策活动过程，它在消费者的购买活动中占据重要地位。首先，决策的结果能决定购买行为是否发生。其次，决策的内容决定着购买行为和发生方式的具体内容。最后，决策的质量决定着购买行为的效用大小。

（二）购买决策的内容

消费者购买决策的内容因人、购买条件及所处环境不同而各不相同，但大体而言，都离不开以下几个方面内容。

1. 为什么买

为什么买，即权衡购买动机。消费者的购买动机是多种多样的，同样是购买一辆家用轿车，有人为了方便，有人则是为了显示富有。

2. 买什么

买什么，即确定购买对象，这是购买决策的核心和首要问题。决定购买目标不只是停留在确定一般类别上，而是确定购买的具体对象及内容，包括商品的品牌、性能、款式、规格和价格等。

3. 买多少

买多少，即确定购买数量。购买数量一般取决于实际需要、支付能力及市场的供应情况。如果市场供应充裕，消费者不急于购买，购买的数量也就不会太多；如果市场供应紧张，即使不是目前急需，消费者仍会购买，即使支付能力不足，消费者也会负债购买。

4. 在哪里买

在哪里买，即确定购买地点。购买地点是由多种因素共同决定的，如购物场所的环境品味、商家信誉、交通便利程度、可挑选的品种数量、价格水平以及服务态度等。这类决策既和消费者的惠顾动机有关，也与消费者的求名、求便、求廉等动机有关。

5. 何时买

何时买，即确定购买时间。这也是购买决策中的重要内容，它与主导购买动机的迫切性有关。在消费者的多种动机中，往往由需求强度高的主导性动机来决定购买时间的先后缓急。同时，购买时间也与市场供应状况、购物场所营业时间、节假日及消费习俗等有直接关系。

6. 如何买

如何买，即确定购买方式，即确定在购买时是邮购、预购还是代购，是付现金、开支票还是分期付款等。随着超市、便利店、大型综合购物中心以及网络购物、电视购物等新型销售方式的不断涌现，现代消费者的购买方式也趋于多样化。

（三）消费者购买决策的原则

在决策过程中，消费者总是依据一定的尺度、标准来对各种可行的方案进行比较、选择，并从中确定最佳的方案。消费者往往要从一定的原则出发来拟定选择标准，这些贯穿于决策过程始终，起着指导消费者的作用的原则可分为以下几种。

1. 最大满意原则

让消费者某方面的需要得到最大程度的满足，就要通过选择、实施决策方案来达到最大满足度。这是一种理想化的原则，在现实中往往难以做到。

2. 相对满意原则

消费者不可能花费大量的精力、金钱和时间去搜集并制订最佳决策所需要的全部信息。所以，他们在制订购买决策时，只需做出相对合理的选择，达到相对满意就可以了。

3. 遗憾最小原则

在任何决策方案的结果都不可能使消费者完全满意，或多或少都会产生不同程度的遗憾时，消费者通常要对所选择的方案进行估计，分析其可能产生的不良后果，比较不良后果的严重程度，从而选出最轻微的那一种作为最终方案，使购买后的遗憾降低到最低程度。

4. 预期满意原则

有些消费者会预先形成对所要购买商品的质量、款式、颜色等方面的心理预期，在对多种备选方案进行选择比较时，再与自身的心理预期进行比较，从中选择与预期标准相符合的方案作为最终决策方案，此时消费者运用的就是预期满意原则。

二、消费者涉入理论

"涉入"一词是从心理学领域发展而来的，其概念被用在探讨个人态度与行为改变上，即个人对于各种事物有不同的卷入程度。涉入可以定义为个人认知该产品与其内在需要、兴趣和价值观的相关程度。一般认为，涉入是一种心理状态，其强度受到某事物与个人需求、价值观及欲达成目标在特定情境下的相关程度的影响，当相关性越强，认知到的自我相关程度就会越高，涉入程度亦随之加深，进而产生一连串关心该事物的后续行为。

（一）涉入的分类

（1）以涉入的本质为分类依据，涉入可分为情境涉入、持久涉入和反应涉入。

情境涉入是指在特殊情境下，消费者对事物的一种暂时性关切。暂时性是指消费者受特殊情境的刺激而提高的涉入程度会随着购买目标的达成或情境消失而恢复到原先的水平。例如，某人平时对西装并无购买兴趣，但是在面试时为了给主考官留下良好的印象，于是去仔细挑选合适的西装（涉入程度提高），在面试通过后（情境因素消失），又恢复到对西装无购买兴趣的状态（涉入程度降低）。

持久涉入是指个人对事物的持续性关切起源于个人的内生持续性原因，如需求、价值观、兴趣或所追求的目标等。持久涉入的涉入程度不随情境的转换而有所变动，亦不会因为特定外生情境目标达成而消失。持久涉入的来源有两个：一个是个人的主观价值系统，即个人的自我观念、个性、目标和需求等都会影响消费者对一项产品的持久涉入；另一个是个人对该事物的先前经验。

反应涉入是指由情境涉入与持久涉入相结合所产生的与某事物相关联的心理状态。

(2) 以个人在处理涉入对象时的行为表现为分类依据，涉入可分为产品涉入、广告涉入及购买决策涉入。

产品涉入是指消费者对某产品的认知与其内在需求、兴趣和价值观的相关程度。不同的产品会产生不同的涉入水平，并形成一个由高涉入到低涉入的连续带。一般来说，具有外显性的产品（如房子、汽车等）多半属于高涉入产品。

广告涉入是指观众对广告信息所给予的关心程度或接触广告时的心理状态，涉入程度囊括从集中精神注意到松懈而视而不见。商家对于消费者广告涉入程度的了解，有助于决定广告内容的定位及广告的投放力度。

购买决策涉入是指消费者认为购买决策与自身的相关程度。购买决策涉入与情境涉入、产品涉入有很大的联系，这意味着情境因素和产品因素会影响消费者的购买决策。研究表明，选购低涉入产品时，当消费者处于高涉入情境（送礼）时会比处于低涉入情境（自用）时愿意耗费更多的选购时间与选购成本，但选购高涉入产品时则不受情境因素的影响。因购买决策涉入直接和消费者购买行为相关，故其在营销上的应用很广，如市场区隔、产品定位、沟通策略的拟定等都会涉及。

（二）涉入的理论架构

涉入的理论是以涉入为中介变量，探讨涉入的前因及涉入对消费者行为的影响，来具体呈现涉入的理论架构。在前因上，涉入程度受到个人、产品以及情境三大因素的影响。在后果上，涉入程度对消费者行为的影响表现在信息搜寻、信息处理、态度形成、决策模式及习惯性购买等方面。

涉入理论架构图如图 4-2 所示。

消费者的涉入是购买决策中的心理活动，会影响到消费者对于商品信息的收集，以及对于商品性能的认识，并且最终影响消费者对商品的态度。因此，研究消费者的涉入现象，可以从侧面反映消费者对于商品的认知程度以及态度。这一理论也可以反过来解释，即从消费者的态度以及认知程度上可以反映出消费者对商品的涉入程度。

当某一产品类别与某个人内心深处秉持的价值体系或者自我概念相联系时，就会发生产品涉入。当消费者认识到产品和自己有高度的相关性时，就会处于高涉入状态，而高涉入状态通常会驱使消费者主动积极地搜寻产品相关信息，认真地思考并比较品牌间的差异，以求能够做出最符合需要的决策。低涉入者在信息搜寻上则显得消极被动，经常通过外围路径来处理信息，例如易受代言人的说服影响而改变态度等。

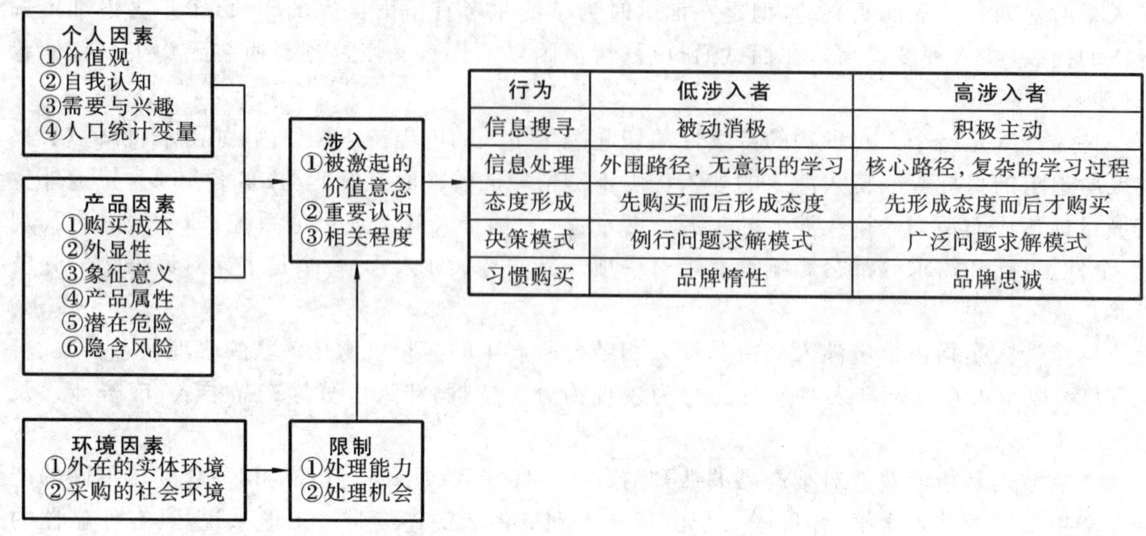

图 4-2　涉入理论架构图

三、消费者购买决策模式

研究消费者购买决策模式，对于更好地满足消费者的需求和提高企业市场营销工作效果具有重要意义。下面介绍几种具有代表性的购买决策模式。

（一）消费者购买决策的一般模式

人类行为的一般模式是“S—O—R”模式，即刺激—个体认知—反应。通常情况下，人的行为是受心理活动支配的，消费者首先是受到了某些客观刺激，而后才产生了对某种商品或服务的购买动机，最后才是采取某种购买行为。消费者的购买活动是由刺激引起的，这种刺激包括来自消费者身体内部的生理、心理因素和来自外部环境的因素。消费者在各种因素的刺激下产生动机，并在动机的驱使下做出购买商品的决策，实施购买行为，购买后还会对购买的商品及其相关渠道和厂家做出评价，这样就是一次完整的购买决策过程。

（二）科特勒的行为选择模式

菲利普·科特勒提出一个强调社会方面的消费行为的简单模式。该模式认为消费者的购买行为会受到外部因素的影响，而不同特征的消费者会产生不同的决策心理活动过程，通过消费者的决策过程，就会导致一定的购买决定，最终形成了消费者对产品、品牌、经销商、购买时机以及购买数量的选择。科特勒的行为选择模式主要强调了消费者的购买心理过程及影响消费者购买心理的因素的全面性和购买决策的过程性。

（三）尼科西亚模式

尼科西亚在 1966 年的《消费者决策程序》一书中提出了这样一个决策程序。

该模式主要由四大部分组成。

第一部分，厂商将有关产品的信息通过广告等媒介传至消费者，经过消费者的内化后，形成对该产品的态度。

第二部分，消费者对商品进行调查和评价，形成购买动机的输出。消费者态度形成后，对厂商的产品产生兴趣，将收集的信息作为评估准则，并产生购买动机。

第三部分，消费者采取有效的决策行动，即消费者将动机转变为实际的购买行动，这一过程受品牌的可用性和经销商等因素的影响。

第四部分，消费者购后评价反馈到企业。消费者购买产品之后，经过使用，产生对所购买产品的实际经验，购后使用的满意程度将影响其再购行为，同时厂商也通过消费者的购买意向与使用的满意程度获得信息的反馈，并将其作为质量改进、定价、广告以及其他营销策略的参考依据。

尼科西亚模式主要强调了消费者的心理活动过程、购买决策过程以及购后反馈过程，该模式对购后反馈过程进行了全面而清晰的描述。

（四）EBK 模式

1968 年，恩格尔、科拉特和布莱克威尔共同提出了 EBK 模式，这一模式的重点是从购买决策过程去分析。EBK 模式认为，消费者的决策程序是由以下五个步骤构成的。

（1）问题认知。当消费者知觉到他的理想状况和目前的实际状况有差异时，便产生了问题认知。问题认知主要是由于受到外界与内部刺激所产生的，当消费者认为理想与实际之间有差距时，便产生了问题，问题产生后整个系统开始运作，目标也转化成了具体的行动。

（2）收集信息。当消费者知觉到认知问题存在后，便会搜寻此问题的相关信息。信息搜寻可分为内部搜寻与外部搜寻两种。内部搜寻是指消费者从其现有资料或者过去的购买经验中去寻找。当内部搜寻无法满足其需要时，便会转向外部寻找，常见的外部搜寻对象包括大众传播媒体、营销人员及亲友等。至于是否要去外部寻找，则必须对知觉的利益与知觉的成本做出比较后再决定。

（3）方案评估。当消费者收集到所需要的信息后，便可以据此去评估各项可能的方案。

（4）选择。当消费者评估了各项可能的方案后，便会选择一个最能解决问题的方案并采取购买行动。然而此时仍有可能会因一些无法预测的情况，例如：资金的缺乏、商店的影响等，导致最后所做的选择与当初预期的不同。

（5）获得购买结果。当消费者依照前面的购买过程买了某项产品之后，可能发生两种情况，即满意或不满意。如果消费者所购买的产品无法满足预期的需要，便会造成不满意，随之产生的便是对产品的抱怨以及品牌忠诚度的降低；如果购买的产品能满足消费者当初的期望，则其重复购买同一品牌的概率会增加，进而提升消费者对该品牌的忠诚度。

（五）霍华德-谢思模式

该模式是由霍华德与谢思合作于 20 世纪 60 年代在《购买行为理论》一书中提出来的。霍华德和谢思认为，影响消费者决策程序的因素主要有输入变量、知觉过程、学习过程、输出变量及外因性变量等。

其中，输入变量（刺激因素）包括刺激、象征性刺激和社会刺激。刺激是指物品、商标本身产生的刺激；象征性刺激是指由推销员、广告媒介、商标目录等传播的语言、文字、图片等所产生的刺激；社会刺激是指消费者在同他人的交往中产生的刺激，这种刺激一般与提供有关的购买信息相关联。消费者会对这些刺激因素有选择地加以接受和反应。

四、消费者购买决策过程

当前，在中国一般把消费者购买决策过程分为三个阶段：购前阶段、购买决策阶段和购后评价阶段。具体而言，这三个阶段又可分为认知需要、收集信息、分析评估、购买决策和购后评价这五个环节，如图4-3所示。然而事实上，消费者并不是在购买每件物品时都要经过这五个步骤，某些购买决策过程可能非常简单，消费者也可以跳过某个环节或倒置某个次序。

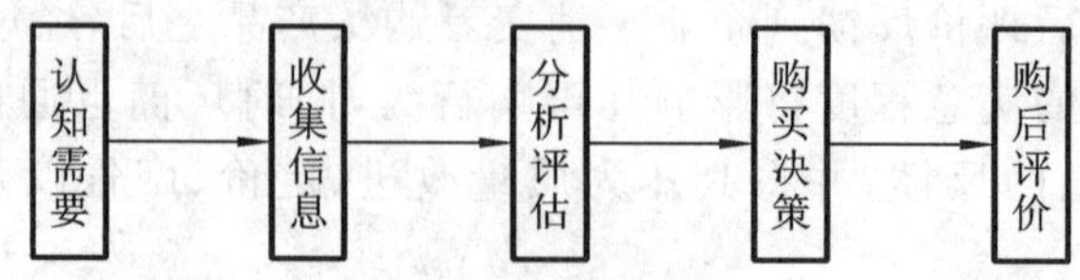

图4-3　消费者购买决策过程

(一) 购前阶段

1. 认知需要

这是消费者决策过程的第一阶段，这个阶段对营销者和消费者都十分重要。在消费者实际购买一件商品之前，这个过程就已经开始了。消费者发现现实状况与自己理想的目标之间存在差距，或在受到内部或外部刺激后，就意识到了某种需要。当这种需要上升到某种程度时就成为一种动机，这种动机驱使人们去购买某种物品来获得满足，购买过程就这样开始了。

引起消费者购买动机的因素可以是内部的，也可以是外部的。这些因素具体包括以下几种。

(1) 消耗。某些物品即将用尽，如油盐快用完了要重新买。

(2) 对现有的东西不满意。如衣服旧了或过时了，现有家电功能过时了。

(3) 收入变化。收入增加会使消费者产生更多的需求；相反，收入减少会使消费者降低需求标准。

(4) 环境改变。新环境会产生新的需求。如外出旅行要购买旅行需要的物品、食品。

(5) 新产品。随着技术的发展，新产品会不断涌现，可能会刺激消费者产生购买欲望。

(6) 配套产品。如买了影碟机要配备音响设备。

2. 收集信息

消费者的信息来源主要有两个方面：内部信息和外部信息。内部信息主要是来源于消费者过去的知识经验。虽然有的决策仅靠简单的内部信息就足够了，但是人们记忆中的信息总是有限或模糊的，因此，消费者往往也需要从外部信息源去获取有关信息。

外部信息主要来源：①人际来源，如亲朋好友的体验；②公共来源，如权威部门和专家的评述等；③营销来源，如商家、营销人员的介绍推广等。

3. 分析评估

分析评估是消费者购买决策的决定阶段，是实现购买行为的关键环节。消费者选择评价信息、拟订备选方案有一定的策略，这些策略的制定与他们参与购买的程度有很大关系。

(1) 在高度参与的条件下，消费者通常按照补偿性策略做出决策。

补偿性策略是指对产品某个属性的高度评价会补偿对该产品另一个属性的较低评价。在高度参与的条件下，消费者会把产品的全部信息综合起来以求对该产品进行整体的评价，综合评价最高的产品将被选中。而重视哪些属性则取决于消费者的偏好和特定要求。如，消费者爱好计算机游戏，在购买计算机的时候会特别看中显卡和内存，如果某型号计算机具有不错的显卡和内存，即使其他方面一般，在同等价位中，这款计算机也可能被选中。

(2) 在低度参与的条件下，消费者通常按照非补偿性策略来进行决策。

非补偿性策略是指对产品的个别属性进行评价，评价较低的直接放弃。在低参与状态下，消费者不愿意花费太多时间和精力来了解大量的商品信息。因此，在评价备选方案时，消费者一次只考虑一个属性，即先在一个属性上比较各备选方案，然后再比较下一个属性。

事实上，消费者不可能收集到所有的商品信息，也不可能花太多的时间去处理这些信息，他们往往只是在几种品牌、几种商品之间进行选择。一般而言，对于紧俏商品、名牌产品、生活易耗品等产品，消费者评估时间较短，而高档、耐用消费品如家电则花费的评估时间较长。

(二) 购买决策阶段

购买决策阶段是消费者购买商品时的实际行动阶段，是消费者根据既定的购物目标采取行动，把主观意识转化为实现购买目的的实际行动的阶段。购买决策只是购买意图，并不等于购买行为，是否产生实际购买行为除了需要购买意图之外，还会受其他人的态度和意外的情境因素这两种因素的影响，如图 4-4 所示。

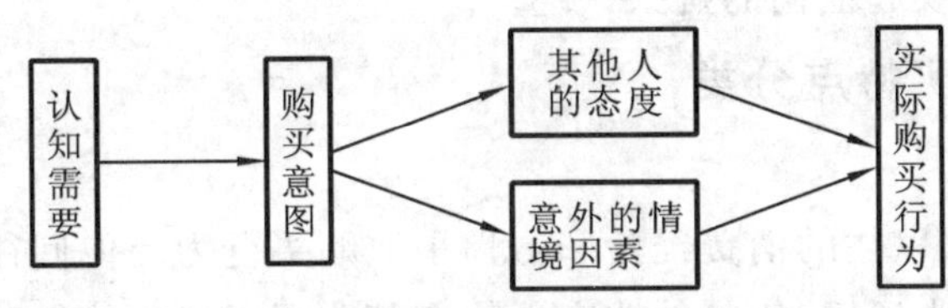

图 4-4　影响购买决策的两种因素

1. 其他人的态度

其他人的态度的影响程度取决于其他人反对的强度以及消费者愿意顺从其他人意见的程度。一般情况下，其他人的反对态度越强烈，或者反对者与消费者的关系越密切，则消费者改变甚至取消购买意图的可能性也就越大。

2. 意外的情境因素

消费者的购买意图是在对预期收入、价格与产品效用等因素综合考虑下形成的。如果有不可预期的情况发生，就有可能改变其购买意图。例如，消费者在决定购买某电视时，如果此时出现了电器市场价格的变动，消费者就可能会推迟购买。

(三) 购后评价阶段

这一过程属于消费者购买后的反省阶段。它表现在消费者通过对购来的商品的使用及旁人的评价来反省、检验自己的购买行为是否明智，所购商品是否理想。若产品的效用符合或者高于原有的期望，消费者就会感到满意；反之，则会感到不满意。购后感受作为"口传信息"的一种，不仅影响到消费者自己是否会重复购买或扩大购买，在一定程度上还会影响到其他人——消费者是鼓动别人购买还是劝阻别人购买。因此，在商品销售中，商家应重视顾客的购后感受，并据此随时调整自己的销售策略，做好售后服务工作，慎重处理消费者反馈回来的意见，使顾客做出满意的评价并产生信任感，从而扩大销售规模。

五、消费者的购买决策类型

(一) 按消费者购买目标的选定程度分类

1. 全确定型

全确定型消费者在发生购买行为之前，就已有非常明确的购买目标，并对所要购买的商品的种类、品牌、价格、性能、规格、数量等均有具体要求，一旦商品合意，便毫不犹豫地买下。他们往往不需要别人的介绍、帮助，但全确定型的消费者在实际购买活动中为数较少。

2. 半确定型

这类消费者在购买之前已有大致的购买意向和目标，但是他们的购买目标不是很具体、明确。等到实际购买时，他们需要经过反复比较、选择，才能完全确定购买对象。这类消费者易受他人观点的影响，一般需要提示或介绍，购物成交时间长。半确定型消费者在现实营销中为数众多，是销售服务的重点对象。

3. 不确定型

这类消费者在进入购物场所、发生购买行为之前，并没有任何明确的购买目标。一般情况下，是他们闲逛或顺路进入商店并偶然获取到商品的某些信息，进而引发其消费需要，唤起购买欲望，而究竟能否实际购买，与商店内外环境和消费者心理状态等有关。对这类消费者，营销人员需要主动热情服务，以唤起他们的购买兴趣。

(二) 按消费者购买特点分类

1. 习惯型

这类消费者一般依靠以往的消费经验和习惯采取购买行为。他们往往是某个商店、某个品牌商品的老顾客，不会因为环境、年龄的改变而改变其购买习惯。他们购物果断且目的性强。

在一项研究中，研究者观察了 120 位消费者在三家连锁店购买洗衣粉的行为。观察结果表明，对于绝大多数消费者来说，购买洗衣粉的行为是一种习惯性的购买行为。在这 120 位消费者中，72％的消费者只看了一种品牌包装的洗衣粉，只有 11％的消费者看了两种以上品牌或包装的洗衣粉；83％的消费者只拿起了一种洗衣粉，只有 4％的消费者拿起了两种以上的洗衣粉。很明显，多数消费者几乎没有在不同品牌或同一品牌不同包装的洗衣粉之间做比较分析，而是完全出于经验和习惯来对产品进行选择。

2. 理智型

这类消费者购物前善于观察、分析、比较，他们往往会在实际购买前广泛收集所需要的商品信息，并经过慎重权衡后做出购买决定。他们的购买行为理智而慎重，不易受广告等宣传的影响，自主性强。

3. 经济型

这类型消费者对商品的价格很敏感。有的消费者以价格高低作为衡量商品质量的优劣的主要尺度，认为价格高质量高，商品价格越高就越愿意购买；而有的消费者对廉价商品感兴趣，只要价格低就认为划算，特惠价、打折价、处理价的商品，更容易吸引他们。

4. 冲动型

这类型消费者对外界刺激敏感，心理反应活跃，对商品广告、推销人员的宣传推销以及其他消费者的介绍，往往不进行深入的分析比较，而以直观感觉为依据快速购买。新产品、时尚流行商品对他们的吸引力比较大。

5. 感情型

这类消费者心理活动丰富，易兴奋，爱想象，情感丰富，购买时容易受感情支配，也容易受外界环境的感染，购买决策往往以商品是否符合自己的感情需要为依据。

6. 疑虑型

这类消费者性格内向、言行谨慎。他们购物往往会三思而后行，购买后还会疑心自己是否上当受骗。

7. 随意型

这类消费者或缺乏购物经验，或缺乏主见，或奉命购买，选购商品时大多优柔寡断，一般希望得到营销人员的提示和帮助。

任务三　消费者态度的形成与改变

■熟知消费者态度的构成因素。

■掌握消费者态度的一般特性。

熟知态度在消费者购买行为中的作用，掌握改变消费者态度的基本策略。

任务引入

1999年，纳爱斯拿出了1亿元的资金来投一个广告，一时之间，全国观众都被这则广告中的故事打动了：

妈妈下岗了，为找工作而四处奔波，懂事的小女儿心疼妈妈，帮妈妈洗衣服，天真可爱的童音说出："妈妈说，雕牌洗衣粉只要一点点就能洗好多好多的衣服，可省钱了！"门帘轻动，妈妈无果而回，正想亲吻熟睡中的爱女，却看见女儿的留言条——"妈妈，我能帮您干活了！"妈妈不禁感动得热泪盈眶。

1999年之前的国企改革和一些企业的"关停并转"造成了一大批的下岗工人，一个庞大的下岗消费群已经成形。他们一边面临着巨大的就业压力，一边还要承担养家糊口的重担。这则雕牌洗衣粉的广告刚好把这个群体里一种真实的情感再现了出来，直击人心。当年，雕牌洗衣粉的销量因此广告获得了突破性的增长。

任务分析

在影响消费者行为的诸多因素中，态度具有极为重要的作用。消费者在购买活动中，之所以做出这样或那样的不同决策，或采取截然不同的行为方式，无不与所持态度密切相关。商家在营销中，要注意把握消费者的态度，善于改变消费者的态度。上述案例中的雕牌洗衣粉正是结合了社会时代背景，善于抓住消费者群的情感，通过广告来获得消费者的共鸣，从而提升了销量。深入分析消费者的态度及各种心理反应，对于全面研究消费者心理与行为特点具有重要意义。

一、消费者态度及其构成

(一) 消费者态度

态度是指个体对人、对客观事物或观念等所持有的一种肯定或否定、接近或回避、支持或反对的心理和行为的倾向。态度总是针对一定的态度对象而言的。态度说出来就是意见和看法，做出来就是行为。

态度对象指引发态度的因素，可以是人、物、事等多种因素，既可以是有形因素，也可以是无形因素。

消费者态度即为消费者在购买过程中对商品或服务等表现出来的心理反应和倾向。这种倾向通常以语言形式的意见，或者非语言形式的行为表现出来。一般而言，通过消费者对某类商品、服务的意见和评价，或消费者对其积极、消极乃至拒绝的行为方式，就可以了解消费者对该类商品或服务的态度。例如，当发现某位消费者经常光顾某品牌服装店时，就可以推断出该消费者对该品牌持肯定、积极的态度。

(二) 消费者态度的构成

消费者的态度由认知、情感和行为意向三种因素构成。

1. 认知因素

认知是指对态度对象的评价，它是构成消费者态度的基石。认知因素表现为消费者对有关商品质量、商标、包装、服务与信誉等的印象、理解、观点和意见。消费者只有在对这些商品有认知的基础上，才有可能形成对某类商品的具体态度。而认知是否正确，对某类商品的认知是否存在偏见或误解，都将直接决定消费者态度的倾向或方向性。因此，保持公正、准确的认知是端正消费者态度的前提。

2. 情感因素

情感是在认知的基础上对客观事物的感情体验，它是态度的核心。情感因素表现为消费者对有关商品质量、商标、信誉等的喜欢或厌恶、欣赏或反感等的各种情绪反应上。它往往受消费者生理本能和气质、性格等心理素质的影响，对消费者态度的形成具有特殊作用。在态度的基本倾向或方向已定的前提条件下，情感决定消费者态度的持久性和强度，并将伴随消费者消费行为和购买活动的全过程。

3. 行为意向因素

行为意向是构成消费者态度的准备状态。它表现为消费者对有关商品、服务采取的反应倾向，包括表达态度的语言和非语言的行动表现。例如，消费者向他人宣传某商品的优越性，或准备实际从事购买等。行为意向是消费者态度的外在显示，同时也是消费者态度的最终体现。只有通过行为意向，态度才能成为具有完整功能的有机系统。此外，行为意向还是态度系统与外部环境进行交流和沟通的媒介。通过语言和非语言行为意向，消费者可以向外界表明自己的态度，其他社会成员、群体、商品生产者和经营者也可以从消费者的行为意向中充分了解消费者的真实态度。

一般情况下，认知、情感和行为意向这三种因素的作用方向是相互协调一致的，消费者态度表现为三者的统一。但是，在特殊情境中，上述三种因素也有可能发生背离，呈反向作用，以致使消费者的态度呈矛盾状态。例如，消费者了解到某商品在使用寿命或功能上存在不足，但他对该商品外观具有强烈的好感和偏爱，因此在决定是否购买时感到特别矛盾。又如，对某一款电脑，消费者认为有必要且愿意购买，但在行动上却因某种原因一再拖延。因此，在态度的各项构成因素中，任何一项因素发生偏离，都会导致消费者态度的失调和态度作用的不完整。

二、影响消费者态度转变的因素

(一) 传递者对消费者态度改变的影响

一般来说，影响说服效果的信息源特征主要有四个，即传递者的权威性、可靠性、外表的吸引力和受众对传递者的喜爱程度。

1. 传递者的权威性

传递者的权威性即传递者在有关领域或问题上的学识、经验和资历的丰富程度。报刊、电视台经常请有关专家、学者宣布某项消息，目的就是为了增加信息的可信度和影响力。

2. 传递者的可靠性

传递者的可靠性即传递者在信息传递过程中能否做到公正、客观和不存私利与偏见。很多消费者之所以对广告和推销员的说辞表示怀疑，原因也恰恰在于消费者认为他们在宣传中难以做到客观、公正。

3. 传递者外表的吸引力

传递者外表的吸引力是指传递者是否具有一些引人喜爱的外部特征。传递者外表的魅力能吸引人注意和引起他人好感，从而增强说服效果。很多商业广告用俊男靓女、偶像明星作为打动消费者的手段，就是运用了这一原理。

4. 受众对传递者的喜爱程度

受众或消费者对传递者产生的正面或负面的情感会影响传递者的说服效果的好坏。消费者对传递者的喜爱程度可能有一部分是基于后者的外表魅力，但更多的可能是基于其他因素，如传递者的举止、谈吐、幽默感等。喜爱之所以会引起消费者态度改变，是因为人具有模仿自己喜爱对象的倾向，会较容易接受喜爱对象的观点，受其情趣的影响，并学习其行为方式。

(二) 传递信息对消费者态度改变的影响

1. 传递的信息与消费者原有态度的差异

一般而言，传递信息所维护的观点与消费者原来态度之间的差异越大，信息传递所引起的不协调感就越强，消费者面临的改变态度的压力也就越大。

2. 恐惧的唤起

恐惧是广告宣传中常用的一种说服手段。高恐惧信息较陈述性或事实性的信息将产生更好的劝说效果。如关于吸烟的公益广告就经常唤起人们的恐惧情绪，如图 4-5 所示。

3. 单面论述与双面论述

研究表明：当听众与劝说者的观点一致，或听众对所接触的问题不太熟悉时，单面论证效果较好；如果听众与劝说者观点不一致，而且听众对接触的问题又比较熟悉时，单面论证会被看作是传达者存在偏见，此时，采用双面论证效果将更好。

(三) 消费者自身对消费态度转变的影响

1. 对原有观点和信念的信奉程度

如果消费者对某种信念的信奉程度高，那么要改变消费者的这种态度将是相当困难的；相

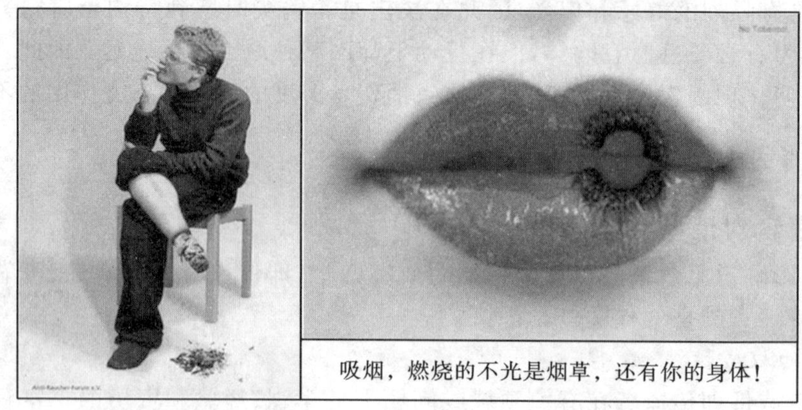

图 4-5　关于吸烟的公益广告

反，如果消费者的信奉程度不是特别强烈，则说服消费者改变原有的态度会相对容易一些。

2. 预防注射

预防注射指的是消费者已有的信念和观点是否与相反的信念和观点做过交锋，消费者是否曾经构筑过相反论点的防御机制。若一个人已形成的态度和看法从未与相反的意见有过接触和交锋，就易于被他人说服而改变态度；相反，如果消费者的观点、看法曾经受过抨击，那么他可能会建立起一定的防御机制，在以后也会有能力抵御更加强烈的抨击。

3. 介入程度

消费者对某一购买问题介入越深，他的信念和态度可能就越坚定，越难被说服或改变；相反，如果消费者的介入程度比较低，就可能更容易被说服。

4. 人格因素

人格因素主要包括消费者的自尊、智力、性别差异等。一般，低自尊者较高自尊者更容易被说服，智力高的人比智力低的人更难以被说服。

三、改变消费者态度的策略

消费者的态度是在诸多影响因素的共同作用下形成的。当影响因素发生变化时，消费者的态度也将随之改变。受消费者权利和行为的高度自主性影响，对其态度不能采取强制改变的方式，而只能通过说服诱导，促成消费者自动强化有利的态度或放弃原有态度来接受新的意见观念。否则，消费者态度的改变就有可能停留于表面现象，不能内化为稳定的心理倾向，并且稍遇挫折便会发生反复。由此可见，态度的改变过程即是说服与被说服的过程。

（一）直接说服

直接说服，即以语言、文字、画面等为载体，利用各种宣传媒介直接向消费者传递有关信息，以达到改变消费者固有态度的目的。直接说服的效果受信息传递过程中各种相关因素的影响，主要包括以下几点。

1. 信息发出源的信誉和效能

信息发出源的信誉指信息发出者和信息本身的可信程度，信息发出源的效能则指所发出信息是否清晰、准确，易于理解和记忆。信息发出者的信誉越高，说服的效果就越好，消费者态度强化或转变的可能性也就越大。如果信息本身质量优良，内容真实可信，表达形式完美，也易于给消费者留下深刻、美好的印象，增加说服效果。

2. 基于消费者的利益

高效的劝说者首先会分析消费者接纳劝说和建议的利益所在，并将其表达出来。因为如果不向消费者阐明他们的利益，想要鼓励消费者为某个产品或服务买单几乎是不可能的。

3. 选择适当的媒介和方式

现代社会，传递信息的媒介渠道多种多样，包括各种广告媒介，如报纸、杂志、电视、广播、网络、招贴和橱窗展示等；还包括面对面口头传播，如上门推销、召开消费者座谈会等。不同的传播媒介对消费者的说服效果不同，应根据信息的内容和特定情境等来选择适宜的媒介和方式。

4. 消费者的信息接收能力

信息接收能力是消费者的动机、个性、文化水平、知觉、判断等方面能力的综合反映。因信息接收能力不同，面对同一信息，消费者可以做出各种程度不同、甚至截然相反的反应。因此，在采用直接说服方式时，必须考虑消费者信息接收能力的差异，并针对接收对象的能力特点来设置适宜的信息内容和传递方式。

(二) 间接影响

间接与直接说服的主要区别在于直接说服是以各种非语言方式向消费者施加影响，通过潜移默化，诱导消费者自动改变态度，而间接影响则可以采用多种方式进行。

1. 利用相关群体影响

消费者生活在一定的社会群体或组织中，其所属群体在消费方式上的意见、态度、行为准则等对消费者态度都有着深刻而重要的影响。消费者总是力求与自己所属的群体保持一致态度，遵从群体规范，以便求得群体的认可、信任和尊重，满足其归属需要。

2. 亲身体验

许多片面的、与事实不符的消费态度往往是在消费者对商品性能、功效、质量等缺乏了解而又不愿轻信广告宣传的情况下产生的。针对这类情况，企业可以提供一定条件，给予消费者亲自尝试和体验商品的机会，使得消费者通过亲身感受达到自己说服自己的目的。实践证明，亲身体验的方式往往具有极强的说服力，对于迅速改变消费者的态度有着其他方式无法企及的效果。

知识与技能检测

一、名词解释

消费者需要　　消费动机　　购买决策　　消费者态度

二、思考题

(1) 阐述消费者的需要层次。

(2) 消费者需要有哪些形态？

(3) 消费者的具体购买动机有哪些？

(4) 消费者的购买决策有哪些类型？

三、案例分析

提炼品牌核心价值，请洞察消费者的内心。

品牌核心价值不是企业自有的，它来自于消费者的心声，可以说，消费者才是企业最好的老师。一个品牌核心价值只有贴近消费者的内心需求，体现出对消费者的细致关怀，才能拨动消费者心弦，让他们的心灵受到感染、震撼，从而获得他们的认同、喜爱和忠诚。

1986 年，国际品牌力士进入中国，很快便称雄香皂市场，“我只用力士”成为当时非常流行的一句广告语。6 年后也就是 1992 年，宝洁旗下的舒肤佳进入中国市场，然而舒肤佳很快便后来居上，硬是把力士拉下马，成为现在中国香皂市场的新霸主。

舒肤佳战胜力士，成为中国香皂市场的新霸主。

分析原因，人们不得其解。论品牌持有者，力士背后是在全球 500 强企业排名中排第 54 位的联合利华，舒肤佳背后的企业是在全球 500 强企业排名中排第 75 位的宝洁，联合利华的实力并不在宝洁之下。论品牌宣传、包装设计，力士多年来一直请光彩照人的国际影星演绎其“滋润、高贵”的品牌核心价值，广告中的产品晶莹，包装鲜艳，显示出优雅高贵的气质，舒肤佳却选择请家庭主妇传达其“除菌”的品牌核心价值，但产品色泽暗淡、缺少美感，无法与力士的华贵相提并论。论品牌的传播策略，双方都是品牌营销的高手，多年来持之以恒地围绕自己的品牌核心价值传播营销，使各自的品牌形象深入人心。论产品品质，力士芬芳怡人、滑爽光亮，舒肤佳虽说具有“除菌”功效，但内行都知道，国内一个普通日化厂也能生产出这种功能的产品。

可见，力士在企业实力、品牌宣传、包装设计、品牌管理、产品品质等诸多竞争要素上都不比舒肤佳逊色，但为什么还是败给了舒肤佳呢？

经过深入研究，人们才发现，力士的“滋润、高贵”不及舒肤佳的“除菌”贴近消费者的内心，这是其败北的主因。力士的“滋润”固然好，但很多其他香皂也有此功能，况且几元钱一块的香皂，也未必能显示出其有多么高贵，但舒肤佳的“除菌”就很重要了，因为除菌可是事关全家人健康的大事呀！

通过这个例子我们不难看出，洞察消费者的内心世界是何等重要！

案例思考

(1) 如何确定品牌的核心价值？

(2) 消费者对商品的消费需求有哪些？

四、实训题

请结合消费者购买决策的内容和过程，谈谈自己的某次消费经历。

项目五

消费群体与消费行为

XIAOFEIZHE

XINGWEIXUE

吴强的苦恼及其解决

吴强有六个很要好的朋友，平常一有机会，他们就会聚在一起打打球，或者远足，或者什么都不做只是坐在一起一边喝茶、一边海阔天空随便聊聊。最近这半年多时间，这个圈子的情况却有所变化。当其他六人当中的最后一个都买了现代伊兰特轿车之后，吴强才发现自己确实是有些落伍了。一到周末，他们更多的是搞什么驾车旅游，吴强没有车，只能让同伴搭载，心里觉得真不是滋味。特别是家属一起出游的时候，六个朋友都有车，各自载着自己的妻子和小孩有说有笑，唯独吴强没有车，一家三口不得不分别乘坐朋友的车，这时的吴强觉得自己特别的尴尬！更让他觉得难受的是他好像与这个团体的距离越来越遥远了，偶尔竟然会产生局外人的感觉。

吴强终于买车了。他买的也是现代伊兰特。聚会时，一溜七个黑色现代伊兰特，场面还是很壮观的。现在他们经常在一起讨论如何给他们这个团体命名，如何统一装束，如何统一汽车内饰和如何安装外部统一标志等问题。吴强觉得自己终于又回到了同伴们的身边。不过，他得准备为这个团队的统一装束和各种标志性配件再花费一笔钱。

（案例来源：迈克尔·R. 所罗门，卢泰宏，《消费行为学》电子工业出版社 2010 年版，此处对引文略做改动。）

任务一　参照群体与消费者行为

■了解参照群体对消费心理的影响。

■理解参照群体等因素对消费者行为的影响。

■参照群体效应在市场营销中的运用。

任务引入

2012 年 10 月 31 日是世界节俭日。如今的 90 后还愿意节俭吗？他们的消费观和消费行为又有怎样的特性？为了了解这些问题，重庆一中学进行了一项高中生消费调查与分析的调研课题。他们希望通过调研，倡导正确的消费观和价值观。他们在 2011 年年底制定了调查问卷，或在校内或走上街头，向沙坪坝区的 700 余名高中生进行了走访调查。其中校内集中完成问卷 300 份，街头走访完成问卷 400 份。

该调查发现，除了大件购物和旅游开销项目以外，男生开销项目前五名是日常伙食、节假日聚餐、网络电子游戏、零食购物和手机话费；女生开销项目前五名是日常伙食、护肤品、节假日聚餐、手机话费和交通出行。

据此，调研团队得出了一个男女生消费的“顺口溜结论”：男生偏冲动，女生花费高；男生多游戏，女生爱化妆。另外，还有两个数据值得一提：其一，在日常交通出行方面，面对公交、地铁、打车和步行这几个选项，有13%的高中生选择了“打车”，其中，女生比例占该选项总人数的2/3，其理由多半是公交和地铁太挤，步行太累，或打车节约时间；其二，针对品牌状况，九成以上的男女生均表示，无论是手机、数码电器还是运动服饰，可以不是名牌，可以支持国产，但绝对抵制山寨，因为那样容易被嘲笑。

父母每月会给你多少生活费？数据显示，住读生比走读生更节约一些。高中生家长习惯每周发放生活开支，生活费普遍涵盖日常伙食、交通出行、节假日同学聚餐和手机每月的花费等常规项目。走读生月生活费超过1 200元的占总调查人数的6%，800～1 200元为20%，400～800元为40%，400元以下是34%。住读生月生活费超过1 200元的占总调查人数的6%，800～1 200元为40%，400～800元为50%，400元以下是4%。在多数中学生心目中，走读生月生活费超过1 000元者，即属于“偏高消费成员”，其比例约为总人数的1/4，其中不乏月生活费达2 000元者，每周都会去星巴克（或哈根达斯）以及电影院消费一两次。高中生手机话费在每月50元以下的比例约为60%，超过每月50元者，则意味着利用手机上网的情况相对较多。

AA制已成为绝大多数90后学生的消费意识；选择一人请客，大多是少数几个好朋友常常聚会、轮流坐庄；只有少数学生是因为家庭条件实在优越、喜欢大手花钱和结交朋友的缘故。另外，选择“蹭饭族”的全部是男同学。值得一提的是，中学生节假日或生日聚餐，大家逐渐学会了节俭，通常会选择预约团购的方式，这样能总体节省50%～70%的开支。

思考

(1) 消费、购物的心态有哪几种？

(2) 在购物心理调查中，男女生呈现出明显不同的原因是什么？

任务分析

消费者的消费活动过程都伴随着相当复杂的心理活动，这是由社会因素和个人因素的复合作用而形成的。因此，消费者行为也不可避免地会带有自己所从属的社会群体的特征，而且还会受其他个体或社会群体的影响。研究消费者群体的心理与行为，是认识消费者行为不可或缺的一项内容。

一、参照群体的概念和类型

（一）群体的概念

在社会心理学研究领域中，群体是指为了达到一定的目标和兴趣，按照一定的社会关系结合组织在一起相互影响、相互作用的两个或两个以上的人的集合。群体具有以下三个特征。

(1) 群体成员是通过一定的纽带联系起来的。例如，以血缘为纽带组成了家庭或者家族，以职业为纽带组成了职业群体。

(2) 群体之间有共同目标和持续的相互交往。在电影院一起看电影或商店里一起购买商品的消费者就不是一个群体，虽然他们事先的目标相同，但是他们之间缺乏持续的交往。

(3) 群体成员有共同的群体意识和规范。首先,群体成员在接触和互动过程中,通过心理和行为的相互影响和学习,会产生一些共同的信念、态度和规范,这些态度、信念和规范会对消费者的行为产生潜移默化的影响。其次,群体规范和群体压力会促使消费者自觉或不自觉地与群体的期望保持一致。最后,很多产品的购买和消费与群体的存在和发展是密不可分的。比如,加入某一球迷俱乐部,不仅要参加该俱乐部的活动,还要购买与该俱乐部形象相一致的产品,如印有某种标志或某个球星头像的球衣、球帽或旗帜等。

(二) 参照群体的概念

参照群体又称相关群体、榜样群体,最初由西方学者海曼提出,是指一种实际存在的或想象存在的,可作为个体判断事务的依据或楷模的群体,是对个人的行为、态度和价值观等有直接或间接影响的群体。参照群体的看法和价值观被个体作为当前的行为基础,参照群体通常在个体形成观念、态度和信仰时给人以重要的影响,同时也提供了一个评价消费者态度和行为方式的比较标准。当消费者隶属于某一群体时,他们常常会以该群体作为自己的参照群体,但是当他们发现该群体的标准与自己的理想标准有差异时,他们会选择其他的群体作为参照群体。在现实生活中,对消费者影响较大的参照群体可以是亲朋好友、单位同事,也可以是联系密切的某些社会团体或较少接触但羡慕并愿意模仿的社会群体。

市场营销人员必须努力识别出目标消费者的参照群体,这是因为:第一,参照群体会使个人受到新的行为和生活方式的影响;第二,由于个体常常希望能迎合群体(即合群),故参照群体还影响个体的态度和自我观念;第三,参照群体还会产生压力使个体行为趋向一致,从而影响个体对产品和品牌的实际参照。

(三) 参照群体的类型

按照不同的标准,参照群体可以划分为下述不同的类型。

1. 按照成员的身份划分

按照成员的身份划分,可以将参照群体划分为会员群体和非会员群体。会员群体是指参照群体和被影响的对象都是具有同样身份的人,例如亲人、同事便属于这类参照群体。非会员群体又称象征群体,是指虽和被影响者不具有同样的身份,但会影响被影响者行为的参照群体。非会员群体包括渴望群体和避免群体。

2. 按照接触的程度和群体对成员的重要性划分

按照接触的程度和群体对成员的重要性划分,可以将参照群体划分为主要群体和次要群体。主要群体是指成员之间具有经常性面对面的接触和交往,从而形成亲密关系的群体。次要群体是指人们有目的、有组织地按照一定社会契约建立起来的社会群体,规模一般比较大,人数比较少,群体成员之间不能完全接触或者接触比较少。

3. 按照个体的会员资格和群体对个体态度的影响划分

按照个体的会员资格和群体对个体态度的影响划分,可将参照群体分为四种类型,如表 5-1 所示。

表 5-1 参照群体类型的划分

态度＼会员资格	会员群体	非会员群体
正相关态度	接触群体	渴望群体
负相关态度	否认或背离群体	避免群体

接触群体，是指个体具有该群体的会员资格，且群体的态度、价值观和行为标准被个体认同。

渴望群体，是指个体虽不具有会员资格，但却仰慕和希望加入的群体。渴望群体可进一步分为期望性渴望群体和象征性渴望群体。期望性渴望群体的特点是，虽然现在个体还不是该参照群体的成员，但将来很可能会成为其中的成员，同时，个体往往和期望性渴望群体之间有着某种直接的互动与接触。例如，组织的高阶层人员往往便是组织中低阶层员工的期望性渴望群体，组织中低阶层员工羡慕高阶层员工的优厚待遇、位高权重和光鲜外表，假以时日，他们很可能成为类似的人。象征性渴望群体的特点是个体尽管接受该参照群体的价值、态度和信念，但是未来成为其中的一员的可能性不大。例如歌星、影星往往是人们仰慕的对象，但仰慕者成为歌星、影星的机会很渺茫，因此对于仰慕者而言，歌星、影星是其象征性渴望群体。

否认或背离群体指的是个体虽具有其会员资格，但对其行为标准、态度和价值持否定或反对态度的群体。

避免群体是个体力图避免加入或持否定态度的群体。

对于接触群体和渴望群体，个体会模仿该群体成员的行为举止；而对于否认或背离群体、避免群体，个体对该群体的行为方式和价值观则会持厌恶和否定的态度。

(四) 决定参照群体影响强度的因素

参照群体对消费者购买决策会产生重要的影响，但是不同的消费者受参照群体影响程度又有很大的差异。具体来说，决定群体对成员的影响强度有以下几个因素。

1. 产品特征

这一因素可以从以下三个方面来讨论。

(1) 产品的必需程度。产品的必需程度越高，参照群体对产品的选择的影响力越弱，反之亦然。对于日常用品、食品等经常消费的、消费者非常熟悉且已经形成了习惯性购买的产品，参照群体的影响力相对较小。对于非必需品或者奢侈品，如高档服装、名牌手表等，受参照群体的影响则相对较大。

(2) 产品与群体的相关性，即他人对这种产品的认识程度，产品是公众的还是私人的。公众产品是指当拥有和使用时能够引起别人重视的东西，消费者会迫于舆论压力及群体其他成员的示范效应，而与群体趋向一致；私人产品是指那些在家里使用、别人无法注意到的东西，群体对于成员的影响就比较小。

(3) 产品的生命周期。美国学者亨顿认为，当产品处于导入期时，消费者的产品购买决策受群体影响很大，但品牌决策则受群体影响很小；在产品成长期，参照群体对产品和品牌的影响都很大；在产品成熟期，群体影响在品牌选择上很大，在产品选择上很小；在产品的衰退期，群体影响在产品和品牌选择上都比较小。

2. 个人特征

这一因素也可以从以下三个方面来讨论。

(1) 消费者的个性不同,其受参照群体的影响也就明显不同。善于思考、有主见、有较强的分析判断能力的消费者受参照群体的影响较小;做事优柔寡断、思前顾后的消费者受参照群体的影响较大。

(2) 消费者的购买信心。如果一个消费者对其所要买的商品不了解,购买时拿不定主意或对自己的决定没有把握,则此时他更倾向于参考群体其他成员的购买行为。但一般在日常用品的购买过程中,由于消费者熟悉产品并形成了习惯性购买,参照群体的影响较小。

(3) 个人对参照群体的忠诚度。一般而言,个人对参照群体越忠诚,就越倾向于遵守参照群体的规范。

3. 参照群体特征

消费者与参照群体的价值观越接近、接触越频繁,或者是参照群体的知名度和美誉度越高,参照群体对消费者的影响就越大。参照群体对遵守群体规范的奖励越多、对违反参照群体规范的惩罚越严厉,或参照群体本身的规模越大、专业性越强,那么参照群体对消费者的影响就越大。

二、影响消费者的主要参照群体

(一) 具体参照群体

1. 家庭成员

家庭成员是消费者最重要的参照群体,它包括了消费者的血缘家庭和婚姻家庭的成员。家庭成员的个性、价值观以及成员之间的相互影响,形成了一个家庭的整体风格、家风和生活方式,从而对消费者行为起着直接的影响作用。

2. 同学、同事

由于长时间共同学习或在组织机构中合作共事,消费者常常受到来自同学、同事的影响。

3. 社区邻居

受传统习俗的影响,我国人民群众比较注重邻里关系,尤其居住条件比较拥挤的居民,邻里往来更为密切。在消费活动中,左邻右舍的消费倾向、价值评价和选择标准等往往成为人们重要的参照依据。

4. 亲戚朋友

在某些情况下,由于具有共同的价值取向,亲戚朋友的看法往往更具有说服力,因此亲戚朋友也是影响消费者行为的主要参照群体。

5. 社会团体

各种正式和非正式的社会团体,如党派、教会、书法协会和健身俱乐部等,也在一定程度上影响着消费者的购买行为。

6. 名人专家

这个群体包括政界要人、专家学者、影视明星、优秀运动员、歌唱家和著名作家等,以及一些备受人们推崇的名人。

(二) 角色与意见领袖

1. 角色

角色是指社会对具有某一特定地位的个人所规定和期待的行为模式。在现实生活中,每个人在某一群体中都会扮演一种角色。如在企业中,有的人的角色是经理,有的人的角色是秘书,有的人的角色是司机等。此外,我们所有人在同一时间都可能扮演不同的角色,如一个人既是经理,又是父亲、丈夫和某俱乐部会员等。不同的角色要求个体有不同的行为,也就是说,个体在不同场合的行为要符合特定的角色身份,不能混淆。比如,单位里经理的行为与家中父亲的行为就应该有所区别。另外,随着时间的推移,个人所扮演的角色是会发生变化的,有时是获得新的角色,有时是放弃现有的角色,所以,随着新角色的获取或原有角色的放弃,个人应该学会适应他们的角色变化。比如,个体由学生转变为职员,其穿着打扮和言谈举止都要随着角色的变化而变化。

了解角色理论对营销人员是很有帮助的。首先,不同的角色有不同的角色关联产品集。所谓角色关联产品集,是人们普遍认为某种角色所需要的一系列产品。这些产品或者有助于完成角色扮演,或者具有重要的象征意义。营销者的主要任务,就是确保其产品能满足目标角色的实用性需要或者象征性需要,从而使人们认为产品适合于自身角色。比如,计算机制造商正在努力使笔记本电脑成为"商人角色关联产品集"中的核心产品。其次,角色的获取或者转移会使产品或品牌与新的角色相联系,从而为营销者提供了机会。比如,当下随着单亲家庭的增多,一些银行、保险公司等已经开始向发生这种角色转化的人们提供新的服务项目。最后,社会角色能影响人们的消费态度和消费习惯,比如,知识分子家庭对于书籍、电脑等文化产品的消费要高于一般的工人家庭。

2. 意见领袖

参照群体中经常包括作为观念领导者或意见领袖的个人,即指那些影响他人的人。显然,说服这些人购买他们的产品或服务对营销人员来说是非常重要的。很多在今天成为人们生活一部分的产品或服务,最初都是受到这些有影响力的意见领袖或观念领导者的推动。观念领导者一般有以下几个方面的特征。

1) 人格特征

观念领导者通常是最早出于纯粹的好奇心而试用新产品和服务的人。他们通常是社区的活跃分子,不甘寂寞。而且,观念领导者一般都比较任性,具有公开的、独特的个性,这让他们更可能以与众不同的方式去尝试那些未知的而又让人感兴趣的产品和服务。此外,观念领导者可能比一般人更健谈与合群,因而他们更具有影响力。

2) 独特的产品知识

观念领导者最大的也是最明显的特征,就是对某一类产品比群体中的其他人有着更为长期和深入的认识。由于某些原因,有的人对某类产品或活动有更多的相关信息和经验,因而在其他人看来,他在这方面就具有权威性。因此,观念领导者通常是和特定的产品或活动领域相联系的。

3) 丰富的市场知识

虽然观念领导者通常是和某种产品或活动相联系的人,但他们当中也有这样一些人——似乎了解许多产品、购物场所和市场的其他方面信息,一般也愿意与人讨论产品或购物,主动向他人介绍关于产品的大量信息。

市场营销人员应该认识到，观念领导者的重要性在不同的产品或不同的目标市场上存在着很大的区别，因此，不同的产品或品牌应该寻找不同的观念领导者。在确定观念领导者是谁时应该注意以下几个方面。

一是广告的使用。广告在使用代言人时，所想要达到的目标是使消费者模仿观念领导者，因此在营销活动中，代言人的选择是很重要的。

二是在赠送样品时，不能随机地以任意消费者作为样本，而应该尽量将产品送到可能成为观念领导者的消费者的手里。

三是正确处理消费者的抱怨或投诉。因为消费者会同其他消费者谈论他们所了解的有关产品、商店和服务，其中观念领导者的意见要比一般消费者的意见影响更大，当消费者的期望未被满足时，企业必须及时妥当地处理他们的抱怨或投诉。

三、参照群体的心理作用机制

参照群体对消费者行为的影响是在一定心理作用机制的基础上发生的，这其中主要的心理作用机制包括以下几种。

（一）模仿

模仿是指个人受非控制的社会刺激引起的一种行为反应，这种行为能够再现被模仿者特定的外部特征和行为方式。研究表明，消费者之所以发生模仿行为，是由于人的本能、先天倾向，以及在社会生活中受榜样影响的共同作用结果。在榜样的影响下，消费者不仅模仿到某种行为方式，而且会形成共同的心理倾向，从而表现出和被模仿者的消费观念、兴趣偏好和态度倾向的一致性。值得注意的是，引起模仿行为的社会刺激必须是一种非控制的社会刺激，而不是通过社会或群体的命令而发生的社会刺激。被模仿的对象要有榜样的作用，模仿者的行为要与被模仿者的行为相似。

参照群体对成员行为的影响既可以是主动的，也可以是被迫的。也就是说，成员既可能是主动模仿别人的行为，也可能是在群体压力下不得不采取的某种行为。后一种现象在社会心理学中被称为从众现象，即一个人因受到别人影响而按照别人的行为方式去行动。比如，刚刚走出大学校门的学生，无论是外在穿着，还是汇报工作或处理日常事务，都要符合职场人士的身份和素质的要求。

（二）提示

提示又称暗示，是在无法对抗的情况下，用含蓄简单的方法对人们的心理和行为产生影响，从而使人们按照一定的方式去行动，并使其思想和行为与提示者的意志相符合。影响提示作用的最主要的因素是提示者的数目，只要众多提示者保持一致，就会形成一种强大的驱动力量，从而引导个人行为服从群体行为，使群体中许多人产生平时个体活动时不会发生的行为。

当个人的意见或行为与群体不一致时，就会产生一种紧张、恐惧的心理，甚至会受到很大压力，从而促使他产生与群体行为求得一致的愿望，产生顺从群体模范的倾向，这种现象称为从众或顺从。例如，某消费者原计划购买甲品牌的电视机，后来发现群体中的大多数人认为乙品牌电视机更好，那么他极有可能在从众心理的支配下转而购买乙品牌的电视机。

（三）情绪感染与循环反应

情绪感染是情绪反应最主要的机制之一，它的作用表现为一个循环过程。在这一过程中，他人的情绪会在被影响者心理上引起同样的情绪，而这种情绪又会加强影响者的情绪，从而形成情绪感染的循环反应。群体行为即是循环反应的结果，循环反应强调群体内部成员之间的互动。因此，群体气氛或群体中的价值观念、行为规范等，都会直接影响每个成员的思想、态度和行为。例如，某消费者一人去商场购物，除非他有明确目标，否则该消费者在面对商品时往往犹豫不决，但是若是两个人或三四个人结伴购物，则很容易做出是否购买的决策。

（四）行为感染与群体促进

通常，虽然个人已经形成某种固定的行为模式，但在群体条件下，由于群体规范和群体压力的作用，会使某些符合群体要求的个人行为得到表现和强化，而一些不符合群体要求的行为则受到否定和抑制。为了减少来自群体的心理压力，个人必须服从群体的要求，被群体行为所感染。而参照群体中经常包括作为观念领导者或意见领袖的个人，也就是那些非常能影响他人的人。显然，说服这些人购买他们的产品或服务对营销人员来说是非常重要的。很多今天成为人们生活的一部分的产品或服务，最初就是受到了这些有影响力的意见领袖或观念领导者的推动。

要注意的是，在消费活动中，行为感染是个人迫于群体压力不得不在行为上与大家保持一致，而并非出自消费者内心的自我要求，而情绪感染则是消费者自愿接受感染的结果。

（五）认同

认同是一种感情的移入过程，是指个人在社会交往中被他人同化或同化他人。任何群体都有着多数成员所共同遵从的目标和价值追求。个人作为群体内部成员之一，在与其他成员互动交往中，会受到这一目标和价值追求的影响，从而产生认同感。

认同感往往通过潜移默化的方式作用，使人们的认识和行动趋向一致。消费者为了维持与群体的一致性，会经常对照其他成员的偏好和购买行为，自觉或不自觉地选择与群体内其他人一致的品牌和商品。

四、参照群体影响消费者行为的方式

人们总是希望自己能够与众不同、富有个性，然而群体的影响又是不可忽视的。不管承认与否，每个人都有与各种群体保持一致的倾向，并且通常情况下，人们是无意识地与群体保持一致的。一般而言，参照群体对消费者的影响主要表现为以下三种形式：信息性影响、规范性影响和认同的影响。

（一）信息性影响

信息性影响是指参照群体成员的行为、观念或意见被个体作为有用的信息予以参考，并对个体的行为产生影响。信息从参照群体传递到消费者有三种方式：①消费者有意识地主动寻求；②消费者在偶然或不经意间了解到；③参照群体的成员热心向消费者推荐或劝说。群体对个体的影响程度取决于被影响者与群体成员的相似性，以及施加影响的成员的专长。一般情况下，消费者更多地是从朋友或邻居等私人关系中寻找建议，而不是求助于广告之类的商业信息来源。

在两种情形下，信息性影响可能成为参照群体对消费者的影响中最重要的影响方式。第一种是当要购买的产品存在社会、财务或性能上的风险时。例如一个购买汽车的消费者愿意从那些具有相关知识的朋友、亲属那里寻找信息，是因为买车存在购买成本过高和可能存在的机械故障这些风险。第二种是当消费者只具备有限的产品知识和经验时。如某人要购买一台笔记本电脑的时候，他不懂电子产品，因此往往会向精通计算机的朋友咨询并接受朋友给予他的建议。

（二）规范性影响

规范性影响又称为功利性影响，是指由于群体规范的作用而对消费者行为产生的影响。规范是在一定社会背景下群体对其所属成员行为合适性的期待，它是群体为其成员确定的行为标准。一般而言，只要满足下列三个条件，就能激励消费者遵守群体的规范和行为标准：

(1) 个人对群体有所承诺并珍惜其在群体内的身份。

(2) 群体对遵守规范者提供足够的报酬并惩罚违规者。

(3) 个人的从众行为对群体其他成员的影响是显著的。

规范性影响的一个重要内涵表现在它的示范原则和社会乘数效应上。示范原则是指由于消费行为的流动性与消费者的购买力增加，消费者接触新产品的机会将会增加，同时也增加了消费者购买新产品的概率。所以当一个新产品上市，某一购买者的使用示范会增加其他消费者的购买可能性。因此，外显性越高的产品，其示范作用越明显。基于示范效应，通过产品的展示和群体的影响而造成新产品拥有的成倍数增加，便是社会乘数效应。一件新产品的流行往往是社会乘数效应的结果。

（三）认同的影响

当一个人购买某种产品的主要目的是因为该产品能够帮助他和其他的人形成某种高度相似时，认同的影响便会产生。例如，某位消费者认为艺术家通常是留长发、蓄络腮胡、不修边幅的，于是他也留起来长发，穿着打扮也不拘一格，以获得他所理解的那种艺术家的形象和气质。又如，现在韩流盛行，青少年消费者穿着宽大的上衣和肥腿裤来刻意模仿韩国人的穿着风格，就是为了得到他所在的群体的认同。

个体之所以在没有外在奖惩的情况下能够自觉遵守群体的规范和信念，主要是由于两方面的力量：一方面，个体可能利用参照群体来表现自我；另一方面，也可能是个体对该群体非常忠诚，从而视群体价值观为自身的价值观。

五、参照群体的运用效应

（一）名人效应

名人或公众人物如影视明星、歌星、体育明星，作为参照群体对公众尤其是对崇拜他们的受众具有巨大的影响力和感召力。对很多人来说，名人的生活代表了一种理想化的生活模式。正因为如此，企业常常花巨额费用聘请名人来促销其产品。研究发现，用名人作支持的广告较不用名人的广告，其得到的评价更正面和积极，这一点在青少年群体上体现得更为明显。

运用名人效应的方式多种多样。如：可以邀请名人担任产品或公司代言人，即将名人与产品或公司联系起来，令其在媒体上频频亮相；也可以用名人做证词广告，即在广告中引述广告产品或服务的优点和长处，或介绍其使用该产品或服务的体验；还可以采用将名人的名字使用于产品或包装上等。

(二) 专家效应

专家是指在某一专业领域受过专门训练、具有专门知识、经验和特长的人。医生、律师和营养学家等均是各自领域的专家。专家所具有的丰富知识和经验,使其在介绍、推荐产品与服务时较一般人更具权威性,从而产生专家所特有的公信力和影响力。当然,在运用专家效应时,一方面,应注意法律的限制,如有的国家不允许医生为药品做证词广告;另一方面,也应尽量避免公众对专家的公正性、客观性产生怀疑。

(三)"普通人"效应

运用满意顾客的证词证言来宣传企业的产品,是广告中常用的方法之一。由于出现在荧屏上或画面上的证人或代言人是和潜在顾客一样的普通消费者,这会使受众感到亲近,从而使广告诉求更容易引起共鸣。像宝洁公司和北京大宝化妆品公司都曾运用过"普通人"证词广告,应当说效果还是不错的。还有一些公司在电视广告中展示普通消费者或普通家庭如何用广告中的产品解决其遇到的问题,或如何从产品的消费中获得乐趣,等等。由于这类广告贴近消费者,反映了消费者的现实生活,因此,它们可能更容易获得认可。

(四) 经理型代言人

自 20 世纪 70 年代以来,越来越多的企业在广告中用公司总裁或总经理做代言人。例如,克莱斯勒汽车公司的老总李·艾柯卡(Lee Iacocca)就亲自在广告中对消费者极尽劝说,获得很大成功。同样,像雷明顿(Remington)公司的老总维克多·凯恩(Victor Kiam)和马休特连锁旅店的老总比尔·马休特均亲自在广告中促销其产品。我国广西三金药业集团公司,在其生产的桂林西瓜霜的包装上使用公司总经理和产品发明人邹节明的名字和图像,这也是对于经理型代言人的运用。

任务二 社会阶层与消费者行为

■了解社会阶层对消费心理的影响。

■理解社会阶层对消费者行为的影响。

技能目标

■社会阶层效应在市场营销中的运用。

香港和德国的消费者为什么对帮宝适纸尿裤不满?

20 世纪 70 年代,在保洁公司将帮宝适纸尿裤推向当时的联邦德国市场和中国香港市场一段时间以后，两个地区的消费者都表示对帮宝适纸尿裤的不满：德国的消费者说这纸尿裤太薄了，不耐用；香港的消费者说这纸尿裤太厚了，不透气。为什么同样厚薄的纸尿裤在两个地区销售却得到两种截然相反的评价？为此宝洁公司专门进行了一次市场调研，揭开了谜底：原来是两个地区的消费者对纸尿裤的使用习惯不同。德国文化价值观崇尚严谨，有时甚至是刻板。德国年轻父母们会每天定时给婴儿换尿布，早上出去上班的时候换一块，晚上回家才又换一块，如此使用当然会嫌弃尿布薄；而香港的消费者受中国传统价值观的影响，对婴儿的舒适度看到很重，一般小孩一哭，母亲就会去给他换一块尿布，这样频繁更换，当然会嫌尿布太厚。经此教训，保洁公司决定，以后销往德国的帮宝适纸尿裤就会加厚一些，而销往香港的帮宝适纸尿裤则会略薄一些，以适应两个地区消费者对产品的使用方式不同。

思考

以上的案例说明消费者的行为会受什么因素的影响？

由于人们所处社会地位和等级的差异，自然会形成不同的社会阶层。各个社会阶层之间，在经济地位、价值观念、生活态度和消费习惯等方面均存在明显差异，由此会导致不同的消费行为。为了使企业营销策略的制订更有针对性，我们有必要探讨社会阶层对消费者行为的影响。

一、社会阶层的含义

（一）含义

社会阶层是指在社会中具有相对的同质性和稳定性的群体，社会阶层按等级排列，每个阶层成员之间具有类似的价值观、兴趣爱好和行为方式。在服装、家具、娱乐和汽车等领域，各社会阶层所购买和消费的产品和品牌有着明显的不同。

社会阶层是一种社会现象，无论是发达国家还是发展中国家，无论是社会主义国家还是资本主义国家，都存在社会阶层。社会阶层有两种类型。一种类型是阶级内部的阶层，同一阶层的人在他们与特定的生产资料的关系上是共同的，其根本利益和社会地位是一致的。另一种类型是阶级之外的阶层，它们与阶级形成交叉并列关系，划分这一类阶层的客观依据是阶级因素之外的知识水平、劳动方式等社会因素的差异，一个社会可以对这一类型的阶层进行多种划分，无论何种类型的阶层，其内部成员都有相近的经济利益、社会地位、价值观念和态度体系，从而有着相同或相近的消费需求和消费行为。

消费心理学中讨论社会阶层，一方面是为了了解不同阶层的消费者在购买、消费、沟通和个人偏好等方面具有哪些独特性；另一方面是了解哪些行为基本上被排除在某一特定阶层的心理与行为领域之外，哪些心理与行为是各社会阶层成员所共同拥有的。

（二）社会阶层的划分

社会分层表现为人们在社会地位上存在差异。社会地位是人们在社会关系中的位置以及围绕这一位置所形成的权利义务关系。社会成员通过各种途径，如出生、继承、社会化、就业和创造性活动等行为来占据不同的社会地位。在奴隶社会和封建社会，社会地位主要靠世袭、继承和等级制的安排所决定。而在现代社会，个体的社会地位更多地取决于社会化、职业和个人对社会的贡献大小等方面，同时家庭和社会制度方面的因素对个体的社会地位也具有重要影响。

克里曼(Coleman)和雷恩沃特(Rainwater)从行为主义角度把社会阶层分为七种类型，即上流层的上上层(0.3%)、下上层(1.2%)和中上层(12.5%)，中流层的中间层(32%)和劳动阶层(38%)，下流层的下层(9%)和最下层(7%)。

在我国，随着改革开放的深入和发展，社会阶层结构正在发生巨大的变化。因此，目前我国对社会阶层的划分有不同的表述和看法。

1. 从消费者购买行为或生活方式进行划分

一些研究机构或研究者从消费者购买行为或生活方式对中国社会阶层进行划分，把中国的消费者分为八个层次，即现实的温饱型阶层、积极的小康型阶层、富裕型阶层、保守的老百姓阶层、知识分子阶层、专门人员/管理人员阶层、新一代阶层、中年女性阶层，每个层次的消费者都有独特的消费或购买特点(见表5-2)。

表5-2　当代中国消费者阶层特点

阶　层	特　点
现实的温饱型阶层	安定、传统的中国式家庭生活，消费中档物品
积极的小康型阶层	努力工作、追求高档消费品的小康型家庭
富裕型阶层	首先购买的富裕人，人数较少，但购买力很强
保守的老百姓阶层	比起质量更重视数量的一般家庭，主要构成者是低收入的城市居民和贫民
知识分子阶层	开放性的、重视文化消费的知识分子
专门人员/管理人员阶层	重视金钱，生活节奏快，从事专门职业或管理职业的白领人士
新一代阶层	缺乏传统观念，关心股票、体育和广告等
中年女性阶层	经常做家务的普通家庭妇女

2. 按照经济收入和社会地位进行的层级划分

我国现阶段社会阶层结构是怎样一种形态？要对此做出正确判断，就必须弄清我国社会各阶层的层级分布。如果我们把中国社会阶层等级结构划分为上层、中上层、中层、中下层和底层这五层的话，那么，它们各自包含或部分包含如下一些相关的社会成员(见表5-3)。

表5-3　中国现阶段社会阶层结构

<table>
<tr><th>社会层级</th><th>成员构成</th><th>比　例</th></tr>
<tr><td>上层</td><td>国家、社会和大企业的领导者，大私人企业主，企事业和专业服务机构中的部分高级专业人员，自由职业者中的少数精英等</td><td>不到1%</td></tr>
<tr><td>中上层</td><td>国家和社会的中层管理者，中等私人企业主，一部分企业的中层管理人员和专业人员，一部分专业服务机构从业人员和自由职业人员等</td><td rowspan="2">二者相加不到20%</td></tr>
<tr><td>中层</td><td>国家、社会和企业的一般管理者和专业人员，小私人企业主和一部分个体经营者，多数专业服务机构从业人员和自由职业人员，高级技术工人和农业经营大户等</td></tr>
<tr><td>中下层</td><td>大多数工人、农民、一般商业服务人员，大多数个体经营者等</td><td>70%以上</td></tr>
<tr><td>底层</td><td>生活处于贫困状态的一部分工人、农民、城乡无业者、失业者和半失业者等</td><td>不超过5%</td></tr>
</table>

研究中国社会阶层结构的大部分学者认为，中国目前的社会阶层结构形态尚未发育成橄榄形，也有的学者把中国社会阶层结构形态描述成生梨形。这个认识不仅有上面所列的微观数据作为事实依据，而且从社会变迁形势的宏观分析上来说也是有道理的——我国现在正从传统社会向现代社会转型，其社会阶层结构不可能是处于两个极端，也就是说，不可能是橄榄形或金字塔形，而应该是介于两者中的一种。这就是说，把中国社会阶层结构形态描述成生梨形切合实际，是可以成立的。

（三）社会阶层的特征

1. 社会阶层展示的社会地位

综上所述，一个人的社会阶层和他特定的社会地位是相联系的。处于较高社会阶层的人，一般是拥有较多的社会资源，在社会生活中具有较高社会地位的人。他们通常会通过各种方式展现其与社会其他成员相异的方面。社会学家凡勃仑所阐释的炫耀性消费，实际上反映的就是人们显示其较高社会地位的需要与动机。

由于决定社会地位的很多因素如收入和财富等不一定是可见的，因此人们需要通过一定的符号将这些不可见的成分有形化。按照凡勃仑的说法，每一社会阶层都会有一些人试图通过炫耀性消费告诉别人他们是谁或他们处于哪一社会阶层。研究发现，即使在今天，在很多文化下，物质产品所蕴含、传递的地位意识仍非常普遍。

在过去，人们常通过购买珠宝、名牌服装和高档电器等奢侈品，或参与打高尔夫球和滑雪等活动显示自己的财富和地位。时至今日，这一类显示地位的手段或符号仍然被很多人运用。然而值得注意的是，随着社会的变迁和主流价值观的变化，它们的表现方式和作用方式都在发生变化。

2. 社会阶层的多维性

社会阶层并不是单纯由某一个变量如收入或职业所决定的，而是由包括这些变量在内的多个因素共同决定的。决定社会阶层的因素既有经济层面的因素，也有政治和社会层面的因素。在众多的决定因素中，其中某些因素较另外一些因素会起更大的作用。收入常被认为是决定个体处于何一社会阶层的重要变量，但在很多情况下它可能具有误导性。比如在我国现阶段，出租车司机和城郊菜农的收入比很多教师和工程师高，但从社会地位和所处的社会阶层来看，后者显然高于前者。除了收入，职业和住所也是决定社会阶层的重要变量。一些人甚至认为，职业是表明一个人所处社会阶层的最重要的指标，原因是从事某些职业的人更受社会的尊重。

3. 社会阶层的层级性

从最低的地位到最高的地位，社会形成一个地位连续体。不管愿意与否，社会中的每一成员，实际上都处于这一连续的某一位置上。处于较高位置上的人被归入较高层级，反之则被归入较低层级，由此形成高低有序的社会层级结构。社会阶层的这种层级性在封闭的社会里表现得更为明显。

层级性使得消费者在社会交往中，要么将他人视为与自己同一层次的人，要么将他人视为是比自己更高或更低层次的人。这一点对营销者十分重要。如果消费者认为某种产品主要是被同层次或更高层次的人消费，他购买该产品的可能性就会增加；反之如果消费者认为该产品主要被较低层次的人消费，那么他选择该产品的可能性就会减少。

4. 社会阶层对行为的限定性

大多数人在和自己处于类似水平和层次的人交往时会感到很自在，而在与自己处于不同层次的人交往时会感到拘谨甚至不安。因此,社会交往较多地发生在同一社会阶层之内,而不是不同阶层之间。同一阶层内社会成员更多的互动,会强化共有的规范与价值观,从而增强阶层内成员间的相互影响。如果不同阶层之间较少互动,会限制产品、广告和其他营销信息在不同阶层人员间的流动,使得彼此的行为呈现更多的差异性。

5. 社会阶层的同质性

社会阶层的同质性是指同一阶层的社会成员在价值观和行为模式上具有共同点和类似性。这种同质性很大程度上是由他们的共同的社会经济地位所决定的,同时也和他们彼此之间更频繁的互动有关。对消费者来说,同质性意味着处于同一社会阶层的消费者可能会订阅相同或类似的报纸,观看类似的电视节目,购买类似的产品,到类似的商店购物,这样的同质性行为为企业根据社会阶层进行市场细分提供了依据和基础。

6. 社会阶层的动态性

社会阶层的动态性是指随着时间的推移,同一个体所处的社会阶层会发生变化。这种变化可以朝着两个方向进行:即从原来所处的阶层跃升到更高的阶层,或从原来所处阶层跌入较低的阶层。越是开放的社会,社会阶层的动态性表现得越明显;越是封闭的社会,社会成员从一个阶层进入另一个阶层的机会就越小。社会成员在不同阶层之间的流动,主要由两方面促成:一是个人的原因,如个人通过勤奋学习和努力工作,赢得社会的认可和尊重,从而获得更多的社会资源,实现从较低到较高社会阶层的迈进;二是社会条件的变化,如自改革开放以来,随着社会对知识的重视,知识分子的地位不断提高,作为一个群体它从较低的社会阶层跃升到较高的社会阶层。

每一个社会阶层都会有一种被本阶层广大成员所接收和认可的价值观和行为规范。处于同一阶层的人为了使自己的角色、地位与所属阶层相符,他们往往都会有意无意地遵循一种共同的规范行事。而处于不同阶层的人,他们的生活方式和消费习惯一般会有相当大的差别。例如,一名大学教授和一名出租车司机,无论是在衣着打扮和娱乐消遣的方式,还是对价格和广告的反应等多方面都可能存在差异。这些区别要求企业营销人员应根据不同阶层的购买行为特点制订出相应的产品、价格、分销和促销策略。

二、社会阶层与消费者心理的相互关系

(一) 不同社会阶层的消费行为差别

不同社会阶层的成员有着不同的购买行为。在某些消费领域里这种差异表现明显,而在某些消费领域里又表现得不那么明显。

总体来说,低阶层的消费者一般都存在一种立即获得感和立即满足感的消费心理,注重安全和保险因素;中层消费者一般讲究体面感,怀有强烈的社会同调性,同一阶层内消费者彼此之间影响较大;上层消费者则较为注重成熟感与成就感,所以对具有象征性的商品比较重视,对属于精神享受范畴的艺术品比较青睐。另外,就感觉而言,高阶层的消费者喜欢较温和的产品,低阶层的消费者喜欢比较刺激的产品;就审美观而言,高阶层成员的审美较一致,而低阶层的成员由于平均受教育水平低,对于美感的刺激多依赖于主观经验,因此审美差异很大。具体来说,社会阶层对消费者的影响主要体现在以下几个方面。

1. 对商店选择的影响

在大众认知中,人们总是愿意到高级豪华的商店去购物。但研究表明,部分人尤其是妇女

在选购商品时,更喜欢选择符合自己社会地位的商店。因为一些社会阶层较低的人到高级商店去购买东西时,反而会有一种压抑和紧张的不适感。当然,这里也不排除一部分低阶层的消费者想通过在高级商店购物来享受一下高阶层的消费品位和待遇。

2. 对消费和储蓄倾向的影响

研究认为,社会阶层的层次高低与消费倾向成反比,与储蓄倾向成正比。社会阶层越高,储蓄倾向越高,消费倾向越低;反之,社会阶层越低,则消费倾向越高,储蓄倾向越低。

3. 对消费产品的影响

高阶层的消费者常把购买活动看成是身份和地位的象征,他们买衣服更关心的是样式是否时兴,购买家具、电器多以豪华气派为主,在食品的消费上多考虑档次,同时也非常重视营养。而低阶层的消费者更多注重实用,他们要求穿着舒适,家具要求质量好、易于维护和保养,对于食品则要味道好、分量足,但有时对食物的营养却不一定有很高的要求。

4. 对娱乐、休闲方式的影响

高阶层的消费者娱乐、休闲时从事较多的户外活动,这一点在西方国家中表现得尤为明显。他们多进行如网球、高尔夫球、保龄球、滑雪或海滨游泳等户外活动。而低阶层的消费者,一方面,由于经济条件所限,无法从事那些高级的娱乐活动;另一方面,由于低阶层的消费者当中大部分人本来就是从事体力工作的,所以也较少有开展户外活动的需要。此外,在其他娱乐方式上面,高、低阶层也有较为明显的差别,例如,高阶层的消费者较少看电视,他们更喜欢各种事实活动和戏剧,但低阶层的消费者则更乐于收看家庭系列的轻喜剧和猜谜游戏等电视节目。

5. 对媒介和广告的影响

高阶层的消费者比低阶层的消费者更乐于阅读报纸杂志。而现在,在西方国家中,不同的报纸杂志都倾向于把自己定位于不同阶层的消费群中。由于阶层不同,对于信息符号系统的反应也不相同。以广告而言,具有比较深刻含义而富有幽默性的广告对高阶层的消费者可能产生较好的效果,而低阶层的消费者就可能由于文化水平所限而无法理解广告的含义。此外有研究表明,高阶层的消费者特别是女性消费者,在购物时比低阶层的消费者更多地依赖广告。

6. 对消费者价格心态的影响

低阶层的消费者总倾向于把价格和质量联系在一起,他们认为一定的价格反映一定的商品质量。对于中层和中下层的消费者而言,他们总会对价格过低的产品产生怀疑,认为过低的价格必然意味着商品的质量的低劣。中层和中下层的消费者大多追求适中的价格,但这并不影响他们对打折的商品感兴趣,特别是那些他们熟悉的商品,或对质量要求不高的产品。而在上层的消费者看来,价格和质量有时是可以脱离的,他们评价商品多以自己的喜好为依据,注重商品的象征性。很多时候,价格也是一种身份地位的象征,上层消费者会以很高的价格买下某件商品以显示自己的社会阶层,哪怕他们自己心里也清楚这个商品其实不值这个价钱。

(二) 同一社会阶层的消费行为差别

同一社会阶层的消费者,在价值观念、生活方式以及消费习惯等方面都表现出基本的相似性,但由于各个消费者在经济收入、兴趣偏好和文化水准上存在着具体差别,因而在消费活动中也会表现出不同程度的差异。

美国学者考尔曼通过对汽车与彩色电视机市场的分析发现,同一阶层的消费者由于经济收入水平不同而在消费方面存在一定的差异。他认为在同一阶层中,人们的收入水平存在三种情况。一是特权过剩类，即个体的收入在达到本阶层特有的居住、食品和家具服装等方面的消费水平之后，还有很多剩余部分；二是特权过少类，即他们的收入很难维持在本阶层住房、食品、家具、服装等方面的消费水准，几乎没有剩余部分；三是介于上面两类之间的一类人，他们的收入仅能够达到本阶层平均消费水平。

根据考尔曼的研究，在特权过剩类的消费者中，既有关心音乐会或田园俱乐部的中上阶层的人，也有不关心这些的中上阶层的经营者和推销员，且后两类消费者都自我感觉是本阶层的贫困族。考尔曼用特权过剩与特权过少的概念来解释某些消费现象。例如，在美国曾有一段时期，各阶层消费者都购买彩色电视机，从表面看，彩电的购买与社会阶层无关，但经研究分析发现，购买彩电的消费者大多是各阶层的"特权"家庭。由此可以看出，即使在同一阶层，人们的消费行为也存在一定的差异。对同一阶层消费者行为的正确认识，可以使企业的市场分析更加细致有效。企业在选择某一社会阶层的消费者作为目标市场后，还可以根据同一阶层内消费者行为的差异对这一目标市场进行再细分，从而使自身的营销策略更有针对性。

任务三　家庭与消费者行为

■了解家庭结构对消费心理的影响。

■了解家庭结构对消费者行为的影响。

■掌握家庭购买决策在市场营销中的运用。

联合家庭，为什么销售人员对它又爱又恨

(1) 一个上门销售的销售人员敲开了一户人家的大门，他费尽口舌终于说服了家里的三个人，即三个儿媳妇。销售人员向她们展示了他的产品，并说明了产品的用处和新颖之处，但是在走后一分钟，婆婆进来了，婆婆不允许购买这些时髦的东西，婆婆认为凭她过去几十年的经验，她才知道什么东西对这个家庭有用！

(2) 一位老人和两个已经结婚生子的儿子没有分家，两个儿子共有四个孩子。家里最小的孩子得到了一块新手表，于是接下来的几个小时家里乱成了一团糟，家里的其他三个小孩也想要同样的手表。最后没有办法，老人只得从最近的零售店里买了三块同样的手表。但是，如果销售人员是向四个不同的人推销，他可能连两块手表都卖不出去。

家庭是构成整个人类社会的基本单位，是构成社会有机体的基本细胞。人一生的绝大部分

时间是在家庭中度过的，家庭是购买、消费和处置各种产品的主体，同时也是影响消费者个体行为的一个重要社会因素，它不仅对其成员的消费观念、生活方式和消费习惯有重要影响，而且直接制约着消费者消费支出的投向、购买决策的制订及实施。因此，家庭与消费者有着极为密切的关系，家庭是消费者行为研究中不可缺少的一个方面，深入研究家庭对消费者行为的影响具有非常现实的意义。

一、家庭结构

一般认为，家庭是指以婚姻关系、血缘关系或收养关系为纽带而组成的一种社会生活组织形式或社会单位。婚姻、血缘或收养关系的存在是构成家庭的基础。社会学家认为，家庭结构包括家庭类型、人口结构和家庭成员的教育结构等形式。

家庭作为社会的基本组织，具有很多功能。这些功能中与消费者行为研究联系比较密切的有经济功能、情感交流功能、赡养与抚养功能、教育功能和家庭成员的社会化功能。

（一）家庭类型

（1）配偶家庭，即只有一对夫妻而没有子女的家庭，如现在大城市中较为流行的丁克一族。

（2）核心家庭，即由夫妇二人及其未婚子女构成，如较为常见的三口之家。

（3）扩展家庭，也称复合式家庭，即由核心家庭成员和其他亲属如祖父母、叔伯婶母和堂兄妹等组成的家庭。

（4）其他类型的家庭，如未婚兄弟姐妹组成的家庭等。

在不同的文化下，甚至在同一文化下的不同地区，占支配地位的家庭形式都是有差别的。例如，在中国的城市地区，父母及其未婚子女组成的核心家庭占多数；但是在农村，祖父母、父母及其子女三代同堂的扩展家庭则较为常见。从目前我国家庭类型的发展趋势来看，核心家庭在所有家庭中比重逐渐上升，因此，相应的市场研究也应以核心家庭为重点。

（二）家庭人口与家庭结构的发展趋势

人口多的家庭成员数可达5～8人甚至更多，而少者可能只有1～2人。

我国家庭人口数虽然在城乡地区表现出较大的差别，但由于计划生育政策对人口的控制非常严格，所以目前我国家庭人口数量比较稳定。

根据以上数据，可看到中国家庭结构的发展有如下趋势：核心家庭占家庭总数的50%以上，并呈增长趋势；扩展家庭占家庭总数的20%左右，并呈减少趋势；配偶家庭与其他家庭一般只占各类家庭总数10%以下。

（三）家庭对消费者行为的影响

家庭人数、收入、成员受教育程度等都影响家庭成员获取商品信息的方式。家庭对消费者行为的影响体现在以下几个方面。

1. 影响产品的消费数量

家庭人数越多，产品的绝对购买量就越大。若家庭人数少，产品消费数量也就相对减少。

2. 影响以家庭为购买单位的商品消费数量

如电冰箱、电视机和小汽车一类的消费，都主要以家庭为消费单位。一个地区的家庭数目是预测大件商品消费的基本参数，当这个地区的家庭数目出现增长时，大件商品的市场潜力也就相应增长。

3. 影响消费行为的决策过程

家庭人数多，商品信息的来源就比较广，并且家庭成员之间可以参考彼此的消费经验。

4. 影响家庭生活水平和消费质量

在家庭收入一定的情况下，如果家庭人口数多，那么人均消费水平就会降低，父母为子女操劳时间就会更长，父母的生活质量也就随之降低，子女的生活质量也会不同程度地下降。而家庭人数少的话，家庭消费水平会相应高一些。

二、家庭生命周期

大多数家庭都会经历结婚成家、生儿育女、儿女成人自立门户、夫妻退休和丧偶等变化，家庭发展过程中所经历的这一系列阶段被称为家庭生命周期(family life cycle，FLC)。长期以来，社会学家和消费者研究人员都在使用家庭生命周期的概念对家庭单位进行分类。对于营销人员来讲，家庭生命周期分析是一种重要的战略工具。在家庭生命周期的不同阶段，消费者的行为往往会呈现出不同的主流特征，营销人员可以根据各个家庭单位所处的生命周期阶段细分家庭市场(将家庭看成一个购买单位)。家庭生命周期是一个综合性的变量，它通常由婚姻状况、家庭规模、家庭成员的年龄(特别是最年幼或最年长孩子的年龄)以及户主的专业地位等人口统计变量共同决定。父母的年龄和相对的可支配收入通常也可以根据一个家庭所处的生命周期阶段判断出来。

(一) 单身阶段

单身阶段由年轻的、离开父母独立生活的单身成年人所构成。处于这一阶段的大多数成员都是有全职的工作的成年人，也有部分是已离开父母住所的在校大学生。目前，随着结婚年龄的推迟，单身阶段群体的数量正在增加。这些单身成人更倾向于将收入花费在房租、基本的家具电器的购买、汽车的购买和养护、旅行、娱乐、服装和饰品的购买等方面。单身阶段的消费者经常有足够的可支配收入用以消费。因此，许多饰品或服务的目标市场就是这个群体。在许多大城市，旅行代理、住宅开发、健康俱乐部、运动俱乐部以及许多其他产品和服务的营销者，都将这一生命周期阶段的成员锁定为潜在目标客户。

(二) 新婚阶段

新婚阶段是指从新婚夫妇正式组建家庭开始，直到他们的第一个孩子出生为止的这一段时间。在这一阶段，夫妻双方都需要做出调整以适应他们婚后的生活。由于许多年轻的夫妇双方都有工作，他们的共同收入往往可以支持他们去寻求一种愉快的生活方式。同时也因为刚组建新的家庭，新婚夫妇往往会有大量的购买活动，大小家电、家具、床上用品、装饰品和厨具等，都是他们购买的对象。新婚阶段的家庭大部分拥有两份收入，相对于其他群体较为富裕。他们是演出门票、昂贵服饰、高档家具、餐馆饮食和奢侈度假等产品和服务的重要营销对象。在这个阶段，对于新婚夫妻来说，其他已婚夫妇的忠告和经验是相当重要的。一些生活杂志如《新居室》《时尚家居》《城市住宅》《家庭》等，也可能是这一阶段的家庭获得新产品信息的重要来源。

(三) 满巢阶段

从第一个孩子出生，到所有孩子长大成人并离开父母，这一阶段被称为满巢阶段。由于这一阶段持续时间很长，一般超过20年，所以一些研究人员根据孩子的年龄将处于满巢阶段的家庭进一步分为满巢Ⅰ家庭、满巢Ⅱ家庭和满巢Ⅲ家庭。

满巢Ⅰ家庭是指由年幼(6岁以下)小孩和年轻夫妇组成的家庭。第一个孩子的出生常常会给家庭生活方式和消费方式带来很多变化。例如,处在这一阶段的家庭需要购买婴儿食品、婴儿服装和玩具等很多与小孩有关的产品。同时,在度假、用餐和家具布置等方面也要考虑小孩的需要。此外,如果妻子停止工作在家哺乳和照看小孩,家庭的收入则会随之减少。如果请祖父母或外祖父母照看孙子、孙女,或者请保姆打理家务,这样由于住户成员的增加,家庭在生活起居和购买等方面也会发生一些变化。

满巢Ⅱ家庭是指最小的孩子已在小学或中学念书的家庭。因为此时孩子不用大人在家里照看,夫妻中原来专门在家里看护孩子的一方也已重新参加工作,家庭经济状况得到改善。在我国,这一阶段的家庭活动基本上是以孩子为中心。满巢Ⅱ阶段的家庭不仅要为孩子准备衣、食、住、行等方面的各种物品,而且还要带孩子参加各种课外学习班,购置诸如钢琴、小提琴的乐器。

满巢Ⅲ家庭是指年纪较大的夫妇和他们仍没有完全独立的子女所组成的家庭。此时,由于妻子重新参加工作,加之有职业的子女也能贴补家用,所以家庭财政状况好转,财务压力相对减轻,往往会更新一些耐用消费品,购买一些新潮的家具,与此同时,参加健康俱乐部、购买体育器材和到餐馆用餐等方面的花费也会增多。

(四) 空巢阶段

空巢阶段始于孩子不再依赖父母、不与父母同住,这一阶段延续的时间也比较长。一些父母会因孩子不在身边而产生落寞感,而对另外一些父母来说这可能是他们去做之前无法实现的一些事情的机会。例如,对于母亲来说,这个时期她可以接受继续教育,进入或重新进入就业市场,或培养新的兴趣等;对于父亲来说,他可以寻找新的嗜好;对于父母双方来说,他们可以共同去旅游、娱乐,重新装修他们的居室,或者干脆卖掉旧房屋再买一所更好的住宅。

这一阶段可能是已婚夫妇在财政上最宽裕的时期。与过去相比,现在的空巢期夫妇一般享有更多的休闲时间。他们更频繁地旅行,度更长时间的假期,还可能在气候温暖的地区购买他们的第二处住所。由于拥有储蓄和投资,以及花费减少(不再需要返还贷款本息和支付子女学费),他们的可支配收入也更多。所以,处于空巢阶段的家庭是奢侈品、汽车、昂贵家具以及远距离度假等产品或服务的一个重要潜在市场。

在经济衰退时期,一些空巢家庭发现他们已经成年的孩子有"回巢"趋势。这种趋势在18～24岁之间的年轻人身上表现得更为明显,有许多动机都可能驱使年轻人"回巢",比如:目前在待业或失业;为了得到更多的可支配收入;为了生活更舒适等。一般情况下,父母(尤其是母亲)都会欢迎孩子们归来。

在空巢阶段的后期,户主到了退休的年龄或退休多年,经济收入随之减少。由于大多数人是在身体很好的情况下退休,而且退休后的选择还是非常多,所以不少人开始追求新的爱好和兴趣,如外出旅游和参加老年人俱乐部等。许多公司如旅游公司、航空公司和汽车租赁公司等,都对这个市场做出了反应,通过提供优惠的价格折扣或其他手段来吸引这些潜在的消费者。处于空巢阶段的家庭,消费者在健康产品和服务上的支出往往更多。与此同时,年纪大一点的消费者都会花相当多的时间看电视,电视成为他们主要的信息来源和娱乐方式。

(五) 解体阶段

当夫妻中的一方过世,家庭便进入解体阶段。如果在世一方身体尚好,有工作或有足够的储蓄,并有朋友和亲戚的支持和关照,家庭生活的调整就比较容易。由于收入来源减少,此时在世的一方一般会过上一种更加节俭的生活方式。他们中的许多人开始从家庭之外寻求朋友关系,或者开始了第二次(甚至第三次、第四次)婚姻。处于这一阶段的家庭会有一些特殊的需要,如更多的社会关爱和照料等。

三、家庭经济收入与购买决策的制定

消费者任何消费动机的实现或是生理、心理需要的满足,都要有经济收入作基础。由此可见,家庭经济收入制约着家庭与个人的购买能力、购买方式、消费结构和生活习惯等。如果某个家庭的经济收入十分有限,其家庭成员的高层次需要和心理动机就要受到抑制,就要先让位于低层次需要或生理性动机。

家庭对个人购买决策的影响主要表现在两个方面。其一,在家庭生活周期的某一阶段,家庭要在一定程度上决定其成员的购买行为或预期的购买行为,统计家庭人口的年龄、婚姻状况和子女状况对决定个人或全体的购买行为会产生重要作用。其二,家庭常常是个人消费者的最重要的参照群体之一,它能产生标准化的、可以同其比较的、信息性的影响。家庭内部经常就一些产品进行交流,这种情形也常常在广告中出现,以此呈现家庭成员使用产品、讨论产品、购买产品等场景,以此来获得消费者的心理共鸣。消费者的许多决策都是在家庭这个环境中做出来的,因此必然会受到其他家庭成员愿望和态度的影响。有些商品可能是作为礼品并代表其他家庭成员购买的,这些购买行为能反映出家庭成员间一定程度的协调一致和联合决策。即使是为自己去购买某些具有特定意义的商品(如个人服装),也会在某些细节方面受到家庭其他成员的影响(如颜色和款式等)。

在现实生活中,由于家庭购买决策类型的不同和成员所起的作用不同,家庭或个人的购买行为也有很大差别,一般将家庭购买决策类型分为四类。

(一) 丈夫支配型

丈夫支配型指家庭主要商品的购买决策由丈夫决定,如汽车和大型的家用电器的购买。此类家庭在过去通常是具有传统特色的中国家庭,家庭成员的文化水平较低,且丈夫是家庭收入的主要提供者。在今天的中国家庭中,以男性为主做决策的主要原因是因为他们对汽车、大型的家用电器和商品房等方面比女性了解得更多、更深、更透彻一些。

(二) 各自做主型

各自做主型是指家庭中的每一个成员都有权相对独立地做出有关商品的购买决策,这种家庭多为现代开放型家庭。一般来说,这类家庭有较好的、稳定的经济收入,家庭成员的文化水平较高,家庭规模较小,且各成员对购买的商品没有特殊的偏好。

(三) 妻子支配型

妻子支配型是指家庭的主要购买决策是由妻子决定的。这种家庭类型的成因较多,有些是因为丈夫工作繁忙,家务劳动主要由妻子承担;有些是因为丈夫不愿在家庭日常购买上花费时间与精力,而由妻子全权负责;有些是因为家庭中一般由妻子理财,丈夫甘愿让权。

(四) 共同支配型

共同支配型是指购买决策由夫妻双方或家庭其他成员共同协商议定,这种家庭类型在现代社会中较为普遍。现代社会经济的发展和文化的普及，使夫妻双方在家庭中具有同等的地位和同等的经济收入，因而可以共同决定家庭的购买行为。

确认家庭购买决策类型，对于企业制订促销目标和促销策略有着十分重要的意义。国外专家学者根据家庭购买决策类型将产品分为以男主人为主决定购买的产品、以女主人为主决定购买的产品以及夫妻双方共同决定购买的产品等，并针对不同的产品采取不同的营销策略，以此打动不同人的心理，并从多个方面去满足他们的消费需求。通过对家庭购买决策的分析，营销者可以推断在家庭中谁担任什么角色，进而影响家庭购买决策的过程。

案例分析

某儿童玩具厂为了在暑假期间促销一种智力玩具，其别出心裁地在产品上捆绑了一种时下在小学生中非常流行的飞镖玩具，以期博得小学生的青睐，但结果令人非常失望，捆绑后的智力玩具的销售额还不如上一个月的。后来，他们通过调查才发现，原来许多家长认为这种飞镖玩具存在安全隐患。该儿童玩具厂营销失败的原因就是忽略了消费决策者的作用，玩玩具的是儿童，但掏钱买玩具的毕竟还是家长。

人们稍做分析，就会发现这样一个现象：以往对于家庭购买决策类型的研究一般忽略了家庭决策中的一个重要参与者——孩子。关于这一点，无论是在国外还是国内，都应引起人们的足够重视。特别是对我国的大中城市而言，随着计划生育政策的实施，大多数家庭都是独生子女。相对而言，孩子的绝对数量在下降，但是随着人们生活收入的增加和生活质量的提高，孩子们也表现得更加早熟。互联网的普及和电视节目的绚丽多彩，使孩子们的眼界更加开阔，独立意识也更强，他们渴望独立，渴望参与，他们正在更多地、更早地介入到成人的社会里来。同样，孩子们是课外书籍、音像制品、智力玩具和儿童食品的主要消费者。

现实中，许多孩子拥有一定数量的货币，用来购买早点、看电影、买碟和购买各种杂志，甚至可以自己决定购买服装等。另外，中国传统文化中遗留下来的给孩子们的压岁钱，对他们来说也是一笔庞大的收入，一些家庭中由孩子们自主来决定压岁钱的使用。这一切都提醒着企业：孩子们特别是青少年对消费领域有着巨大的影响，万不可掉以轻心。儿童市场的“蛋糕”十分诱人且重要，不断对孩子们施以影响，可培养他们对某一品牌的忠诚度。

知识与技能检测

一、名词解释

参照群体　　意见领袖　　社会阶层　　家庭生命周期

二、思考题

(1) 参照群体对消费者的影响方式有哪些？

(2) 企业如何运用参照群体的知识制定广告策略？

(3) 传统的家庭生命周期包括哪些阶段？

三、案例分析

家庭旅游时代来了

自1999年国务院出台了延长节假日的政策后，人们的实践活动方式更丰富了，并且随着人们生活水平的不断提高，消费观念也发生了转变，外出旅游开始成为许多人度假的首选。每当节假日来临，都会听到“你们家过节准备到什么地方玩”的对话。于是，一些精明的旅游业盯上了家庭旅游这块“蛋糕”。

目前家庭旅游的类型主要有以下三种。一是亲子型。对于核心家庭来说，带孩子外出旅游主要是为了让孩子增长知识、陶冶情操，这种亲子型旅游会出现一定的限制，比如孩子太小的时候出去不方便，或读中学的孩子学业太紧，很少舍得花时间出去玩。二是情侣型。情侣型旅游包括两种情况：一种情况是新婚夫妇用旅游的方式开始自己的新生活；另一种情况是处于空巢期的老年夫妇，他们退休以后没有工作压力和生活负担，在身体条件允许的情况下，很多人愿意出去旅游（并且他们一般选择在非节假日的时间外出）。三是孝敬父母型。中青年人平时工作忙，很少能与父母在一起。于是他们选择利用节假日陪父母出去旅游，这样既可以弥补情感上的歉疚，又可以回报父母的养育之恩，使得父母可以享受天伦之乐。

在我国，家庭旅游作为一种新型消费趋势，对进一步发展旅游业和拉动内需都产生了不小的影响。过去我国推出的旅游产品一般是大众型的，以为普通游客提供服务为主，但这显然不适合现阶段我国家庭旅游发展的要求，并且与国外旅游业相比，在家庭旅游这个项目上我国旅游业做的还很不够。最近美国的一些大型旅游企业已经开始将儿童作为一个重要的市场来对待了，它们想方设法满足小朋友的需求以争取儿童市场，一些豪华酒店还增加了白天照顾孩子的服务项目。它们已经认识到，只有让和父母一起来的小朋友们感到满意，才能让父母放心地玩。

案例思考

（1）对于以下三个类型的家庭来说，是否外出旅游或者到哪里去旅游的家庭购买决策会有什么差异？这三类家庭分别是：学龄前儿童的家庭、中学生的家庭以及孩子参加工作仍和父母一起生活的家庭。

（2）与美国相比，目前我国旅游业对儿童市场的开发还很不够，你能对此提出一些有效的建议吗？

四、实训题

访问 5 个刚结婚的男子和 5 个刚结婚的女子，以确定随着角色转换他们的消费模式会做出哪些改变，并思考这些改变暗示着哪些营销机会。

项目六

社会文化与消费行为

XIAOFEIZHE XINGWEIXUE

"青丝秀发，缘系百年"

——百年润发洗发水的文化因素

在京剧的音乐背景下，周润发百年润发广告篇给观众讲述了一个青梅竹马、白头偕老的爱情故事：男女主人公的相识、相恋、分别和结合都借助于周润发丰富的面部表情表现了出来——爱慕状、微笑状、焦灼状和欣喜状。白头偕老的情愫则是借助于男主人公周润发一往情深地给"发妻"洗头浇水的镜头表现出来的。

白头偕老的结发夫妻和头发这样的意象，在中国历史上原本就有着深沉的文化内涵，此时再配以画外音"青丝秀发，缘系百年"，随后推出产品"100 年润发，重庆奥妮"——把中国夫妻以青丝到白发、相好百年的山盟海誓都融入了广告中。

"青丝秀发，缘系百年"不仅是一句广告语，更是一种意境和一种美好情感的凝聚，"文化气"和"商业气"在广告里天衣无缝地结合，融汇成具有中国情感和中国式词汇的民族品牌，与国产商品"洋名风""霸气风"形成鲜明对比，有助于消费者对产品记忆度的加强和辨识率的提高。"百年润发"品牌的知名度因此广告得以极大地提升，早早地迎来了品牌的成长期。据当时一项调查显示，当年该企业创造了近 8 个亿的销售收入的神话。

任务一　文化、亚文化与文化营销

■了解文化和亚文化的概念和特征。

■掌握文化因素对消费者行为的影响。

■分析亚文化对消费者行为的影响。

星巴克的味道

"我不在家，就在咖啡馆。不在咖啡馆，就在去咖啡馆的路上。"一个迷恋咖啡的小资如果不曾听过这句话，就好像足球迷不知道贝利一样荒谬。

"I am so hungry for coffee"，咖啡是小资每天必需的水。"浮生偷得半日闲"，小资们每天须有一刻坐在咖啡馆的角落里，一边喝着咖啡，一边看着周围和自己一样的人，男人则西装革履，女士则西裙套装。在我国小资人士中名声最响的咖啡馆是星巴克，每天拥有一杯星巴克的咖啡，是小资的标志之一。

20 元一杯的咖啡是相当高的价位，即便如此也挡不住穿着得体的年轻人来喝星巴克咖啡的热情。有时候他们会开玩笑自嘲：是不是我喝星巴克咖啡上瘾了？平心而论，星巴克咖啡在味道上并没有什么特别之处，它的竞争对手早就开始模仿它了，但迄今为止还没有一家可以超越星巴克获得成功。

星巴克诞生于很多大咖啡店开始为顾客提供越来越便宜、越来越没有味道的咖啡的年代，当时的一部分咖啡爱好者已经放弃将咖啡作为他们的主要饮品，不情愿地转向英式红茶、果汁，是星巴克的出现，使得很多咖啡馆的生意重新热闹起来。而星巴克咖啡对于我们而言可能不仅是饮料，我们更关注的是它带给我们的异国情调。咖啡是一种社会化的且具有浪漫色彩的饮品，在这里，你向往的和你见到的、听到的相互协调，这种协调使得喝咖啡成为一种美好的生活体验，一杯咖啡就是一段幸福人生。

15 年前，星巴克还只是西雅图的一家小咖啡店。但如今星巴克咖啡店的公司图标（坐在绿地上的美人鱼）和麦当劳的黄色“M”的标志一样，已经成了美国城市的象征。目前星巴克已经占领了 23 个国家的市场，拥有 4 700 家分店，并且每天都有 3 家新分店诞生。

思考：本案例中，星巴克成功的原因是什么？

一、文化概述

（一）文化的内涵

关于文化的含义，国外学者的理解有很多种。例如美国的霍金斯等人就认为，文化是知识、信念、艺术、法律、伦理、风俗和其他为社会大数成员所共有的习惯和能力等所构成的复合体。迈克尔·R. 所罗门则将文化理解成社会的个性，他认为文化不仅包括一个群体所产生的物质产品和该群体所提供的服务，还包括该群体所重视的抽象的观点（如价值观和道德观）。他认为文化是一个组织或社会成员所共有的意义、仪式、规范和传统的积累。而保罗·彼得等人则将文化定义为一个社会群体里大多数人享有的社会方式。

文化属于历史的范畴，每一个社会都有和自身社会形态相适应的社会文化，这种社会文化会随着社会物质生产的发展变化而不断演变。一般来说，文化有广义的文化和狭义的文化之分。广义上的文化是指人类社会历史实践过程中人类所创造的物质财富和精神财富的总和，而狭义上的文化则是指社会的意识形态以及与其相适应的文化制度和组织机构。

（二）文化的特点

（1）文化是后天习得的。文化是一种习得行为，它不包括遗传性和本能性反应。人类个体在很小的时候，就从自己周围的社会环境中学会了一整套的信念、价值观和习惯等。文化的习得一般会通过三种方式：一是通过正式学习，即具有社会经验的人教孩子“如何去做”；二是通过非正式学习，即儿童通过模仿别人的行为来获得经验；三是通过专门学习，即教师在专门的教学环境中告诉学生“为什么要这样做”以及“怎样去做”等。

（2）文化的影响是无形的。文化是无形的、看不见的，文化对人们的影响也是潜移默化的，所以在大多数情况下，人们总是意识不到文化对自身的影响。人们总是与同一文化的其他人一样行动、思考和感受，这样的状态似乎是天经地义的。只有在另外一个拥有不同文化价值观或者习惯的人的面前时，人们才会意识到自己所特有的这种文化已经影响了自己的行为。

(3) 社会文化既有稳定性，又有发展性。社会文化是在一定的社会环境中形成的，所以具有相对稳定性。一种文化一旦形成，便会在一定时期内发挥作用，并通过各种形式传递下去。同时，科学技术的发展、人口的变化、资源的短缺和战争等因素都有可能导致文化的演变。

(4) 社会文化的共享性。社会文化所传递的文化特征、信念、价值观和风俗习惯都不是某个社会成员所独有的，文化常被看作是将社会成员联系在一起的群体习俗，它被同一个社会内的大多数成员所共享。

(5) 社会文化的规范性。现代社会越来越复杂，文化不可能规定人的一举一动，只能为大多数人提供一种边界，这种边界就是我们通常所说的社会规范，即在特定情境下人们应当或者不应当做出某些行为的规则。

宝洁公司"佳美"牌香皂在日本惨遭"滑铁卢"

"佳美"牌香皂是宝洁公司的一个品牌产品，在为其所做的广告中，出现了男士当面恭维女士的美貌的情节，这一广告在西方很多国家获得成功。然而在日本发行时，由于日本文化本身的原因，日本国内至今仍存在着男女不平等的情况，日本男女之间的交往方式也更加委婉。该广告热情洋溢的爱意表达显然不适合日本的文化背景，因此导致该香皂在日本滞销，广告也随之终止。

二、亚文化概述

(一) 亚文化的内涵

亚文化是文化概念的细分和文化的组成部分。通常而言，亚文化群指的是在一个国家或社会内部，若干个社会成员因民族、职业和地域等方面具有某些共同特性而组成的社会群体或集团。同属一个群体或集团的社会成员往往具有共同的价值观念、生活习俗和态度倾向，从而构成该社会群体所特有的亚文化。在亚文化群内部，人们的态度、价值观和购买决策等方面比更大范围的文化群内部的更为相似。亚文化的差异可能导致购买什么、怎么购买、何时购买、在什么地方购买等各个方面产生明显的差异。

随着我国经济的繁荣，因消费某种产品而形成的现实的和潜在的亚文化群不断增多。仅就轿车消费者而言，车友会就名目繁多，有"马会"(马自达)、"菠萝派"(大众 polo)、"宝之林"(宝来)、"富联"(富康)、"别动队"(别克)、"牧羊人"(羚羊)、"团捷会"(捷达)、"大本营"(本田)、"奥委会"(长安奥拓)和"夏令营"(夏利)等。研究亚文化群具有迫切的现实针对性。下文将以马自达 6 轿车车友会为案例，考察亚文化群的消费特征与消费者的审美趣味的关系。

马自达 6 轿车车友会

马自达 6 轿车车友会就是一个亚文化群，它是由于消费同一种产品而形成的群体。马自达 6 轿车车友的形象特征包括：喜欢戴 G-SHOCK 手表，穿 CK 服装，用最新潮的手机。马自达 6

轿车车友会是南京最大的车友会，该车友会拥有二百多辆车和六七百位成员，成员年龄大都在18～35岁，大多是自由职业者、单身，其中还有英国归来的博士和硕士。为了方便聚会，成员们开办了改装装饰店，墙上挂满了车饰和配件，并让这里成为车友会的固定活动场所。在改装店里他们曾把车门改成"剪刀门"，被改装的蓝色马自达6轿车的照片至今还贴在西祠胡同论坛上。剪刀式车门是许多知名跑车使用的，这使马自达6轿车的年轻车主们心动。

"马6事件"使得类似于马自达6轿车车友会这样的亚文化群开始成为公众舆论关注的对象。"马6事件"指的是2007年8月18日南京20辆马自达6轿车在高速公路上围堵悍马的事件。当天早晨，20辆马自达6轿车、54个人从南京浩浩荡荡呼啸而出，开始了他们的连云港二日游行程。当天中午时分，车队进入宁连高速公路淮安段时，一辆挂着常州牌照的悍马越野车闯入了车队中想超车，悍马打乱了该马自达6轿车的队列，还"嘟嘟嘟"地拉着警报。马自达6轿车车友通过自备的手台大叫"夹悍马！夹悍马"，并对悍马展开了围堵，这场围堵开始出于是愤怒，但是很快变成"找乐"。马自达6轿车欢呼着围住悍马越野车，如同汪洋大海吞没了一座旗舰，悍马越野车举步维艰。这场对峙只持续了三四分钟，但有关这个事件的帖子曾经挂在网站各大论坛的醒目位置，部分媒体——包括美国全国公共广播电台的记者还赶到马自达6轿车车友会固定的活动场所——该车友会开办的改装装饰店去采访。

(二) 亚文化的类型

尽管有些亚文化群与主流社会群体或其他亚文化群体的某些文化含义会有所相同，但是亚文化群的自身文化含义必须是独特的、有特色的。亚文化的类型如表6-1所示。

表6-1 亚文化的类型

人口统计指标	亚文化示例
民族	汉族、满族、回族、蒙古族等
宗教	佛教、基督教、伊斯兰教等
地域	东南沿海、西北地区、珠三角等
年龄	少年儿童、青年、中年、老年等
性别	男士、女士
种族	黄种人、白种人、黑种人等
职业	农民、教师、工人等

1. 民族亚文化

每个国家和地区都是多民族的融合体，各个民族在长期的生存和繁衍过程中，都逐步形成了本民族独有的稳定的亚文化。全世界现存有17 000多个民族，不同民族的消费者在做出消费决策时会表现出不同的特征，而同一民族的群体成员则具有共同的语言、集聚地域、共同的生活方式，以及表现于共同文化上的共同心理素质和行为特征。例如：阿拉伯人喜欢吃羊肉；回民只吃牛羊、骆驼和某些家禽，而不吃猪肉；朝鲜族则喜欢吃狗肉等。再如，蒙古族喜欢穿蒙古袍，而丝绸锦缎是南亚和东南亚许多民族不可缺少的生活用品。

2. 宗教亚文化

宗教是支配人们日常生活的外部力量在人们头脑中的虚幻反映，不同民族在历史发展过程中有着不同的人格进化过程，从而形成不同的宗教亚文化群体。宗教和宗教团体都有着各自的教规和戒律，这些教规和戒律影响宗教信徒的生活方式、价值观念、审美观和行为准则。比如：阿拉伯的一些国家禁止在广告中使用妇女形象；基督教徒禁食动物的血；伊斯兰教严禁饮酒；佛教规定出家人食素等。

宗教符号

宗教符号如图 6-1 所示。

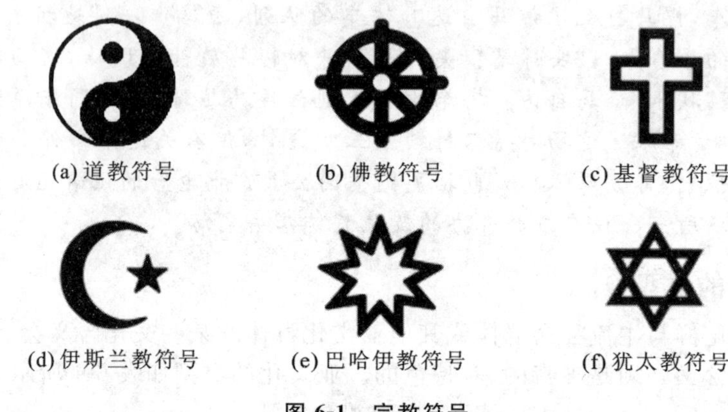

图 6-1 宗教符号

3. 地域亚文化

地理位置的不同促使了地域亚文化群的形成。俗话说："百里不同风，千里不同俗，万里不同食。"自然地理环境不仅能够决定一个地区的产业和贸易的发展格局，还会间接地影响着一个地区消费者的生活方式、生产方式、购买力大小和消费习惯。例如，中国著名的八大菜系，它们风格各异而自成一派，这就是由地域差异而形成的。还有我国南方人爱食米，北方人爱食面，沿海地带的人们喜欢吃海鲜，四川人爱吃辣，江浙一带饮食偏甜等，这些饮食习惯的差异，都是受自然地理环境的影响而形成的。

4. 年龄亚文化

年龄亚文化群是由年龄相近且生活经历相似的人组成的，不同年龄的亚文化群往往有着不同的价值观念和消费习惯。青年亚文化群容易接受新事物，他们乐于尝试新产品，容易产生冲动性购买的行为；中年亚文化群在购买时比较理智，讲究实际，比较在乎别人的反应；老年亚文化群则比较保守和自信，他们习惯于购买熟悉的商品，消费时追求健康，求实求利动机较强。

5. 性别亚文化

性别亚文化不仅是一种生理的现象，也是一种文化现象。男性和女性对于产品的看法天生就有差异，如表 6-2 所示。

一般来说，女性消费者容易冲动购买，而男性消费者更具有理性；女性消费时容易受他人意见影响，而男性更相信自己的判断。这些消费特点的差异也可以说是性别亚文化对消费者行为的影响。

表 6-2　男性、女性对产品看法的差异

性别 指标	女　性	男　性
时尚敏感度	高	低
对商品的关注点	商品外观及时尚程度	性能和实用性
购买方式及过程	耐心细致，但缺乏主见	缺乏耐心，但坚持自己想法
主要决策领域	家庭日常必需品	贵重、耐用的消费品

6. 种族亚文化

不同种族的消费者在体型、肤色和发色等方面都有着明显的差异，而这些差异会对消费者产生某些特定的心理和行为上的影响。每个种族都有自身独特的文化传统、文化风格和态度，不同种族的人即使生活在同一个国家或城市，也会有自己特殊的需求、爱好和购买习惯。例如在美国，黑人在服装和家具上的支出比例要比白人的大，而白人在医疗服务、食物和交通上的花费则比黑人的多。

7. 职业亚文化

人们所从事工作的性质和劳动环境不同，工作所要求的知识技能以及劳动者受教育的程度不同，导致不同职业的人群有不同的消费行为和消费需求，而且他们在装束、言谈举止和生活方式等方面也不尽相同。比如：从事体力劳动者，如农民的消费观念一般为节俭和保守型，他们购买的产品多为经济实惠和耐穿耐用类型；从事脑力劳动者如知识分子在选购商品时的标准一般为品位和实用性并存，对商品的整体协调性要求比较高，要求产品最好能显示出购买者具有一定的文化知识和修养，消费时比较青睐名牌。

70 后、80 后、90 后、00 后的亚文化

“Z 一代”的崛起推动了互联网新商业模式的演进。当下，90 后将普遍进入工作岗位，95 后将普遍上大学，00 后将普遍进入青春期并占领校园，新生代的消费习惯与消费能力均将发生巨大变化。95 后与 00 后，作为真正伴随互联网长大的一代——“Z 一代”，将持续推动和主导新的互联网文化与商业模式的演进与演进。

(1) 70 后追求物质效用，属激情专业主义。70 后的成长环境同质化高、计划生育还未全面落实，该群体成长早期与后期的人均 GDP 差异不大。“不见亦不得”造就了 70 后对物质效用和理性的追求，并促进他们以享受的心情追求自己的专业领域，即激情专业主义，代表电影——《中国合伙人》。

(2) 80 后追求形式表达，他们的时代标签为“闷骚”。80 后受计划生育政策的影响，成长环境亦经历了从计划经济向市场经济的转型，该群体成长早期普遍不高的人均 GDP 与群体成长后期丰富的物质与文化生活产生了明显的鸿沟。“所见不所得”造就了 80 后对生活放不开和得不到亦放不下的窘境，“闷骚”为 80 后的时代标签，他们追求形式表达多于实质要求，以回忆过去为主旋律，代表电影——《致我们终将逝去的青春》。

(3) 90 后追求内涵表达，时代标签为“洒脱”。90 后人口出生率开始快速下降，独生子女普及。群体成长早期与后期均存在较高的人均 GDP 支撑着丰富的物质与文化生活。"所见即所得""想要就得到"的生活培养了 90 后洒脱的性格,以及追求重内涵表达的消费主义倾向,他们以憧憬未来为主旋律,代表电影——《小时代》。

(4) 00 后,"爱觉不累"的一代。00 后出生率跌至代际最低,人均 GDP 达到代际最高,丰富的物质生活与时代孤独感并存,00 后追求能触摸到的真实生活并保持真实自我。

任务二 消费流行、消费习俗和消费行为

■理解消费流行及消费习俗的概念和特征。

■掌握消费流行的特点。

■掌握文化因素对消费者行为的影响。

技能目标

■分析消费习俗对消费者行为的影响。

"iPhone 热"

2010 年,iPhone 4 的发布让苹果手机在中国逐渐流行起来,同时带动了其他苹果产品在中国的热销。到 2012 年,苹果在中国的销售额增长到了 79 亿美元,使曾被苹果视为次优市场的中国一跃超过美国成为苹果销售的最大市场,这也足以说明中国的苹果用户数量的增长之快。根据瑞士信贷银行估计,2015 年中国市场将为苹果贡献近 300 亿美元的营收,这样的数字足以说明苹果在中国是有多"热"。

研究小组经过简单的分析讨论,总结出苹果手机流行的原因:其一,苹果手机会给消费者(特指中国人)带来虚荣心的满足,提高消费者在朋友圈的地位;其二,苹果手机 IOS 系统人性化,功能多样;其三,苹果手机具有外观时尚、做工精湛、拍照效果好等优点。

问题:你如何看待中国消费者的"iPhone 热"?

一、消费流行

(一) 消费流行的概念

消费流行是指在一定的时期和范围内,大部分消费者呈现出相似或相同行为表现的一种消费现象。其具体表现为多数消费者同时对某种商品或时尚产生兴趣,而使该商品或时尚在短时

间内成为众多消费者狂热追求的对象，这时，就称这种商品为流行商品，这种消费趋势也就称为消费流行。

（二）消费流行的特点

1. 骤发性

消费者对某种商品或者劳务的需求往往会急剧膨胀、迅速增长。这是消费流行的主要标志。

2. 短暂性

消费流行具有来势凶猛、消失快的规律，因而常常表现为“昙花一现”，其流行期常为三五个月或一两个月。与此同时，流行产品重复购买率低且多属一次性购买，这也缩短了流行产品流行时间。

3. 周期性

某种消费倾向自发端于市场到退潮于市场，会形成一个初发、发展、盛行、衰老、过时的过程，这个过程即为消费流行的周期。

4. 循环性

人类消费的需求、兴趣、爱好和习惯，在历史发展的道路上常常出现一种回返特征。在消费市场上，一段时间里为人们所偏爱的某种商品往往供不应求、十分紧俏，但是只要消费“热潮”一过，这种风靡一时的“俏货”就会成为明日黄花无人问津，然而经过一段时间后，那些早已被人们遗忘了的东西又可能重新在市场上出现并流行。

5. 地域性

消费流行会受地理位置和社会文化等因素的影响。在一定的地域内，人们会形成某种共同的信仰、消费习惯和行为规范，并区别于其他地域。例如在我国各地白酒消费品牌都不一样，比较出名的有贵州的茅台酒、四川的五粮液和剑兰春、山东的孔府家酒、安徽的古井贡酒、江苏的洋河大曲、陕西的西凤酒和湖北的白云边、劲酒等。

6. 梯度性

梯度性是由于消费流行受地理位置、交通条件、文化层次和收入水平等多种因素影响决定的。消费流行总是从一地兴起，然后向周围扩散、渗透。于是在地区间和时间上形成流行梯度。这种消费流行的梯度差会使得流行产品或劳务在不同的时空范围内处于流行周期的不同阶段。

7. 新奇性

从发展趋势来看，消费流行总是处于不断变化中。求新求美不仅是消费永恒的主题，也是社会进步和需求层次不断提高的反映，同时还会引起消费者兴趣不断变化和新的流行品的不断涌现。有人指出：“流行不是自然形成的，而是有人利用消费流行的特点催发流行和时尚从而有意制造出来的。”因为流行的源头是新奇，有了新奇，市场就有了新的兴奋点，也就有了发展的动力。

8. 反传统性

反传统的东西向来另类、新颖，能给人不同的享受，满足人们对新事物的追求。消费流行可能会受个人个性偏好、社会经济形势、个人经济状况、文化风俗及生活方式、道德观念、周围消费潮流、产品流行程度、产品质量、产品使用价值、产品价格、产品性价比、产品推销方式、推销人员和厂家的销售策略（如打折、返券）等因素的影响。

据《香港市场》杂志报道，现时北美洲盛行一种“坏孩子装”，这是一些著名时装设计师的杰作。他们的创作原则是：打破一切穿衣规则。在设计中不仅错配衫裤，而且不考虑服装质地、面料、花纹和颜色。总之穿上后整个人会显得杂乱无章、不修边幅，显出“坏孩子装”特色。虽然“坏孩子装”价格昂贵，人们却趋之若鹜，尤其在年轻人中更是形成一种潮流。

（三）消费流行的类型

1. 按一般社会因素分类

（1）物质的流行。物质的流行包括消费者生活中衣食住行的各个方面，例如时装、装饰品、化妆品、烟酒、鞋帽、汽车、保健食品、发型、家具、日常耐用商品和住宅等，其特点是都以某种商品的形式开始流行，在流行过程中倡导者的影响力和广告宣传起着特别重要的推动作用。

（2）行为的流行，可表现为人们行为活动方面的流行，如迪斯科舞、霹雳舞和太空舞的流行；还可表现为人们交往行为的变化与流行，如“旅游热”“手机短信热”等。行为的流行受社会行为观念或文明程度等环境因素影响较大，如各种快节奏舞曲的流行，就是与人们开始逐步习惯的高频率和快节奏的生活观相适应的。

（3）精神的流行，是指由某种共同心理取向所反映出的思想、观念和风气等的流行。《富爸爸，穷爸爸》一书出版当年就创下 300 万册的销售奇迹，这与国人对财富的认同和渴求心理密切相关。近年来兴起的“吉祥数字热”也是消费者消费观念的一大转变。过去分文不值的电话号码，由不同数字组成了所谓吉祥号码后，竟可卖出几万元的高价。一些商品用吉利谐音的直译，例如“可口可乐”“金利来”等品牌的大量出现，也正是迎合了消费者的心理特征才得以流行的。

上述几方面的流行互相之间并不是独立存在的，而是相互影响、相互制约的。思想观念方面的精神流行，往往是物质流行和行为流行的基础，而物质流行与行为流行又是精神流行的直接表现。就消费者心理和行为来讲，物质流行更为重要，它是影响消费行为的直接因素。

2. 按流行地域范围分类

（1）世界性消费流行。世界性消费流行源于人们对世界范围内一些共同问题的关心，世界性消费流行对发达国家的社会生活和人民消费产生的影响较大。世界性消费流行包括：对环境问题的关心和担忧；更加注重食品的健康和安全；对田园式生活的留恋；旅游花费在家庭开支中开始占据一定比例。

（2）全国性消费流行。部分全国性消费流行是受到世界性消费流行的影响而形成的。全国性消费流行一般源于经济发达地区和沿海城市，是依据本国人民的消费习惯和消费心理而产生的。有些全国性消费流行由于流行速度快，呈现出明显的波浪式发展。总体而言，全国性消费流行速度慢、时间长，有时会受消费习惯的制约和经济发展水平的影响，全国性消费流行一般只停留在某些发达地区和高收入阶层，并不能涵盖全国所有的消费地区和消费人口。

（3）地区性消费流行。从现象上看，地区性消费流行是最普遍和最常见的。从实质上看，这种消费流行有的来源于全国性消费流行，有的纯粹是一种地区范围内的流行。全国性消费流行在地区上的反映，其特点是流行起源于大中城市或经济发达地区，流行的商品相同或相似。

3. 按消费流行的速度分类

（1）迅速流行，市场寿命周期较短，消费者为追赶流行趋势希望迅速购买，从而使流行速度加快。

(2) 缓慢流行，市场寿命周期较长，消费者需要一个比较和鉴别的过程，稍迟一些时间购买也能赶上流行期，因为购买过程较慢，消费流行速度也较慢。

(3) 一般流行，介于上述两种之间。一般来说，流行商品的价格高，流行速度较慢，相反就快。

(四) 消费流行的周期

消费流行的形成大都有一个完整的过程，这一过程通常呈周期性发展，其中包括肇始期、导入期、发展期、成熟期和衰退期五个阶段，如图 6-2 所示。

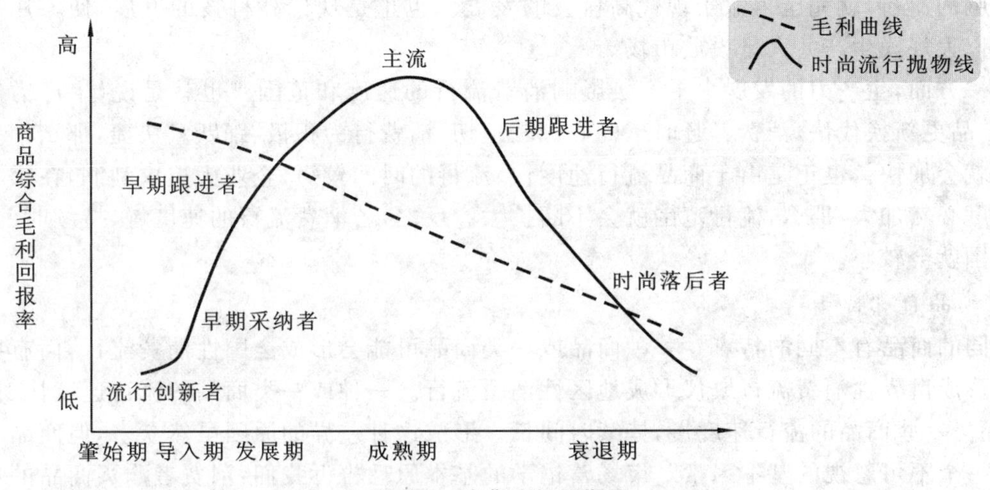

图 6-2　消费流行周期图

肇始期和导入期，又称为酝酿期，持续时间一般较长，在这个阶段一般要进行一系列的意识、观念以及舆论上的准备。发展期则是指消费者中的一些权威人物或创新者开始做出流行行为的示范的时期。进入流行成熟期后，大部分消费者在模仿心理和从众心理的作用下，开始自觉或不自觉地卷入到流行当中，把消费流行推向高潮。成熟期过去之后，人们的消费兴趣发生转移，流行进入衰退期。

消费流行的周期性现象对企业具有重要意义，生产经营企业可以根据消费流行的不同阶段来采取相应的策略。在酝酿期，企业需要通过预测和洞察消费者需求信息，做好宣传引导工作。在发展期，企业需要大量提供与消费流行相符的上市商品。在成熟期内，购买流行商品的消费者数量会大大增加，此时商品销售量会急剧上升，企业应大力加强销售力量。进入衰退期后，企业则应迅速转移生产能力，抛售库存，以防遭受损失。

服装流行周期说

英国一位研究服装问题的专家曾指出：如果一个人穿上离时兴还有五年的时装，可能会被认为是稀罕物，精神不太正常；如果提前一年穿戴流行时装，则会被认为是大胆的行为；若在流行的当年穿，则会被认为非常得体；流行一年后再穿就显得土气；五年后再穿，就成了“古董”；可过了二十年再穿，又会被认为很新奇，该服装又有成为时尚的可能。

（五）影响消费流行的因素

一种或几种商品在某个地区成为多数人追求的消费趋势，就被称为消费流行。消费流行是由多种因素促成的。从外部客观因素来看，影响消费流行形成与发展的因素有以下几种。

1. 生产力发展水平

一方面，产品的质量、生产数量与生产力的发展水平密不可分。如果某种商品的生产技术和生产能力达到较高的水平，展开大规模生产并大量投入市场，就会对消费流行的形成与发展起到积极的推动作用。反之，若是生产规模小，单位产品成本高、销价高，产品只能满足某一层次的需求，就难以形成大范围的流行，即会对消费流行的形成与发展产生抑制作用。如家用多媒体电脑的流行，就完全得益于现代高科技的发展。也正是现代高科技的发展，使家用多媒体电脑可以大规模生产并大量投放市场。

另一方面，生产力的发展水平直接影响消费流行的速度和范围。也就是说，生产力发展水平高，产品更新换代快，消费者赶时髦的心理较迫切，消费行为积极、踊跃且快捷，那么消费流行的速度就会加快。也正是由于商品流行速度快、流行的时间较短，企业为追求利润，在市场开拓上的力度必然加大，那么，流行范围就会不断扩大。反之，若消费流行的速度慢、持续时间较长，流行范围就会较小。

2. 商品自身特点

不同的商品有不同的特点。一种商品或一类商品可能会形成全国性消费流行，而有些商品却可能形成世界性消费流行或仅形成地区性消费流行。一种或一类商品的流行速度快、持续时间短，而另一些商品的流行速度慢，持续时间长。形成这种差异的原因虽然众多，但商品本身的特点是一个不可忽视的基本因素。市场营销学的基本原理告诉我们：消费者购买商品的目的不是购买商品本身，而是购买商品的效用，即购买对商品的满足感。如果商品自身毫无特点可言，是难以引起消费者购买欲望的。如果商品自身的特点鲜明且突出，而这些特点又迎合了消费者的消费需求，那么，这种商品就极有可能形成消费流行，并迅速在一定范围内流行开去。上面所说的家用多媒体电脑的流行，正是由于“多媒体”这一鲜明、突出的特点，满足了消费者对收发传真、点对点通讯、联网、影碟和卡拉 OK 等方面的需求，因而才得以在全国迅速形成消费流行。

3. 购买力水平

消费流行与消费者对流行商品的价格承受能力密切相关。一般来讲，凡是大多数消费者有能力购买的商品，成为流行商品的可能性较大。而价格超过当地消费水平的商品，则难以形成消费流行。如果流行商品的价格低，那么消费者决策的时间就会缩短，购买风险也会减小，从而购买迅速，那么该种商品流行的速度就快，范围就广。如果流行商品价格高，消费者购买就相对比较慎重，选择时间和决策时间也会较长，那么该商品流行的速度就慢，范围就相对较小。还以家用多媒体电脑为例，由于现代科技的迅速发展和企业生产能力的提高，家用多媒体电脑已经实现规模化生产，从而使家用多媒体电脑的单位产品成本大幅下降，从而适应了大多数都市家庭的货币支付能力，迅速走入寻常百姓家。

4. 流行地区的自然条件

影响流行的自然条件主要包括气候条件和地形条件等因素。如服装款式和色彩的流行，南方大多选择轻薄的面料，北方则受气候等因素的影响会改用厚实一些的面料，这种情况下消费流行也在发展中产生品种差异。

5. 媒体传播

消费流行的特点是时间短、变化快以及参与人数多，其中信息的沟通起到了十分重要的作用。对消费流行起着重要作用的传播媒介形式主要有：产品传播、人际传播、广告传播、政治宣传和文化传播等。而消费流行的兴衰和变化，任何时刻都离不开信息。一种新式样的兴起，无论是源于从外引进还是就地起源，都需要信息的传播。信息传播的渠道越畅通，流行越容易形成，流行的影响也越大。当代，电视和电脑、手机的普及使人们沿着大众传播媒介传递的线索和信息，快速地加入到消费流行的潮流中。

怀旧消费

消费流行总是不断轮回往复的，当"复古"成为一种潮流，这未尝不是多年前的经典再度回归。当下，人们在享受高速发展的现代文明的同时，不确定的未来、激烈的竞争和快节奏的生活却让人们开始怀念那些与都市生活一步步远离的真正的自然感觉。在这种怀念过去的环境下，童年时的事物会给消费者带来温馨和安定的感觉，让消费者仿佛重返过去无忧无虑的岁月。

每一个人都是潜在的消费者，当人们的怀旧心理转化到消费活动中，怀旧消费也就应运而生。尤其当越来越多的80后走上工作岗位，开始面对工作和家庭的责任，面对现实生活中的种种问题之后，怀旧消费愈加流行。因为现代经济的高速发展，人们的生活开始变得快节奏、多变动、高竞争以及过度紧张。人们在这样的社会环境中生活，会出现心理压力增大以及精神生活相对匮乏的情况，因而对情感的需要日趋强烈，这种情感需要在消费领域中直接表现为消费者的感性消费趋向。这种趋向在商品上表现为要求借助商品实现其寄托情感、展示个性和交流沟通等感性消费的需要。

二、消费习俗

（一）消费习俗的概念

消费习俗是指一个地区或一个民族的消费者受共同的审美心理支配共同参加的人类群体消费行为。它是人们在长期的消费活动中沿袭而成的一种消费风俗习惯。在习俗消费活动中，人们具有特殊的消费模式，这种习俗消费主要包括人们的饮食、婚丧、节日、服饰和娱乐消遣等物质与精神产品的消费。

（二）消费习俗的特点

1. 长期性

消费习俗都是在漫长的生活实践中逐渐形成和发展起来的，一种习俗的产生、形成和发展往往要经过若干年甚至更长的时间。在长期的生活中，消费习俗会潜移默化地进入消费者生活的各个方面，并不知不觉地发挥其影响作用。

2. 社会性

消费习俗是消费者在共同的社会生活中互相影响所产生的，是社会生活的有机组成部分，带有浓厚的社会色彩。也就是说，受社会影响才能形成消费习俗。

3. 地区性

消费习俗是在特定地区内产生的，带有强烈的地方色彩。消费习俗往往和当地的生活传统相一致，是源于当地的地方消费习惯。

4. 非强制性

消费习俗的产生和流行，往往不是某种力量强制颁布推行的，而是一种无形的社会习惯。千百万人的习惯也是一种无形的力量，这种力量会使生活在这里的人们自觉或不自觉地遵守这些消费习俗，并以此来规范自己的消费行为。

（三）消费习俗的类型

1. 喜庆性的消费习俗

喜庆性的消费习俗是消费习俗中最主要的一种形式。它往往是源于人们为表达各种美好情感、实现美好愿望而产生的各种消费要求。这类消费习俗多是由远古时代人们对大自然、太阳或某种图腾等的崇拜逐步演化而来的。比如我国的春节、七夕和西方的情人节、圣诞节等，都属于这类消费习俗。

中国的饮食文化

一、筷子文化

中国人都用筷子吃饭，筷子文化在中国由来已久。现如今，筷子的使用已经深入到其他许多国家，如越南，韩国和朝鲜等。筷子是中国古代劳动人民的智慧结晶。这一对筷子虽然看似简单，但是它可以夹、绕或截住食物。在婚礼喜宴一类的重大的场合中，筷子作为礼品也寓意着幸福和吉祥。

二、重要时刻

生日是每一个人生命中的重要时刻之一。在生日当天，人们往往要吃一碗面，寓意长寿，或在生日当天吃生日蛋糕来庆祝。当老年人庆祝生日时，除了吃面和蛋糕之外，大家还可能送上蟠桃祝福寿星长寿安康。

在结婚的大喜日子里，中国人往往会吃花生和龙眼等食品，以祝福新人能马上有爱情的结晶。

在端午节，尽管不是所有国人都能亲眼欣赏到赛龙舟的精彩比赛，但是，所有国人都会看到或吃到粽子——一种用糯米、鲜肉以及竹叶等原材料包出来的特别食物。粽子是为了纪念中国古代著名的历史人物屈原而产生的。

在中国农历最后一个月的第八天，中国人都会吃腊八粥来纪念和庆祝腊八节，这个传统至今都没有改变。

在中国家庭中，如果有孩子出生了，父母会给邻居送上红鸡蛋来庆祝这件喜事。有时候还会在红鸡蛋上点上黑点来表示孩子的出生日期，或者暗示孩子是男孩还是女孩。

在新年的时候，大部分中国人都会聚在一起享用鸡鸭鱼肉，以庆祝新年的到来，这些丰盛的食物也寓意来年的繁荣与丰收。

2. 纪念性的消费习俗

这是指人们为了表达对某种事物或是对某个人的纪念之情而形成的消费风俗。例如我国的端午节就是为纪念伟大的诗人屈原而逐渐形成的一种风俗。

3. 信仰性的消费习俗

信仰性的消费习俗是由宗教信仰而引起的消费风俗习惯，多受宗教教义和教规的影响，宗教色彩浓厚。例如，在印度不可以屠宰牛，也没有卖牛肉的；在信奉伊斯兰教的地区卖猪肉会遭人攻击等。

4. 社会文化性的消费习俗

社会文化性的消费习俗是在较高文明程度的基础上形成的消费习俗。它的形式变化和发展与社会经济和文化水平密切关联。例如我国各地的地方戏剧就是社会文化类消费习俗的定式化表现，它们往往代表着不同地区间的文化消费习俗。

5. 地域性的消费习俗

地域性的消费习俗指受自然、地理及气候等因素影响的消费习俗。这种习俗的变化与社会经济发展水平呈反向变化趋势，即随着社会经济发展水平的不断提高，地域性消费习俗会呈逐步弱化的趋势。例如，我国南方人喜欢吃米、北方人喜欢吃面食的风俗习惯就是与农作物生长有关而形成的生活消费习惯，但在经济发展水平不断提高的今天，这种风俗习惯开始逐渐有被多样化饮食结构取代的趋势。

（四）消费习俗对消费行为的影响

消费习俗对消费者行为的影响与对社会流行的影响有共同之处，消费习俗同样可以引起消费者消费需求欲望及行为的变化。

1. 消费习俗导致消费行为具有周期性

某种消费行为周而复始、按一定规律的循环的情况被称为消费行为的周期性。由于消费习俗具有相对稳定的特点，因此会引起消费者行为的周期性变化。如中国人每年端午节吃粽子的习俗和中秋节吃月饼的习俗等，都反映出消费者周期性的消费行为。

2. 消费习俗引起消费行为具有特定条件下的一致性

任何一种消费习俗的形成和发展过程都主要取决于消费者的心理接受程度、心理稳定性及逐步强化的消费倾向。因此，消费习俗会在某种特定的时空范围内引起消费者对某种商品的普遍需求，从而导致购买行为的一致性。比如，在我国正月十五的前几日，汤圆的销售量几乎是直线上升的，到了正月十六则立即成为滞销品，经营者只得停止制作汤圆并降价出售。

3. 消费习俗促成消费行为的无条件性

消费习俗作为一种稳定的定式化行为，不仅能够反映人们的行为倾向，也可以反映人们的心理活动与精神风貌。一种消费方式或消费习惯之所以能够继承相传并形成消费习俗，除了社会环境因素外，更重要的是人们的从众心理与行为。每个人都习惯于和大家一样，做同样的事，具有共同的消费倾向。因此，消费习俗引起的购买行为几乎是无条件的。比如，在消费者为适应某种习俗要求所进行的购买行为当中，那些在日常生活中的求实、求廉和求优等的心理反应均为习俗心理所取代。在购买行为中，所需商品的品种是第一位的，而价格、质量和服务等都变得无关紧要了，有的消费者甚至可以减少其他方面的支出来满足习俗所带来的商品需求。这种购买中的无条件性，也是企业销售中的周期性机遇。习俗类商品中假冒伪劣现象得以横行的主要原因之一，也可以说是消费行为中的无条件性。

4. 消费习俗影响消费者行为的变化速度

由于消费习俗是人们在长期社会生活中逐步形成的。因此，多数消费者对消费习俗具有顽强性偏爱。当新生活的消费方式与消费习俗发生冲突时，改变旧有的习俗中的不合理成分而代之以新的消费方式的过程，将是长期且十分困难的，这时消费习俗会对消费行为的变化起阻滞作用。当某种新生活方式与消费习俗具有共同点和相融性时，消费习俗对新方式的普及则具有超出其他社会推动力的巨大促进作用。例如，由于电视的普及，我国每年农历除夕的春节联欢晚会成了辞旧迎新传统习俗中的重头戏。

我国部分少数民族的习俗

民族	节日	习俗
藏族	除夕	人们穿上艳丽服装，戴着奇形怪状的假面具，用唢呐、海螺和大鼓奏乐，举行隆重而又盛大的“跳神会”。小伙子们狂舞高歌，表示除旧迎新、驱邪降福。到了新年早晨，妇女们便会去背“吉祥水”，来祈祷新的一年吉祥如意。
彝族	彝历选定年节	有些地区的彝族同胞，会在门前树立青松，用松针铺地，来表示免灾消祸。在另外一些地区，彝族同胞会在节日里杀猪宰羊，吃坨坨肉，人们互相拜访，互赠肉类和馍馍。大年初一早晨，人们起床的第一件事就是挑水回家。
壮族	春节	除夕晚上，要做好节日那天所吃的米饭，这种米饭被称为“压年饭”。有的地区群众将春节称为“吃立节”，壮语为“过晚年”的意思，预兆着来年农业丰收。有的壮族人民还包制有一尺多长、五六斤重的烷粑，人口少的一家人一顿还吃不完哩！大年初一清早，天还没亮人们就起床，穿上新衣服，燃放爆竹迎新，妇女们都争着到河边或井旁“汲新水”，开始新的一年的幸福生活。
布依族	除夕	全家人通宵达旦地在水塘边守岁。天一亮，布依族的姑娘们便争先恐后地去打水。谁最先挑回第一担水，谁就是最勤劳、最幸福的姑娘。
满族	春节	在满族的传统习俗中，红旗人在门上贴红挂旗，黄旗人在门上贴黄挂旗，蓝旗人在门上贴蓝挂旗，白旗人在门上贴白挂旗。这些挂旗图案优美、色彩鲜艳，象征着一年的吉祥开端。
侗族	春节	侗族在春节会举行“打侗年”（又叫芦笙会）的群众活动，这种活动一般是由两个村庄共同商定举办的。两队在广场上正式举行芦笙歌舞比赛。这时两个村庄的观众会伴随着乐曲翩翩起舞，尽情地欢乐。
白族	春节	“放高升”的庆祝活动。“放高升”是用整棵的大竹子，在竹节里装上火药，点燃以后整个大竹子可以蹦上天空百十丈，成为名副其实的“高升”。有些地区的白族同胞与苗族、壮族一样，从春节到元宵节都在进行“抛绣球”活动。凡接不住绣球的人，要赠给对方纪念品，多次失球而又不赎回纪念品的人，就是表示愿允爱情了。
土家族	春节	举行隆重的摆手舞会。摆手舞是土家族比较流行的一种古老舞蹈，它包括狩猎、军事、农事和宴会等70多种舞蹈动作，摆手舞的节奏鲜明、动作优美、舞姿朴实、情调健康且舞蹈过程中不用道具，有着鲜明的民族特色和浓厚的生活气息。

续表

民族	节日	习俗
傣族	泼水节	傣族习俗中将谷雨开始那天定为“泼水节”。在为时三四天的节日里，人们相互泼水来表示洗去身上的陈年旧土，并祝福新的一年幸福平安。
黎族	春节	黎族同胞在春节时，家家户户都要宰猪杀鸡，摆上丰盛的佳肴美酒，全家围坐在一起吃“年饭”，席间全家还要欢唱“贺年歌”。每逢初一、初二，全村青壮年男子还要举行一次“春节围猎”，这一天所得的猎物全村共享。有趣的是大家在分猎物时，会先将全部猎物的一半发给第一个击中猎物的射手，另一半由大家平分。孕妇可分得两份，过路人若恰巧相遇，也可分得一份。
傈僳族	年节	傈僳族在年节时大都做籼米粑、糯米粑和酿水酒，他们会把第一臼舂出的粑粑放少许在桃李等果树上，祝愿来年硕果累累。云南怒江地区的傈僳族人民，要给耕牛喂食盐以表示尊敬耕牛的劳动。傈僳族的青年男女喜欢举行春节打靶比赛，姑娘们把绣好的荷包吊在竹竿上，荷包左右摇动，请小伙子们射击，谁先射落荷包，姑娘们就把美酒作为奖品送到谁的嘴边。
拉祜族	除夕	除夕时拉祜族的同胞全家人都要沐浴清身并做好翌日的食物。在食物中，拉祜族特别重视糯米粑粑，除自己食用外，还要给牛吃一点，并在犁、锄和砍刀等农具上摆上一点，以酬谢农具一年来与主人合作，并祈祷新的一年里创造更多的财富。
达斡尔族	春节	农历正月初一早上，达斡尔族的男女青年梳妆打扮，先向长辈请安、敬酒和行礼，然后逐户拜年。每家都准备有蒸糕，拜年的人一进门就抢吃蒸糕，据说吃了蒸糕之后，生产和生活都能“年年高”。
仫佬族	春节	男女老少都穿上节日盛装，几十人、几百人乃至几千人聚会在山坡上或赛场里唱山歌，尽情歌唱劳动、生活和爱情。
独龙族	冬腊月的卡雀哇节	卡雀哇节最隆重的仪式是以牛祭天。这天，族长会把牛拴在广场中央的木桩上。由青年妇女将链珠挂在牛角上，一位勇猛强壮的小伙子会手持锋利的竹矛向牛腋部刺去，直到将牛刺倒死去。此刻，人们就跳起“牛锅庄”舞，然后分吃牛肉。
鄂伦春族	春节	初一早晨，鄂伦春族同胞会先在家族中依辈分大小斟酒，幼者给长者叩头，平辈则互相请安。初二、初三进行赛马。正月十五共享美味佳肴。正月十六的早上，还要进行相互抹黑脸的活动，青年人给老年人抹黑时要先叩头。
赫哲族	春节	人们会穿上在帽耳、衣领、袖口、裤腿、围裙和鞋面上绣着美丽的花纹、几何图案或花鸟等的兽皮服装。在春节里，赫哲族的一般人家要做“吐火宴”，或用一种野生果“稠李子”制作成饼子，同时摆满鱼、肉等食品。对待贵客，则用杀活鱼，或把鱼条烤熟的“塔拉哈”来招待。
基诺族	春节	聚居于云南西双版纳的基诺族，庆祝春节时会有口嚼槟榔的老翁扬头打钹，戴大尖帽的老妪低首鸣锣。仪式上是由周巴(寨父)最先把鼓敲响，而后男女青年围成一圈徒手跳舞。

任务三　中国文化与消费行为

■理解中国传统文化的基本精神。

■理解中国人的消费习惯。

■分析中国文化对消费者行为的影响。

可口可乐贺岁篇

春节是中国传统节日中最重要、最隆重的一个节日，在这个全家团聚的节日中，中国人会通过贴春联、放鞭炮和民间剪纸等活动来传达一种喜庆的气氛。可口可乐抓住了春节期间中国人喜庆和团圆的心理，在其春节贺岁系列广告片中均选用鞭炮、春联、剪纸、泥娃娃阿福或十二生肖图等代表中国文化的传统民间艺术和民俗活动来宣传可口可乐，表现了浓厚的中国情怀。

龙是中国传统的吉祥物，舞龙是中国传统节日中的一项重要活动，可口可乐借助舞龙推出了新的广告“舞龙篇”，该广告一经播出就受到了“龙的传人”的一致好评。

春节期间可口可乐曾推出了一个具有中国文化特色的广告——“泥娃娃阿福贺岁”，该广告以中国特色的北方小村庄为场景，并以一对具有人性化特征的泥娃娃喜迎新年为主题，用泥娃娃全家喝可口可乐来衬托春节期间喜庆祥和的气氛。该广告在色彩上采用中国传统用来表达喜庆的大红色，形象上采用中国吉祥的阿福娃娃，阿福娃娃更是采用中国传统的黏土工艺制作。这些具有强烈中国色彩的意象把可口可乐广告与中国传统春节中的民俗文化元素（如鞭炮、春联和十二生肖等）结合起来，完全融入了中国春节的喜庆气氛和中国的传统工艺之中，传递了中国人传统的价值观念——新春如意，阖家团聚，仿佛可口可乐成了中国土生土长的饮料，几乎让人们忘却了它是一个舶来品，而小阿福形象又契合了近几年可口可乐推行的当地化策略，融合了传统与现代化因素，重新焕发了品牌的活力。

中华民族是具有五千年悠久历史的民族，长期发展所积淀下来的传统文化对国人的影响根深蒂固。

一、中国传统文化的基本精神

（一）讲究中庸之道

中庸思想是中国人一个重要的价值观，几千年来一直深刻地影响着中华民族的思想与行为。中庸体现在凡事讲求适度，反对超越常规，强调持续和稳定。中庸思想一方面保证了民族文化发展的稳定性，但另一方面也制约了变革，其鼓励墨守成规不利于整个民族的发展。这一价值观念反应在消费文化中，就是强调与社会保持一致性（消费中的集体主义倾向），反对超前消费和标新立异，求同，重传统，以及物品能用则用，量入为出，精打细算。

（二）注重人伦

中国文化以重人伦为特色，强调伦理关系。我国传统文化的核心就是以伦理道德为核心的儒家文化，而儒家文化的伦理观念就是从最基本的血缘关系发展而来的。在消费行为中，中国人非常重视以家庭为中心的消费准则，即强调消费个人对其他家庭成员的义务和责任。

（三）特有的"面子"文化

中国传统文化中的"礼"演变出了中国特有的"面子"文化。与外国人相比，中国人对自己的形象和"脸面"更加关注，尤其重视通过印象修饰和角色扮演以期在他人心目中留下一个好的印象。中国人遵循在历史中形成的各式各样的行为规范和传统礼仪习惯，"面子"重于一切。这也就要求了产品要有新颖且适合产品自身条件的包装来突出产品的最大价值，以满足消费者在购买时的各种心理。但是有时候某些中国人也会由于过于看重"面子"消费，而造成"死要面子活受罪"的不良消费行为。

（四）重义轻利

中国传统文化的特点之一，就是相较于金钱或物质利益，人们往往更注重情义。特别是在发生冲突时，中国人追求舍利而取义。因而中国人最痛恨见利忘义、忘恩负义的人，同时讲究"滴水之恩当涌泉相报"。中国文化的这种特点，使得人们在正常的人际交往和工作中容易情感用事，注重哥们义气，并且热衷于相互之间赠送礼品，讲究礼尚往来。

二、中国人的消费行为表现

（一）消费行为上的大众化

儒家文化的核心是中庸、忍让和谦和，反映在消费行为中就是个体以社会上大多数人的一般消费观念来规范自己的消费行为，这种消费行为具有明显的社会取向和他人取向。中国人往往不太愿意自己的消费行为"鹤立鸡群"，因而大众化的商品一般会具有一定的市场。比较明显的例子是中国人在婚丧嫁娶时会相互攀比、送礼成风，出现这种情况的很简单的一个理由就是："别人在这方面都大操大办，如果我不这样做既没面子又吃亏"。

（二）重视人情消费

中国人比较注重人情，强调良好的人际关系的重要性，对消费行为的最直接的影响就是比较重视人情消费。这种情况无论在城市还是在农村都有愈演愈烈的趋势。虽然很多人都觉得"人情消费"带来的压力苦不堪言，但到头来还得"死要面子活受罪"。

（三）消费支出中的重积累和计划性

中国人一直崇尚勤俭持家的消费观念，鄙视奢侈和挥霍，对超前消费往往抱着观望和小心谨慎的态度，对西方人的贷款买东西更不感兴趣。大多数中国消费者的购买行为较为理智，计划性强，较少冲动和冒险，并注重商品的实用性。

（四）以家庭为主的购买准则

中国人的家庭观念比较强，家庭担负着基本消费单位的职能。无论在购买决策上还是在购买商品的内容与种类上，消费行为都与整个家庭息息相关，特别是在大件商品的购买上，中国人往往要与家人一起讨论来制定决策并实施购买行为。这种以家庭为中心的消费准则遍及整个中国消费市场。

（五）品牌易事比较强

中国人在消费时比较注重商品的品牌，尤其对于服装或高档消费品更是如此。这种情况一方面源于中国人爱“面子”，知名品牌往往代表着一定的质量和价格，可以满足人们的炫耀心理；另一方面，中国人一般对品牌的文化了解得比较少或者根本不愿意去了解，他们只注重对商品的总体印象。

三、中国文化对消费行为的影响

（一）中国文化对消费需要的影响

中国传统观念主张温、良、恭、谦、让。在这种传统观念的影响下，勤俭消费成为大多数人所奉行的消费观念，同时消费者的需求，特别是对高档奢侈品和服务的需求相对会受到限制。中国消费者在购买中会更重视产品和服务的实际效用和价值，反对盲目攀比和铺张浪费。

（二）中国文化对消费对象的影响

中国文化一向强调血缘关系，也就是以家庭为本位，个人的消费行为往往与整个家庭紧密相连。个体在消费时不仅要考虑自己的需要，而且要考虑整个家庭的需要。

（三）中国文化对消费品牌选择的影响

对不同品牌的评价和选择，往往会在诸多方面受到消费者文化价值观的影响和制约。一个人的文化价值观念会影响他的生活方式、社交活动、媒体习惯和个人兴趣等，这些因素还可能会进一步影响他所可能熟知的品牌，从而形成不同的熟知品牌组。

文化价值观同样也会影响消费者所考虑或重点考虑的品牌。强调社会身份地位和声望的消费者往往具有较强的社会自尊需要，在购买许多产品时只考虑进口品牌或者著名品牌，其他品牌的价值常常会受到这类消费者不公平的评价。而另一些崇尚节俭的消费者，则往往重点考虑价格较低的品牌，对一些高档定位的品牌很可能闻所未闻，或者虽然听说过，但由于不重视或不感兴趣，常常没有了解太多相关信息，甚至连这些品牌的名称和标志都记不住。

（四）中国文化对购买行为的影响

购买行为的确定除了会受消费者自己的爱好、他人的态度、购买力变化和支付方式等影响外，还可能受到文化价值观因素的影响。例如，中国文化就强调集体意识，要求个人服从整体。

此外，由于我国传统文化强调“存天理，灭人欲”的理性优先原则，因此在家庭和个人消费上消费者往往强调节欲勤俭，主张精打细算、量入为出，反对奢侈浪费，更反对及时行乐的生活态度，因而收入变化对购买决策往往具有迅速和直接的影响。当收入减少时，消费者会很快减少支出，先前开支额较大而又非必需品的购买意图将最先被取消或者被暂时搁置起来。中国的消费模式不会像美国等国家那样具有较强的消费不可逆转性，即通过信贷来满足即时的消费需要和欲望。

知识与技能检测

一、名词解释

文化 消费习俗

二、思考题

(1) 消费流行有哪些类型?

(2) 中国文化如何影响消费者的行为?

三、案例分析

中国人过洋节

现如今,青年人似乎已不大喜欢过自己的传统节日了,即使是除夕夜,也越来越没有耐性与家人一起吃饺子,坐下来,嘴里嗑着花生瓜子,傻乎乎地看那一成不变、编导们费尽心思也折腾不出新鲜玩意儿的春节联欢晚会。不光春节,就连正月十五的元宵、端午节的粽子和中秋节的月饼,也叫他们没了胃口。他们早被那些花里胡哨的洋节日勾去了魂,对情人节、愚人节和圣诞节情有独钟起来。在情人节寒冷的早晨,北京城里星罗棋布的花店却并不冷清,街头也到处可以看到怀抱玫瑰、受雇推销爱心花朵的乡下女孩。这些女孩小脸冻得通红,却极执着地一遍遍向过往的大小男人轻唤道:"先生,买一枝玫瑰花吧!"

在中国,好像只有"大男人"有了外遇,"小男人"为讨女友欢心,才会特别在情人节那天买玫瑰花。不像西方人,爱起来可把每一天都当成情人节,这样的情调中国人还没学来。中国人学起异邦的新东西,总是先从皮毛开始,有时候是刚嚼几下便骨头带肉地一起丢掉了。这当然是文化上的问题。愚人节在中国也面临同样的窘境。中国人其实不适合过愚人节,他们骨子里太缺乏幽默的气质,仿佛只能领略那种生硬的抖搂外在噱头的表演。现在那些充斥荧屏的相声、小品,逗你发笑无异于直接去挠胳肢窝。还有仿效国外的那些肥皂剧,没什么可笑的对话、细节,却配上了自取其乐的画外笑声。制作者的滑稽可笑和智商低能恰恰在于他们以为京油子式的耍贫嘴就是智慧的幽默。也正是基于这一点,中国人把"愚人"闹过火了,诸如在朋友的呼机上打出亲亡友故的字句,还有报上登出耸人听闻的假新闻,这在愚人节的故乡大概也是犯忌的吧。"愚人"仿佛只应是高智慧高文化素质的产物,到了低能儿的手里,恐怕要变成"毁人"了。

比起情人节和愚人节的尴尬,圣诞节的日子要好过多了。但当初也许是因为这样的节日是跟着列强的炮舰打进来的,中国人对教堂的钟声和救世军的鼓声,甚至唱诗班童声甜润的歌声,一点儿产生不起好感。早先中国人入教并不是要皈依上帝,而是为混口饭吃。而今,我们越来越喜欢过圣诞节,多一个节日,多一份热闹,何况又是带有异国情调的节日,这是很自然的事,也没什么稀奇的。没谁逼我们读《圣经》,更没有列强的不平等条约掐住我们的脖子,教会也不能靠着枪炮作后盾而颐指气使。我们有了信教的自由。圣诞节已可以是所有人的节日,只要你愿意,买棵圣诞树回家绝非难事。

我们过圣诞节,不必像过江之鲫,全都拥到教堂的院落里,看不到仪式,听不见歌声,还要埋怨教堂一点也不博爱。你完全可以约几个朋友或与你的恋人一起,在自家或随便一处有情调的酒吧,就着烛光,聆听超凡悦耳的圣诞乐,在心底默默祷告。现在商家已会利用圣诞大赚其钱,这也为我们过好圣诞提供了便利。

不论我们自家的春节,还是洋人的圣诞节,任何一个节日都有它产生的文化背景。圣诞节自然是基督文化的产物。想过圣诞节的人总该对《圣经》或基督文化有个一知半解吧,若把过圣诞只当成像时下少男少女说话满嘴港台腔那样的时髦来赶，就好比是傻小子穿西装，硬出洋相，让人瞧不起。我是想说，圣诞节并非西方人的专利。我们一样可以把它过得有情调、有氛围、有趣味，甚至过出我们自己的特色。这需要文化，我的理儿也正在这里，先了解一点西方文化，至少弄清楚圣诞节是怎么一回事，您再招呼。我这么说，是因为身边还有只会在嘴上飘"merry christmas"的傻小子。

（资料来源：本篇载于《人民法院报》，傅光明，2001 年 2 月，此处有所改动。）

问题：根据本章所学知识，分析为什么中国人过洋节。

四、实训题

参考下面的礼仪文化资料，分小组模拟中华餐桌礼仪文化。

中华餐桌礼仪文化

一、入座的礼仪

先请客人入座上席，再请长者入座客人旁，之后依次入座。入座时要从椅子左边进入。入座后不要动筷子，更不要弄出什么响声来，也不要起身走动，如果有什么事要向主人打招呼。

二、进餐礼仪

先请客人、长者动筷子。夹菜时每次少一些，离自己远的菜就少吃一些。吃饭时不要出声音，喝汤时也不要出声响，喝汤用汤匙一小口一小口地喝，不宜把碗端到嘴边喝，汤太热时凉了以后再喝，不要一边吹一边喝。有的人吃饭喜欢咀嚼食物，特别是使劲咀嚼脆脆的食物，因而发出很清晰的声音来，这种做法是不合礼仪要求的，特别是和众人一起进餐时，更要尽量防止出现这种现象。

进餐时不要打嗝，也不要出现其他声音。如果出现打喷嚏、肠鸣等不由自主的声响时，就要说一声"真不好意思""对不起"和"请原谅"之内的话，以示歉意。

如果要给客人或长辈布菜，最好用公筷，也可以把离客人或长辈远的菜肴送到他们跟前。按中华民族的习惯，菜是一盘一盘往桌上端的。如果同桌有领导、老人或客人的话，每当上来一盘新菜时就请他们先动筷子，或轮流请他们先动筷子，以表示对他们的重视。

项目七

商品价格与消费行为

XIAOFEIZHE

XINGWEIXUE

H&M能流行多久？

平价是H&M一贯选择的风格。H&M成立于1947年，创办人是现任董事长皮尔森(Stefan Persson)的父亲。当时的H&M主打平价特色，由于瑞典的零售业和欧洲大多数国家一样一向都被昂贵的百货公司主导，因此H&M在市场上一下子便开出大红盘。

H&M用平民价格来销售代表顶级设计水准的产品，并依靠对时尚潮流的把握和下游供应链的掌控，将这一模式演绎到登峰造极的地步。H&M也因此受到都市白领的热捧。不过，就在H&M拥有越来越多的顾客时，也累积了其品牌平庸化的风险。

来自瑞典的最大的时尚服饰销售商H&M，在瑞典语里是“她和他”的意思。自从2007年4月在我国开设的第一家专卖店进驻上海淮海路以来，H&M已在中国大陆建立多家分店。在中国服装市场，高价格定位被证明是失败的市场定位，很多国外高端品牌都在中国败于这一死穴。随着销售额的增长和分店的铺设，这些高价定位的品牌只能被迫降价并随之陷入尴尬的境地：既伤害了高端客户的品牌忠诚度，又无法建立起中低端客户的品牌认可度。H&M模式就在试图打破这一产业魔咒：相对于其最大的竞争对手ZARA，H&M要更便宜；而相对于同样模式发展起来的香港品牌Esprit，H&M的设计更新速度更快。

在每年的米兰或巴黎时装周的发布会上，别以为T台下就座的仅有阿玛尼或者其他名牌旗下的大牌设计师。事实上，这些观众中有很多来自H&M的设计者。透过数码相机的镜头，H&M带领庞大的设计队伍，紧盯着T台上当红品牌最快6个月后才上市的新款预告，用2至5周完成设计，并在其全球的专卖店里推出。也许你今天刚买到的H&M，正是明日Dior或Valentino要上市的最新款式。通常来讲，H&M只需要几天的时间就可以完成对一个歌星的装束或一个顶级服装大师的创意作品的模仿，它们每年推出的款式大约有12 000种。H&M的产品周期很短，流行元素越多的产品，供货周期就越短。黑裤子和白衬衫等基本款则是根据往年流行趋势提前一年或者半年下单的。H&M从设计生产到运输上架的时间最快可以达到20天。

与此同时，H&M还通过减少中间商环节来降低成本。H&M总部有100人的设计师队伍开发产品和700个形成网络的外包供应商。H&M采取了在生产地设立生产办事处的策略，以协调内部采购部门和供应商之间的关系及开拓新的供应商。同样为了降低成本，H&M将60%的产品生产放在亚洲，其余则放在欧洲。

为了降低成本以维持其平价策略，H&M没有自己的成衣厂，制造完全外包给900家工厂。为了拿到最好的价格，公司会精挑细选外包对象，这些被挑选的外包工厂分散于全球21个工资最低的国家中。由于成本控制得当，H&M的产品售价虽低，其毛利仍然能够维持在53%左右。

美国《商业周刊》这样评论：H&M重新定义了平价流行，也印证了价格、流行和品质能够同时存在的可能性。与此同时，也有人开始质疑“H&M热”会否演变成一场“速食时尚”，在消费者对H&M的热情过后，迅速扩张的速度是否会让H&M最终重蹈此前“班尼路”的命运，成为廉价低端品牌？

任务一　对商品价格的基本认识

■了解商品价格的概念。
■理解影响商品价格的因素。
■掌握商品定价的方法。

技能目标

■从价格策略角度把握影响商品价格的因素。

任务引入

电视剧《大宅门》片段中七爷一行人在药材市场先是高价购买黄连100斤(1斤=500克),继而放出口风说还需要1 000斤,并持币待购。各药商见有利可图纷纷收进黄连,结果几天内市场上黄连泛滥、价格狂降,七爷等人此时购买大宗黄连,节省了大批银两。

思考

(1) 七爷为什么要放出口风说还需要1 000斤黄连?

(2) 为什么几天后市场上黄连多了,价格下降了?

任务分析

价格是价值的货币表现形式,价格应当正确地反映商品价值,但由于商品在交换过程中会受到各种因素的影响,经常会出现价格背离商品价值的情况。又因为在价值决定价格的规律的作用下,会不断地把价格拉向价值,使价格围绕价值上下波动。人们观念中认为"一分钱一分货",就是对价格是商品价值的外在反映的认知。

一、商品价格

在现代社会的日常应用之中,价格一般指进行交易时买方所需要付出的代价或付款。按照经济学的严格定义,价格是商品同货币交换比例的指数,或者说价格是价值的货币表现,是商品的交换价值在流通过程中所取得的转化形式,是一项以货币为表现形式,为商品、服务及资产所订立的价值数字。在物物交换的时代,不存在价格的概念。当一般等价物或者说货币产生之后,价格问题才随之产生。

价值的变动是价格变动的内在的、支配性的因素,是价格形成的基础。价格是价值的货币表现,价值是价格的基础。虽然价格有时会偏离商品价值,但从长远来看,价格总是围绕价值上下波动的。价格的计算是十分困难的,企业在定价时会考虑一些具体因素。即使在不由自主的抢购风潮中,仍会有消费者抱怨"这种东西不值这个价"。

消费物价指数

消费物价指数(consumer price index,CPI),常作为反映居民生活中的产品和劳务价格所统计出来的物价变动指标,通常也是观察通货膨胀水平的重要指标。

如果消费物价指数升幅过大,就表明通胀过渡,可能会导致经济不稳定,央行也会有紧缩货币政策和财政政策的风险,造成经济前景不明朗。因此,CPI指数过高的升幅往往不被欢迎。

例如,在过去12个月消费者物价指数上升2.3%,那就表示消费者的生活成本比12个月前平均上升2.3%。当生活成本提高,金钱价值便随之下降。也就是说,一年前收到的一张100元纸币今日只可以买到价值97.70元的货品及服务。一般来说,当CPI>3%的增幅时我们称之为通货膨胀;而当CPI>5%的增幅时,我们称之为严重的通货膨胀。

二、影响价格的因素

商品价格的高低,首先是由商品中包含的价值量的大小决定的。除此之外,商品的价格还受到多种因素的影响和制约。从价格策略的角度看,影响企业定价的因素主要有以下几个方面。

(一) 企业的定价目标

在市场经济条件下,企业为产品定价时首先必须有明确的目标。不同企业、不同产品和不同市场都有不同的营销目标,因而也就需要采取不同的定价策略。而影响企业定价的营销目标主要有以下四种。

1. 维持企业生存

如果企业生产能力过剩、遇到激烈的竞争或消费者需求发生变化时,为了维持企业继续生产以及尽快周转存货,企业必须定低价,把维持生存作为主要目标,并希望市场是价格敏感型的。只要价格大于变动成本,企业就能够维持暂时的生存。

2. 追求当期利润最大化

追求当期利润最大化而较少考虑企业的长期效益,并以此为目标定价,就是将几种不同价格与其相应的需求量、产品成本相结合进行比较和综合考虑,并从中选择一个适当的价格,这个价格是可以取得当期最大利润、最大现金流量和最大投资收益的价格。以当期利润最大化为目标来定价,企业必须具备一定条件,即当产品声誉卓著并在目标市场上占有竞争优势地位时,可以采用;否则,企业还是应以长期目标为主。

3. 保持或扩大市场占有率

市场占有率是企业的销售量(额)占同行销售量(额)的百分比,是企业的经营状况和企业产品竞争力的直接反映,市场占有率的高低对企业的生存和发展具有重要意义。企业只有在产品市场逐渐扩大和销售额逐渐增加的情况下,才有可能生存和发展。因此,保持或提高市场占有率是企业发展十分重要的目标。许多企业宁愿牺牲短期利润,也要确保长期的收益,即所谓“放长线,钓大鱼”。为此,有的企业会实行全部或部分产品的低价策略,以实现提高市场占有率这一目标。

4. 保持最优产品质量

有些领先企业的目标是以高质量的产品来占领市场，这就需要企业实行优质优价策略，以高价来保证高质量产品的研究与开发。采取这种定价目标的企业，其产品一般在消费者心目中享有一定声誉，企业会利用消费者的求名心理，来制定一个较高的产品价格。

(二) 产品成本

产品成本是价格构成中一项最基本也是最主要的因素，是产品定价的最低限度。一般情况下，如果企业商品的成本高，其价格也高。企业商品的总成本除生产成本外，还包括商品在流转环节中的流通费用。从经济学的角度来看，商品价格通常应由正常的生产成本、合理利润、应纳税金和流通费用所构成，即“商品价格＝生产成本＋流通费用＋利润＋税金”。

(三) 市场的供求状况

价格会影响市场需求，根据需求规律来看，市场需求会按照与价格相反的方向变动。价格提高，市场需求就会减少；价格降低，市场需求就会增加，这是供求规律发生作用的表现。但是也有例外情况，菲利普・科特勒曾指出，显示消费者身份地位的商品的需求曲线有时是向上倾斜的。

由于价格会影响市场需求，所以企业所制定的价格往往会影响企业产品的销售，从而影响企业市场营销目标的实现。因此，企业的市场营销人员在定价时必须知道市场需求的价格弹性，即了解市场需求对价格变动的反应。而影响需求价格弹性的因素有很多，主要有以下几种。

(1) 产品的用途。产品用途越多，市场需求就越有弹性。例如：尼龙的用途很多，所以需求弹性很大。

(2) 替代品的数目及替代的程度。替代品越多，越相近，需求弹性就越大。例如：当猪肉价格大幅上涨时，人们会购买鱼肉和鸡肉来代替猪肉。

(3) 消费支出占总支出的比重。如果这一比重大，该产品的需求弹性就大。例如：汽车的购买对大多数家庭来说是一笔大的开支，但是汽车一旦降价，销售额会上升。

(四) 市场竞争状况

产品的最高价格取决于该产品的市场需求，最低价格取决于该产品的成本费用。在最高价格和最低价格的幅度内，企业能把产品价格定多高，一般取决于竞争者的同种产品的价格水平与市场的竞争状况。

企业必须采取适当方式去了解竞争者所提供的产品质量和价格。当企业获得这方面的信息后，就可以与竞争产品比质比价，从而更准确地制定本企业产品价格。如果两者质量大体一致，则两者价格也应大体一样，否则定高价的产品可能卖不出去；如果本企业产品质量较高，则产品价格也可以定得较高。我们还应看到，竞争者也可能会随机应变，针对本企业的产品价格而调整其价格，也可能不调整价格，转而去调整市场营销组合的其他变量，与本企业争夺顾客。当然，对竞争者价格的变动，本企业也要及时掌握有关信息，并做出明智的反应。

在完全竞争条件下，卖方只能是价格的接受者并按统一的价格出售；在完全垄断条件下，卖主完全控制市场价格；在垄断竞争条件下，每一个生产者都有一定的定价自由；寡头垄断条件下则由少数几家企业控制市场价格，而且这些企业会相互依存相互影响。

(五) 其他因素

企业定价时还必须考虑其他环境因素，具体如下。

1. 国家的政策法令

政府出于维护经济秩序或其他目的，可能会通过立法或其他途径对企业的价格策略进行干预。政府的干预手段包括规定毛利率、规定最高或最低限价、限制价格的浮动幅度或者规定价格变动的审批手续和实行价格补贴等。

2. 消费者心理和习惯

价格的制定和变动在消费者心理上的反映，也是制定价格策略时必须考虑的因素。在现实生活中，无论是哪一类消费者，都会产生各种复杂的心理活动，并拥有自己的消费习惯。例如一些消费者会存在"一分钱一分货"的消费观念，他们在面对不太熟悉的商品时，常常会从价格上判断商品的好坏并从经验上把价格同商品的使用价值相联系。消费者心理和习惯上的反映是很复杂的，在某种情况下还可能会出现完全相反的反应。例如，在一般情况下涨价会减少消费者的购买行为，但有时涨价反而会引起抢购，增加消费者的购买行为。因此，在研究消费者心理和习惯对定价的影响时，要持谨慎的态度，仔细了解消费者心理及其变化规律。

3. 企业或产品的形象因素

企业有时会根据企业理念和企业形象设计的要求来对产品价格做出限制。例如，有些企业为了树立热心公益事业的企业形象，会将某些有关公益事业的产品价格定得较低，而有些企业为了形成高档次的企业形象，会将某些产品价格定得较高等。

三、定价的方法

企业在确定定价目标以及掌握了各种有关影响因素的资料后，就会开始具体的定价活动。定价是一项十分复杂而又难以准确掌握的工作。由于影响定价的三个最基本的因素是产品成本、市场需求和市场竞争，因此，企业定价的基本方法也可由此分为三类，即成本导向定价法、需求导向定价法和竞争导向定价法。

（一）成本导向定价法

成本导向定价法是一种主要以成本为依据的定价方法。它主要包括成本利润定价法和目标利润定价法。

1. 成本加成定价法

所谓成本加成定价法就是指按照产品的单位成本再加上一定百分比的利润来制定产品的销售价格。这其中加成就是指一定比率的利润。其计算公式为：

加成率＝(计划售价－成本)/成本×100％

单位产品价格＝单位产品成本×(1＋加成率)

若某品牌服装的单位成本为100元，加成率为20％，则该服装的销售价格就为120元。

2. 目标利润定价法

所谓目标利润定价法就是根据企业所要实现的目标利润来定价的一种方法。在采用目标利润定价法定价时，首先应明确企业所要实现的目标利润是多少，然后再根据产品的需求弹性来考虑各种价格及价格对产品销售量的影响，最后将价格定在能够使企业实现目标利润的水平上。

成本加成定价法的优点是简便、易行且易用，对买方而言，企业定价"将本求利"，公平合理。而目标利润定价法可缓和价格竞争，减少矛盾。成本导向定价法的缺陷是只从卖方的角度考虑，而忽视市场的需求和竞争，因此企业所定价格不一定符合消费者心理需求，也并不一定利于促进销售。

（二）需求导向定价法

所谓需求导向定价法就是依据买方对产品价值的感受和对产品的需求强度来定价，而不是依据卖方的成本定价。这一类定价方法主要包括感受价值定价法和逆向定价法。

1. 感受价值定价法

所谓感受价值（或认知价值），是指买方在观念上所认同的价值，而不是产品的实际价值。因此卖方可以运用各种营销策略和手段（优美的装潢、优雅的环境和高质量的服务等）来影响买方的感受，使买方形成对卖方有利的价值观念，然后再根据产品在买方心目中的价值来定价。

感受价值定价法如果运用得当，会给企业带来许多好处。它可以提高企业或产品的身价，增加企业的收益。感受价值定价法的关键是找到比较准确的感受价值，定价过高或过低都会给企业造成损失。如果定价高于顾客所感受到的价值，产品就无人问津，企业销量就会减少。如果定价低于顾客所感受到的价值，又会使企业减少收入，还可能会使消费者对产品不屑一顾，导致产品滞销。这就要求企业在定价前要认真做好营销调研工作，将自己的产品与竞争者的产品仔细比较，从而对消费者的感受价值做出准确估测。

2. 逆向定价法

逆向定价法也称市场可销价格倒推法，这种定价方法主要考虑的不是产品成本，而是依据消费者能够接受的最终销售价格，逆向推算出中间商的批发价和生产企业的出厂价格。

逆向定价法的关键在于测定市场可销价格，这要求企业充分掌握消费者收入水平、消费者对产品价值的评价和认知情况、相关产品的价格以及该产品的供求情况及变动趋势，通过主观评估法、客观评估法和试销评估法等方法来科学地测定。

（三）竞争导向定价法

在竞争十分激烈的市场上，企业通过研究竞争对手的生产条件、服务状况和价格水平等因素，并依据自身的竞争实力，参考成本与供求状况来确定商品价格，这种定价方法就是竞争导向定价法。竞争导向定价法主要包括以下几种。

1. 随行就市定价法

所谓随行就市定价法，就是指企业按照行业的平均现行价格水平来定价。在以下几种情况中企业往往会采取这种定价方法：

（1）难以估算产品成本；

（2）企业打算与同行和平共处；

（3）如果另行定价，企业就很难了解购买者和竞争者对本企业价格的反应。不论市场结构是完全竞争的市场还是寡头竞争的市场，随行就市定价都是同质产品市场的惯用定价方法。

2. 产品差别定价法

产品差别定价法是指企业通过不同的营销手段，使本企业所生产的原本与其他企业同种同质的产品在消费者心目中树立起不同的产品形象，进而再根据自己的产品特点，选取低于或高于竞争者的价格作为本企业产品的价格。

在运用产品差别定价法时，首先要求企业必须具备一定的实力，在某一行业或某一区域市场占有较大的市场份额，这样消费者才能够将企业产品与企业本身联系起来。在质量大体相同的条件下实行差别定价是有限制的，尤其对于定位为质优价高形象的企业来说，运用产品差别定价法时必须支付较多的广告、包装和售后服务方面的费用。因此从长远来看，企业只有通过提高产品质量，才能真正赢得消费者的信任，在竞争中立于不败之地。

3. 投标定价法

投标定价法通常是政府采购机构在报刊上登广告或发出函件，说明拟采购商品的品种、规格和数量等具体要求，邀请供应商在规定的期限内投标。一般而言，投标定价主要是以竞争者可能的定价为转移。若定价低于竞争者，那么就可以增加中标的机会，当然企业的报价不能低于边际成本，否则将不能保证适当的利润。因此，投标企业通常需要计算"期望利润"，每个方案的期望利润等于每个方案可能的盈利水平乘以中标的概率。

任务二　商品价格的心理与行为反应

■了解影响商品价格的社会心理与行为。

■理解商品价格的心理功能。

■掌握消费者的价格心理与行为的表现。

■消费者的价格心理与行为在市场营销中的应用。

北京地铁站附近有家商场，它每逢节假日都要举办"一元拍卖活动"，即所有拍卖商品均以1元起价，报价每次增加5元，直至最后定夺。由于这种拍卖活动的基价定得过低，拍卖商品最后的成交价往往比市场价低得多，因此人们会对其产生一种"卖得越多、赔得越多"的感觉。殊不知，该商场用的是招徕定价术，它以低廉的拍卖品活跃商场气氛，增大客流量，以此来带动整个商场的销售额上升。在这里需要说明的是，应用此定价术的降价商品，必须是人们都需要且市场价格为人们所熟知的才行。

思考

(1) 商场为什么要举办"一元拍卖活动"?

(2)"一元拍卖活动"主要是为了迎合消费者怎样的价格心理?

一、影响商品价格的社会心理与行为

社会心理与行为是社会生活中人与人或群体之间互相类似与互相感应的心理与行为，如模仿和从众等。

消费心理学认为，当消费者的社会心理表现为外部消费活动时，就会促成人的消费行为。

这种行为在一定程度上是企业经济活动和消费者消费行为的调节器，还可能会影响商品价格的形成与变动。特别是在日常经济条件下，消费者的社会心理因素对市场价格的调整和涨跌等起着明显的影响和牵制作用，并对企业价格策略的选择产生抑制或推动作用。影响价格的社会心理与行为因素有以下几个。

（一）价格预期心理与行为

价格预期心理是指在经济运行过程中，消费者群体或消费者个人对未来一定时期内价格水平变动趋势和变动幅度的一种心理估测。从总体上看，价格预期是一种主观推测，是以现有社会经济状况和价格水平为前提的臆想和推断。如果一种消费者群体的价格预期心理趋势已经形成，那就会较大地影响市场中某种或某类商品现期价格和预期价格的变动水平。因此，价格预期心理是企业价格决策中必须考虑的重要心理因素。

特别应注意的是，消费者的通货膨胀预期心理将会导致对现期商品大规模地超前购买，以至于出现抢购风潮。这种通货膨胀预期心理也会给企业生产者和经营者传递产品销售过旺的错误信息，致使企业盲目扩大生产规模，在经营中即表现为惜售和囤积等不规范产销行为，还有可能影响较高层经济决策的制定与规划，加剧经济运行的不均衡与不协调。

（二）价格攀比心理与行为

攀比心理是人的一种常见的心理活动。价格攀比心理常表现为不同消费者之间的攀比和生产经营者之间的攀比。消费者之间的攀比心理会导致盲目争购和超前消费，乃至诱发和加重消费膨胀态势，并成为推动价格上涨的重要因素。在股票市场中，当其他条件不变时出现股票暴涨暴跌的现象，就是价格攀比心理促成的典型投机行为，在拍卖市场中的竞相抬价也是这种心态较为明显的反应。不同经营者之间出现的价格攀比则会直接导致价格的盲目跌涨，进而冲击消费者的消费心理判断能力，使市场出现不应有的盲目波动。

（三）价格观望心理与行为

价格观望心理是价格预期心理的又一种表现形式，它是一种以主观臆断为基础的心理活动，是指消费者对价格水平变动趋势和变动量的观察等待，以期达到自己希望达到的水平后再采取购买或其他消费行为，从而取得较为理想的对比效益——即现价与期望价之间的差额。观望心理一般产生于市场行为比较活跃的时期，消费者往往根据自身的生活经验和自我判断，以及社会群体的行为表现来确定等待的时间表。消费者观望心理对企业经营活动的影响大多表现为隐形的，但这种心态在形成社会消费者的群体意识后，会对企业及社会造成很大的压力，可能会表现出社会性的购买高潮和社会性的拒绝购买两种极端行为。价格观望心理在耐用消费品及不动产的消费方面表现得较为明显，因此企业在确定价格策略或广告策略时，应注意增加经济信息的透明度并注意信息传播的广泛性，以减少观望心理带来的盲目性。

（四）倾斜和超补偿心理与行为

倾斜心理反映的是某种心理状态的不平衡，而补偿心理则是反映掩盖某种不足的一种心理防御机制，两者都是一种不对称心理状态的反映。这种不对称的心理状态来自利益主体对自身利益的强烈追求。例如在日常生活中，许多人都可以被认为既是生产经营者或管理者，同时又是现实生活中的普通消费者。但对于企业经营者或管理者而言，这种心理状态可能会导致价格决策中的心理矛盾和选择错误，他们总是希望自己的产品价格越高越好，而他人产品的价格则越低越好，购入商品的价格越低越好，而销售产品的价格则越高越好。

作为消费者而言，人们总是希望自己的收入越多越好，而商品价格越低越好。这种不对称、不平衡的心理态势，会促使"人"这个社会动物成为"价格两面人"。如果这种心理态势在社会群体中不断得到强化，就会产生一种社会冲动。在法制意识不健全的情况下，这种冲动极有可能演变为市场上的假冒伪劣、低质高价、以次充好和缺斤少两等不正当行为，扰乱多年来消费者心中所形成的价格心理标准，使消费者对商品价格失去信任感。

二、商品价格的心理功能

商品价格对消费心理的影响以及影响过程中消费者所产生的价格心理现象，称之为商品价格的心理功能。

现阶段我国市场上经营的商品有成千上万种，每种商品的品种和规格都非常复杂，价格也各不相同，商品价格上的差异能引起消费者不同的心理反应。有时，商品生产者和销售者认为某种商品的价格在理论上是合理的，但定价的实行结果却没有被消费者在心理上所接受。究其原因，是生产者和消费者往往仅从价格理论的意义上来研究和制定商品的价格，但忽略了消费者的价格心理，不了解消费者可接受的商品价格尺度，不知道消费者怎样看待商品价格和商品质量之间的关系，因而这样制定的价格往往背离了消费者心理上的价格标准。

为了避免这种情况的发生，企业在研究制定商品价格时不仅要弄清价格在经济学上的功能，如刺激生产和合理配置利用资源等，更要弄清价格在心理学意义上的特殊功能，使所制定的商品价格尽量接近消费者的心理要求并促其能够接受。只有这样，才能消除广大消费者在商品价格面前的种种疑虑，并吸引消费者购买。商品价格的心理功能主要有以下三种。

(一) 比值比质功能

商品价格是以价值为基础，并随着价值的波动而不断变化的。商品价值的构成既包括在生产过程中的活劳动耗费和物化劳动耗费，也包括在流通过程中的活劳动耗费和物化劳动耗费。根据这个理论，消费者在选购商品时应主要考察商品的价值状况。然而现实中却经常发现：当两种商品内在质量类似，包装装潢却略有差别，且价格相差较多时，青年消费者往往愿意购买价高的那种，中老年消费者却可能选择价低的那种；当一些贵重商品价格定得较低时，可能会引起消费者对该商品品质方面的疑虑；一些新产品由于销售成本高，用于广告宣传方面的支出大，因此虽定价昂贵，却也能争取到大量的顾客。以上这些现象的产生，都是由于消费者在心理上把商品价格当作比较商品价值和商品品质的标准。

价格的心理功能是导致消费者形成"好货不便宜，便宜没好货"和"一分钱，一分货"等购物观念的主要原因。例如，近年来在国内市场上，虽然有些新产品定价很高，如新型号手机和新上市的高配置电脑，但是它们仍然获得较好的销售效果。再例如在节假日的食品市场上，高档礼盒和豪华包装的商品比一般包装的商品畅销，这就是商家利用消费者这种心理的结果。现代工商企业都应该充分认识商品价格的这一心理功能，在制定商品价格时给予足够的重视。

随着经济的飞速发展，新产品、新技术不断涌现，以及商品品质不断提高，消费者想要依靠传统经验从商品使用价值上去判断商品品质会变得越来越困难，因此越来越多的消费者会转而去依靠商品的价格去比较商品价值和商品品质。只要企业认识到这一点，并能够注意按照消费者的心理去合理地制定商品价格，就会得到巨大的收益。

（二）自我意识比拟功能

商品价格不仅能用于比较商品价值和商品品质，还能使消费者产生自我意识比拟的心理功能。广大消费者往往会把商品价格与个人的偏好、情趣和个性心理特征联系起来，通过价格的比拟来满足社会心理的需要。这种自我意识比拟功能既产生于消费者对自身和自身以外客观物质的认识，也包含个人的主观臆想与追求。

1. 社会经济地位的比拟

在现实生活中，一些消费者通过追逐高档商品、名牌商品或进口商品以显示自己的社会地位和经济状况，以期获得一种心理上的满足，这种社会经济地位的比拟是消费者普遍存在的一种消费心理。还有一些消费者在选购商品时愿意到廉价商店去购买优惠价商品和折扣商品，认为这类商品适合自己的经济能力，符合本人的经济地位，并在这种消费过程中能得到心理上的慰藉。

2. 文化修养与生活情趣的比拟

有些消费者热衷求购高价文物和高价工艺品，花高价听音乐会，购买高级乐器和高级音响设备，购买大量的书报。这些人当中有一部分是出于专业工作需要，但也有为数不少的人是为了显示自己具有较高的文化修养和高雅的生活情趣，以此来获得心理上的满足。

上述消费者自我意识比拟的活动，其心理反应既可能是有意识的，也可能是无意识的，但这些自我比拟意识都有一个共同点，就是要求消费者从社会要求与自尊出发，更多地重视商品价格的社会价值。

（三）调节需求功能

商品价格对商品需求有巨大影响，价格对需求具有调节作用。一般来说，在其他条件不变的情况下，当市场上某种商品的价格下降时，消费者对它的需求量就会增加；当这类商品价格上涨时，消费者对它的需求量就会减少，即价格和需求相互影响、相互制约。马克思曾指出：需求按照和价格相反的方向变动，如果价格跌落，需求就增加，相反，价格提高，需求就减少。价格影响需求的变化幅度，会受到商品需求弹性的影响，不同的商品具有不同的需求弹性。一般来说，消费者日常生活必需品的需求弹性小，非必需品的需求弹性大。人们常常把那些需求价格弹性小于1的商品称为价格弹性小的商品，把那些需求价格弹性大于1的商品称为价格弹性大的商品。当价格弹性小的商品产生价格变动时，其需求量变动的幅度一般小于价格变动的幅度；而当价格弹性大的商品价格变动时，其需求量变动的幅度一般大于价格变动的幅度。

目前，服务商品价格调节需求的现象十分常见。例如，在旅游旺季景点会提高门票收费标准，就是为了适当减少消费者需求，使之与服务能力相适应；而在淡季，景点则会适当调低服务商品价格，以刺激和增加需求。

通过上述分析可以看出，商品价格的心理功能比商品价格的一般功能要复杂得多。对于企业来说，不仅要认清价格的一般功能是价格心理功能的基础，还要认清消费者的价格心理功能对其购买行为的重要影响，以便使商品的价格能最大限度地为消费者所接受。

三、消费者的价格心理与行为表现

价格心理是指消费者在购买过程中面对价格刺激所产生的各种心理反应及其表现，它是由消费者自身的个性心理和对价格的知觉判断共同构成的。消费者的价格心理与行为表现通常有以下几个方面。

(一) 感受性心理

感受性心理是指消费者对商品价格及其变动的感知强弱程度。消费者对商品价格的高与低、昂贵与便宜的认识,并不完全基于某种商品价格是否超过或低于他们认定的价格尺度,还有可能是将其与同类商品的价格进行比较,或与购物现场不同类商品的价格进行比较来认识的。这种受到情景刺激因素的影响,导致相同价格在消费者感受上的差异,从而形成消费者对价格高低的不同感受,这种感受会直接影响消费者的价格判断。

(二) 敏感心理

由于商品价格直接关系到消费者的生活水平,所以消费者对价格变动具有极强的敏感性。消费者对价格变动的敏感心理既包括一定的客观标准,又包含经过多年购买实践所形成的一种心理价格尺度,因此这种敏感心理具有一定的主观随意性。这两方面的影响,有时是一致的,有时是不一致的,有时甚至会相互对立。对那些与消费者日常生活关系密切的商品价格,消费者的敏感性较高,如食品、蔬菜和肉类等,一旦这类商品的价格略有提高,消费者就会马上产生强烈的反应;而一些高档消费品,如钢琴和家具等,即使它们的价格比原有水平高出几十元乃至上百元,人们也不大计较,因此一般认为消费者对这类商品的价格敏感性较低。

不过,消费者对价格变动敏感心理的反映强度,会随着对价格变动的习惯性适应而降低。

(三) 习惯心理与行为

如果消费者长期、多次购买某些商品,或对该商品价格反复地感知,就会形成消费者对某些商品价格的习惯心理。这种习惯心理一旦形成,就会直接影响消费者的购买行为。因为在现代市场条件下,由于各种因素的影响,消费者很难对商品价格等客观标准了解清楚,因此只能以逐步形成的价格习惯作为判断所购商品价格合理与否的标准。如果某一商品的价格在消费者认定合理的范围内,消费者就会乐于接受,一旦价格超出了这一范围,消费者就会难以接受。例如由于原材料价格的上涨,生产同样的产品销价提高,但在调价初期消费者往往难以接受新的价格。由此可见,消费者的价格习惯心理一旦形成,往往要稳定并维持一段时间,并难以被轻易改变。而当商品价格必须变动时,消费者的心理会经历一个打破原有习惯,由不适应到适应的困难过程。因此,企业必须清楚地认识到价格习惯心理对消费者购买行为的影响。企业在对那些超出习惯价格的商品价格进行调整时,要慎之又慎。而在价格必须调整时,企业则要把调整幅度限定在消费者可接受的范围内,同时做好宣传解释工作,使消费者尽快接受并习惯新的价格。

(四) 倾向心理与行为

倾向心理与行为是指消费者在购买过程中对商品价格选择所表现出的倾向。商品价格有高、中和低的区别,一般来说,价格高的商品往往品质好、价值高,价格低的商品则大多品质差、价值低。由于所处社会地位、经济收入、文化水平和个性特点的差异,不同类型的消费者在购买商品时常常会表现出不同的价格倾向。现阶段,我国消费者的消费心理明显地呈现出多元化特征,这其中既有要求商品款式新颖、功能先进和高档名贵的求“新”、求“名”心理,又有追求经济实惠和价格低廉的求“实”、求“廉”心理,还有居于两者之间的要求商品价格适中和功能实用的求“中”心理,此外,还有满足情感、文化需要的求“情”、求“乐”、求“知”心理。

将上述消费心理按高价位商品、中价位商品、低价位商品分成三个需求档次,消费者的价格倾向就可以很明显地表现出来，消费者会根据自己不同的需求特点，做出不同的价格选择。

任务三 价格变动与消费者的反应

■了解消费者的商品价格判断。

■理解商品定价策略的心理与行为分析。

■掌握商品调价的心理与行为分析。

■把握商品价格策略对消费心理与行为的影响。

雷诺公司的经营之道

美国人雷诺发明了圆珠笔，圆珠笔作为圣诞礼物投入市场，一度成为风行世界的办公用品和便于个人携带的文具。这种笔的成本在当时仅为50美分，但精通经营之道的雷诺利用消费者的求新心理，通过各种宣传，为圆珠笔披上重重神秘的外衣，然后以高达20美元的价格出售。虽然等到产品普及后其价格急剧下降，但此时雷诺公司已获得了巨额利润。

问题

(1) 雷诺在经营中采用了怎样的定价策略，从而使企业获得了高额的初期利润？

(2) 当竞争对手出现或市场萎缩时，雷诺公司降低价格的目的是什么？

一、消费者的价格判断

(一) 消费者判断价格的途径

消费者的价格判断既受自身心理制约，又受到某些客观因素，如销售场地、环境和商品等的影响。因此消费者的价格判断往往同时具有主观性和客观性的特点。消费者的价格判断途径有以下几种。

(1) 与市场上的同类商品价格进行比较，这是最简单、最明了，并且使用最为普遍的一种判断商品价格高低的方法。

(2) 与同一商场中的不同商品价格进行比较。

不同商品价格的比较

在商场中，某件标价50元的商品，把它摆放在大多是50元以上商品的甲柜台，与摆在大多都是50元以下商品的乙柜台，消费者对该商品的价格感受和判断是不一样的。多数消费者会认为甲柜台标价50元的商品便宜，而乙柜台标价50元的商品较贵。这种现象，就是消费者在判断价格的过程中，受周围陪衬的各种商品价格的影响而产生的一种错觉。

问题：应如何利用商场中不同商品价格的比较进行促销？

(3) 通过商品自身的外观、重量、包装、使用特点、使用说明、品牌和产地等进行比较。例如，商品包装是否精良、色彩是否协调或各种附件的说明是否完善，都会使消费者产生不同的价格判断。

(二) 影响消费者价格判断的因素

(1) 消费者的经济收入是影响消费者价格判断的主要因素。比如，同样一条价值300元的领带，月薪5 000元的消费者和月薪600元的消费者对这个价格的感受和判断就可能完全不同。

(2) 消费者的价格心理。前面已讨论过的习惯心理、敏感心理、倾向心理和感受性心理都可能会影响消费者在购买商品时的价格判断。例如，一旦商品价格高于消费者习惯的价格，消费者就会认为商品标价过高。

(3) 出售场地。如果同样的商品以同样的价格分别在精品店和集市上出售，消费者往往会感到后者的价格过高。因为消费者通常对集市商品价格的判断标准较低，而对精品店商品的判断标准较高。

(4) 商品的类别。同一种商品因不同的用途，可划分为不同的商品类别。消费者对不同类别的商品的评价标准一般会有差异，因此他们对商品价格的感受往往也不一样。一块手帕，既可用来擦汗又可用来当头饰，拥有前一种用途的手帕属于日用品，而后一种则属于妇女装饰用品，那么，20元钱一块的手帕，对前者来说太贵，对后者来说尚可接受。

(5) 消费者对商品需求的紧迫程度。当消费者急需某种商品而又无替代品时，商品价格即使高些，消费者的感受和判断也会趋于可接受。

二、商品定价策略的心理与行为分析

在社会主义市场经济条件下，企业在制定和调整商品价格时，一方面要按照经济规律的客观要求，使本企业生产和经营的产品能够增加销售规模，扩大市场占有率，提高利润；另一方面，也要综合考虑市场的变化，以及政治、经济、社会和文化等方面因素对商品价格的影响，还特别要考虑消费者对价格的心理行为反应，以及竞争对手及竞争产品的价格变动，并针对不同的商品与不同的购买对象采取正确的定价策略。

常见的定价策略主要有以下几种。

(一) 撇取定价策略

这种策略是企业在新产品进入市场的初期，往往会利用消费者求新和猎奇的心理，将这类刚投入市场的新产品价格定得高一些，以期获取较高的利润，之后再根据该商品的市场销售变化情况，逐步地降低价格。这种策略正如人们从鲜牛奶中撇取奶脂和奶酪，即先提取牛奶的精华、再提取牛奶一样，所以也叫“撇脂定价法”。

撇取定价策略的优点：①抓住新产品新上市时需求弹性小，竞争者尚未进入市场的有利时机，并充分利用消费者的求新、求异心理，以偏高价格刺激消费者，从而提高了新产品的身价，美化了新产品的形象，有利于开拓市场；②定价高能获取较高的销售利润，可以使企业尽快收回投资成本；③使用撇取定价策略，还可以使新产品价格有较大的调整余地，倘若企业发现商品价格已不利于扩大销售时，还可主动地降低价格，并对不同购买力水平的地区进行市场细分，实行地区差价。

撇取定价策略的缺点：①若商品定出的价格高于其价值，一旦新产品尚未在消费者心目中树立较高声誉，就有可能因价格过高无人问津；②因该种新产品利润丰厚诱发恶性竞争，导致价格暴跌，好景难以维持。

撇取定价策略适合于以下情形：新产品比老产品有明显、突出的优点，市场上的需求者较多；企业在其生产方面拥有专利技术，没有竞争者；人们在消费中认为高价代表高档和高品质的商品，因此虽然价格高，但市场需求不会大量减少；该商品是需求弹性较小的商品。

苹果在中国市场的定价

苹果公司的 iPad 产品是新时期最成功的消费类数码产品，一经推出就获得极大成功，第一款 iPad 零售价就高达 5 000 元。对于普通消费者来说，已属于高价位产品，但是有很多“苹果迷”既有钱又愿意花钱，所以 iPad 销售势头良好，苹果公司的撇取定价策略运用得很成功。苹果公司认为还可以“撇到更多的脂”，于是不到半年又推出了一款容量更大的 iPad2，当然价格也更高，定价 6 500 元，仍然卖得很好，两周时间就销售了 100 万台。

（二）渗透定价策略

渗透定价策略与撇取定价策略正好相反，它是利用新产品进入市场初期时消费者有求实惠的心理，企业将新产品价格确定在低于预期价格的水平上进行销售，以期迅速打开此种产品的销路。待销路打开后，再逐步提高价格。这种定价策略相比撇取定价策略具有更积极的竞争性，往往适用于需求弹性较大的商品。

渗透定价策略的主要优点：①能为产品争取到较宽的销路，产品生产和销售的成本可以从大批量的销售中得到补偿；②这种定价策略具有较强的竞争能力，能够保持企业的市场占有份额；③能够为产品争取到较多的购买者，给顾客以物美价廉的感觉，使这种新产品一进入市场就能在消费者心目中树立起良好的价格形象。

渗透定价策略的局限性：要求新产品必须具备较高的品质，能够一投入市场就迅速建立起良好的声誉并吸引大量的购买者，为今后逐步提高价格打下基础。

渗透定价策略适合于生活日用品，以及人们消费量大且购买频繁的商品，特别是食品类新产品和家庭日常用品等。

（三）满意定价策略

满意定价策略介于撇取定价策略与渗透定价策略之间。它既不像撇取定价策略那样一开始就把新产品价格定得很高，也不像渗透定价策略那样一开始就把新产品价格定得很低，而是根据消费者对这种新产品所期望的支付价格来确定。这种定价策略适用于那些生活日用品和技术要求不高的新产品。它的优点主要是考虑了消费者的购买能力和购买心理，比较容易建立稳定的商业信誉，在较大程度上适应消费者的需要，增强消费者的购买信心，使消费者比较满意此种价格标准。因此,国内外对新产品的定价采用这种策略的往往较多。

(四)非整数定价策略

非整数定价策略是一种典型的心理定价策略,是运用消费者对价格的感觉和知觉的不同来刺激其购买欲望的策略。

其具体做法是给待售商品定一个带有零头数结尾的非整数价格,这是目前国际市场上广为流行的一种零售商品的定价策略。由于世界各地的消费者有着不同的风俗习惯和消费习惯,所以不同国家和地区运用此法时也有一些差别。例如,美国零售商业会较多地利用尾数为奇数的定价策略,这是利用了消费者心目中单比双少,单比双价格便宜的感觉。一些商业心理学家的调查表明,美国市场上零售商品的价格尾数以奇数为多,奇数尾数中又以 9 为最多,一般尾数会定为 9 美分、49 美分或 99 美分等。同时商业心理学家们在调查中又得出一个结论,49 美分的商品的销售数量远远超过 50 美分和 48 美分的商品,这种尾数为 9 的定价心理策略对售价在 5 美元以下的商品运用时效果最佳。当商品零售价格在 5 美元以上时,则尾数为 95 的定价销售效果最佳。

上述情况的出现,是因为非整数定价策略有以下三个心理特点。①非整数定价可以使消费者产生所定价格是认真负责、合理的感觉,增强消费者对产品的信任感以促其积极购买。当销售价格尾数是 50、100 或 200 时,消费者心理上则往往会认为这类商品的价格不可能刚好是整数,从而产生这种定价一定是不准确的感觉。②非整数定价可以使消费者产生价格偏低的心理感觉,认为 49 元是 40 多元的开支,而 51 元则是半百元以上的支出。③非整数定价容易使消费者产生价格下降的心理错觉。当一种商品价格靠近整数以下时,就会使消费者产生价格下降的印象。而当商品价格在整数以上时,则会给消费者造成商品可能提价的印象,从而抑制他们的购买欲望。

(五)习惯价格与方便价格策略

习惯价格策略是根据消费者的价格习惯心理来制定价格的一种定价策略。由于某些商品在长期的市场流通中已经形成了消费者所习惯的价格,企业确定商品价格时就要尽量去适应这些习惯,且一般不应轻易改变其价格。即使这类商品的生产成本提高或降低,也不要轻易对价格进行调整,否则就可能会引起消费者对该类商品品质的怀疑并产生强烈的心理反应,从而影响该类商品的销售。当这类商品成本上升,不改动价格已会影响企业的效益时,企业可以采用变量不变价的心理策略,即不改变消费者已经习惯了的商品价格,而是采用改变商品包装容量或减少商品数量的办法。

方便价格策略也称为整数价格策略,一般适用于特别高价或特别低价的商品。对于那些款式新颖、风格独特和价格较高的商品,采取整数方便价格策略,能给予该类商品以高贵的形象,从而提高此类商品的地位,满足那些以追求社会性需要为购买动机的顾客。例如,有些高档名牌时装定价几千元乃至上万元,或某些工艺品定价几万元到几十万元时,其销售效果反而更好。而对于一些小包装的低价商品,采用整数方便价格,能够便于消费者记忆,也同样能起到加强商品形象的心理作用。

(六)折让价格策略

这是商品销售者在一定条件下,用低于原定价格的优惠价格来争取消费者的一种定价策略。其功能是利用消费者追求实惠、抓住机会的心理,利用优惠价格来刺激和鼓励消费者大量购买和重复购买。折让价格策略在实际运用时，通常分为数量折让价格策略、季节折让价格策略、新产品推广折让价格策略和促销折让价格策略。

在买方市场中，消费者购物的选择性大大增强，折让价格策略在一定程度上能够起到刺激购买、促进销售的作用。当超级市场、货仓式商场标出的整箱水果、饮料、日用小商品的价格明显低于单件、少量购买的商品时，促进销售的效果特别明显。当一些商家打出“全场商品八折、七折”等的广告时，实际上是一种折让价格策略的运用，它可以吸引众多顾客，取得销售倍增的效果。

日本东京银座美佳西服店的折扣销售

日本东京银座美佳西服店为了销售商品采用了一种折扣销售方法，颇获成功。具体方法是这样：先发一公告，介绍某商品品质性能等一般情况，再宣布打折销售的天数及具体日期，最后说明打折方法，即第一天九折，第二天八折，第三天和第四天七折，第五天和第六天六折，以此类推，到第十五天和第十六天一折。这个销售方法的实践结果是：第一天和第二天顾客不多，来者多半是来探听虚实和看热闹的；第三天和第四天人渐渐多起来；第五天和第六天六折时，顾客像洪水般地拥向柜台抢购；以后连日爆满，没到一折售货日期，商品早已售缺。

这是一则成功的折扣定价策略，其妙在准确地抓住顾客购买心理，有效地运用折扣售货方法。人们当然希望买质量好又便宜的货，最好能买到二折、一折价格出售的货，但是有谁能保证到你想买时还有货呢？于是出现了头几天顾客犹豫，中间几天抢购，最后几天买不着而惋惜的情景。

（七）声望价格策略

这是商品销售者利用消费者追逐名牌商品的心理，利用自己在长期经营与服务的过程中在消费者心目中树立的声望，通过制定较高的商品价格来满足消费者崇尚名牌商品、名牌商店的心理而采用的一种定价策略。因为消费者在购买这类商品的同时，心理上会感到自己的声望也随之得到提高。需要特别指出的是，消费者有“价高必质优”的比价心理。对质量优异、性能优良、独具特色、品牌知名度高的名牌商品制定较高的价格，是打开市场、增加商品吸引力的常用做法。例如，我国是纺织服装产品的生产和出口大国，但在国际市场上缺乏竞争力，只能以价廉取胜，卖不出好价钱。实际上，我国产品的内在质量是很好的，定价低是由于没有创出国际名牌，没有市场声望。现在，国内的一些公司在生产具有中国传统特色的工艺品时装的同时，加大了广告宣传力度，并采用声望定价的心理策略，取得了很好的市场销售效果。当然，采用此种定价心理策略也要慎重，切忌随便滥用。如果商品知名度不高，又是日常生活用品，盲目照搬声望定价的方法制定高价，反而会引起消费者的反感，给商品销售造成不可挽回的损失。

（八）分档定价策略

分档定价策略也称分级定价策略，这种策略是把某一类商品的不同品牌、不同规格、不同型号划分成若干个档次，对每一个档次的商品制定一个价格，而不是一物一价。这种定价策略既便于消费者挑选，又便于简化交易手续。通过制定不同档次的商品价格来代表不同商品的品质水平，从而满足不同消费者的消费水平与消费习惯。例如，饮料、化妆品、食品等可采用分类包装，高档复合包装价格高，低档简易包装价格低。在实际运用时，要注意避免各个档次商品的标价过于接近，以防止消费者对分档产生疑问，影响购买。

什么是市场调节价、政府指导价和政府定价？

《中华人民共和国价格法》中明确规定：

市场调节价是指由经营者（从事生产、经营商品或者提供有偿服务的法人、其他组织和个人）自主制定，通过市场竞争形成的价格；

政府指导价是指依照《中华人民共和国价格法》规定，由政府价格主管部门或者其他有关部门，按照定价权限和范围规定基准价及其浮动幅度，指导经营者制定的价格；

政府定价是指依照《中华人民共和国价格法》规定，由政府价格主管部门或者其他有关部门，按照定价权限和范围制定的价格。

三、商品调价的心理与行为分析

在市场经济条件下，由于受商品供求关系、消费趋向、市场营销环境、市场货币价值与货币流通量等变动的影响，企业要对商品的价格做适当的调整，这时要考虑消费者对商品调价的心理要求。

（一）商品降价策略

降价策略是经营者须承担风险的重大企业决策。造成商品降价的原因有诸多方面，例如：为了在竞争中获胜并扩大市场份额；某些商品更新换代造成的冷背残次；商品保管不善造成的品质降低；新工艺、新科技的应用使成本下降等。这些因素都可能导致商品降价出售。然而，要想使商品降价达到促进销售的目的，就要求企业在调整商品价格时选择适当的心理策略，及时、准确地把握降价时机和幅度。商品降价的策略主要如下。

（1）控制降价次数。消费者对商品提价十分敏感，对商品降价虽然不易引起同样激烈的心理反应，但如果商品降价十分频繁，会造成消费者对降价不切实际的心理预期，或对商品的正常价格产生不信任感，甚至会产生厌烦情绪。因此，商品降价次数要尽量控制，宜少不宜多，最好争取一步到位。

（2）把握降价时机。企业决策者在选择降价时机时，应准确判断、综合考虑企业实力、销售季节等多种因素的影响，并根据商品和企业的具体情况而定。例如：时尚商品和新潮商品进入模仿阶段后期，就应当降价；一般商品进入成熟期的后期，就要降价；季节性商品，在换季时也应降价。

（3）控制降价幅度。商品降价的目的在于促销，因此降低幅度必须足以引起消费者的关注，使之动心，以刺激其购买行为。假若幅度过小，难以激发消费者的购买欲望；而幅度过大，企业可能会亏本，或者造成消费者对商品品质的怀疑。一般而言，降价幅度以10％～40％为宜。

（4）灵活运用直接降价策略与间接降价策略。直接降价策略是指直接降低某种商品售价的方法；间接降价策略是指维持原价格不动，只是采取增加折扣率等办法来销售商品的方法。两种方法各有利弊。直接降价容易刺激竞争对手的相继降价竞销，而间接降价有一定的隐蔽性，可以暂时避免导致全方位的降价竞销。但间接降价由于没有直接给用户带来好处，有时很难达到应有的促销目的。

(5) 宜主动降价，不宜被动降价。主动降价，是指在同类商品中率先降低价格，以达到促销目的的降价方法。被动降价，是指在竞争对手降价后，自己的商品才开始降价的方法。在国际市场竞争激烈的情况下，如果企业的产品质量与竞争对手的产品质量相当或略优于竞争对手，主动降价往往可使企业占据有利地位，从而扩大市场占有份额，甚至有可能挤垮竞争对手。即使企业的综合力量比较薄弱，采用主动降价方法，也可使企业占据主动地位，带来一线生机。主动降价方法一般适用于市场供求平衡或供大于求的商品。被动降价带有一定的逼迫性，一般都是在处于无奈的情况下才采用。

(二) 商品提价策略

桂格麦片公司的提价风险

桂格麦片公司是目前世界上最大的麦片公司。由于通货膨胀，以及原材料价格、添加剂价格、雇员工资的上涨，使产品成本急速上升。桂格麦片公司生产了一种称为"桂格麦片天然食品"的产品，这个新产品的几种配料如杏仁、葡萄干和麦粉的价格，因通货膨胀分别上涨了20%～30%。桂格麦片公司这时有3种选择：一是提高麦片产品的销售价格；二是减少杏仁和葡萄干等配料的分量，以降低成本，从而维持销售价格不变；三是使用较便宜的代用品作为配料，以降低成本，销售价格仍然不变。

问题

(1) 一般情况下，提价应注意什么？

(2) 如果桂格麦片公司选择提高麦片的产品价格，结果会怎样？

(3) 桂格麦片公司如果选择降低成本(即第二种和第三种选择)，会有什么风险？

商品提价确实能增加企业利润，但却会引起消费者抱怨，使企业竞争力减弱，从而对企业产生不利影响。因此，为了使消费者接受上涨的价格，增强心理承受能力，扩大市场竞争力，企业应针对不同的提价原因，采取相应的心理策略，确保提价策略的顺利实施。企业在采取提价策略时，须注意以下几点。

(1) 掌握提价幅度。在确定价格调整幅度时，最重要的是考虑消费者的心理承受能力。因而，产品在提价过程中，应注意尽量压低提价幅度，避免引起消费者的抱怨和不满，减少消费者的恐惧心理。一般而言，提价幅度宜小不宜大，通常涨价幅度在5%以内。

(2) 把握提价时机。企业决策者提价时机选择得当与否，对消费者的心理影响往往要大于价格变动本身。时机选择得好，会大大刺激消费者的购买欲望；选择得不好，将会降低对消费者的吸引力。商品提价通常选在产品进入成长期或在市场中处于优势地位、季节性商品进入销售旺季等情况下。

(3) 宜被动提价，不宜主动提价。所谓主动提价，从某种意义上说，就是在同行业中率先提价。被动提价，就是等竞争对手的同类商品价格提高以后自己才提价，这么做既可以巩固老消费者，还可以发展新消费者，而且对于之后的被动提价，消费者也易于理解和接受。

(4) 宜间接提价，不宜直接提价。直接提价，是指随着生产成本的增加和市场因素的变化而直接提高商品的价格。直接提价往往使消费者产生反感。在可能的情况下，企业最好采用间接提价。间接提价，是指企业维持商品价格不动，而采取诸如更换产品型号、规格、花色、包装等方法，同时也可以采取提高购买起点、降低折扣率、降低佣金率等方法来拓宽市场，增加销售。但间接提价，有时对中间商不利，所以需要做必要的解释工作或采取行之有效的补救措施。

（5）做好宣传解释工作。企业在进行直接提价时，应该通过传媒向消费者解释调价的实际原因，并且提供更热情周到的服务，尽量减少消费者的损失等，以诚意求得消费者的谅解和支持。

总之，价格变动是企业在市场经济中会经常做出的一类决策，如果处理得不好，可能会对消费者心理造成一定的影响，不能达到价格变动的预期效果，所以，要十分关注消费者的价格心理，做好价格调整工作。

价格欺诈的10种表现形式

国家相关部门将各地在禁止价格欺诈的市场检查中发现的价格欺诈十种表现形式通过新闻媒体予以公布，具体如下。

（一）虚假标价

如福建省漳州市某饭店餐饮部在商品标价签上标明象鼻蚌价格每斤78元，但顾客结账时却按每斤200元结算，并且称其标价签标的是小象鼻蚌的价格。这是典型的以虚假标价误导消费者的行为。

（二）两套价格

如甘肃省兰州市某酒店采用两套标价簿欺诈消费者，在顾客点菜时提供价格低的标价簿，而在结账时按价格高的标价簿结算，某顾客点了12种炒菜，在结算时即发现其中10种菜肴的价格高于点菜时提供的标价簿所标的价格，最高的超出9元，最低的超出2元，共多收36元。

（三）模糊标价

如河北省保定市某商厦以“出厂价”950元搞促销活动销售某品牌洗衣机，而实际上该型号洗衣机出厂价是920元。山西省临汾市某酒店在门口迎宾处以“特价烤鸭每只38元”进行价格宣传，实际却按每只48元结算。当消费者质问何为“特价”时，该酒店谎称每天前三位顾客才能享受“特价”。

（四）虚夸标价

如山东省菏泽市某家公司在其经营场所以“全市最低价”“所有商品价格低于同行”等文字进行宣传，误导消费者购买，而实际上其家电商品价格多数高于其他商家。山西省某电信公司在其店面显著位置标示“各类手机全市最低价”，而实际上该店所称“全市最低价”不仅无依据，而且也无从比较。

（五）虚假折价

如湖北省武汉市某商店以“全场2折”的文字进行价格宣传，但消费者发现全场上百种商品中，只有2种商品按2折销售。河北省某市服装商店用公告牌向顾客推荐某品牌服装全场8.5折，但消费者发现：该品牌貂领大衣，原价为1 998元，打8.5折销售价应为1 698.3元，而实际标价为1 798元；宽松毛大衣原价为1 080元，打8.5折销售价应为918元，而实际标价为1 030元。

（六）模糊赠售

如北京市某餐饮公司在经营场所打出“肥牛午市买一送一，晚市买二送一”的条幅，但未标明赠送商品的品名和数量，在顾客消费了1斤肥牛后，仅赠送价值较低的一碟羊肉。湖北省黄石市某粮店标示买5升某品牌食用调和油赠一，未标明赠品的品名和数量，实际给消费者的仅是一小袋花生米。

（七）隐蔽价格附加条件

如福建省某百货公司采取“购物返A、B券”的手段促销，其中A券可当现金使用，而没有事先告知消费者B券只能附等值人民币现钞才能使用，误导消费者在店内循环消费。

（八）虚构原价

如上海市金山区某商场销售皮夹子，使用降价标价签标示原价158元，现价98元。不能提供原价的交易票据。广东省广州市某百货商场降价销售某品牌服装，虚构原价3 500元，现价190元，其根本就无法提供此次降价前一次在本交易场所成交的原价交易票据。

（九）不履行价格承诺

如北京市某超市向消费者承诺在2002年1月12日至1月15日期间，凡购买某品牌清洁抹布实行买三送一，而实际消费者购买后并未获得赠送。还有某店销售某品牌酸奶，向消费者承诺凡购买5杯125克装酸奶，实行特惠家庭装优惠20%，即原价6.2元，优惠后价格应是4.96元，但顾客结算时仍以原价结算。

（十）质量与价格、数量与价格不符

如江苏省镇江市某机电产品商店将因有质量问题而返修的某品牌电冰箱按正品价格销售，质量与价格不符。河南省南阳市某商店销售价格3元的袋装白糖，标示每袋重量1 000克，而实际每袋重量仅有750克，数量与价格不符。

知识与技能检测

一、名词解释

商品价格　　价格心理　　商品的价格策略

二、思考题

(1) 影响商品价格的因素有哪些？

(2) 商品价格的心理功能有哪些？

(3) 商品定价的心理策略有哪些？

三、案例分析

别克凯越轿车的价格策略

上海通用汽车先后推出了经济型轿车赛欧（每辆8.98万～12.98万）和中高档轿车别克君威（每辆22.38万～36.9万）。赛欧针对的是事业上刚刚起步、生活上刚刚独立的年轻白领；而别克君威则针对的是已经取得成功的领导者。中档轿车市场是中国轿车市场的主流，这一汽车板块为中国汽车业带来了巨大的利益，同时也是竞争最激烈的市场。中档轿车市场多以公务商务使用为主，兼顾私用，目前中档轿车月销售量在2.4万台左右，而且仍在迅速增长。上海通用汽车由此推出别克凯越，从而正式进军极具潜力的中档车市场。别克凯越的市场主要竞争对手包括：爱丽舍、日产阳光、宝来、威驰、福美来、捷达、桑塔纳2000等。

在2003年8月上市的别克凯越LE-MT豪华版（1.6升手动挡）售价为14.98万元，别克凯越LS-AT顶级版（1.8升自动挡）售价为17.98万元。

目前，中国国内的中档车的市场竞争相当激烈，多种因素影响了别克凯越的上市价格。别克凯越要面对一个逐渐成熟的市场，爱丽舍、日产阳光、宝来、威驰、福美来、捷达、桑塔纳2000等车型已经占据了相当大的市场份额，同时，这些竞争对手又具有很高的性价比。

中档车市场面对的是中国社会中最具有经济实力的一个阶层，一般来讲，这个阶层的家庭都具有以下特征：男性，已婚，30～45岁，家庭月收入超过1万元，大专以上文化教育程度，在国企或私企担任中级经理或是中小型私营企业主，他们购买汽车的用途是以公务商务为主，兼顾私用。

别克凯越是专为中层经理人、小型私企业主打造的中档公务商务兼私用座驾，它以现代动感外观、高效人性化空间、卓越先进科技配备满足了潜在车主的实用、可靠、时尚、符合身份档次的用车需求，成为其事业和生活的可靠伴侣。

另外，在市场已经被占领的情况下，别克凯越只有更好的性价比才可以在市场中占有一席之地。在性能上，别克凯越配置了许多高档车的设备；而在价格上，别克凯越在同档次的车型中价格居中上。在分析以上影响因素之后，我们可以看到，别克凯越的市场定价不高，采用了满意定价的方法，制定不高不低的价格，可以同时兼顾厂商、中间商及消费者的利益，使各方面满意。相对于同一类的车而言，例如，宝来1.6手动基本型的售价是15.5万元，而宝来1.8舒适型的售价是18.5万元，在性能优越的情况下，别克凯越的售价比同档次的宝来低了近5 000元。因此，别克凯越对中级车主力的宝来构成了巨大的冲击。

上海通用汽车是世界最大的汽车制造厂商，别克是世界名牌。但是，别克凯越采用了一种跟随的定价方式，在同类车中并没有定高价。由此可见上海通用汽车进入中档车市场的决心。

同时，我们可以看到它采用了尾数定价的技巧。这无疑又为别克凯越占领市场增加了筹码。别克凯越1.6升手动挡的定价虽然离15万只是差200元，但是消费者在心理上没有突破15万元的心理防线，给顾客价廉的感觉。而同一档次、性能相近的宝来的售价是15.5万元人民币，相比之下，会使消费者产生价格昂贵的感觉。此外，别克凯越采取了以数字8为结尾的定价策略，很符合中国人的习惯，这与大多数轿车生产厂商的定价方法是相同的。

目前，我们还没有看到别克凯越降价的迹象，同时我们看到的都是在加价购车，虽然加价，但比起同性能的车型，价格还是相对便宜的。因此，我们可以看到在近期面对同类中档车的不断降价声，别克凯越很难降价。但是，加价买车的现象会随着产量的增加而消失。面对众多竞争者相继降价，或者提高性能变相降价，别克凯越无疑将面临更大的压力。直接降价无疑会对品牌的声誉产生很大的影响，一个顾客很难接受一个汽车品牌的不断降价，这不仅损害了顾客的利益，而且还损害了厂商自身的利益。因此，面对宝来、威驰等主力中档车型的降价，以上海通用一贯的价格策略，别克凯越将会采用提高性能或者实行优惠的政策来变相降价。

别克凯越进入市场3个月内，销量突破2万辆大关，创造了中国轿车业的奇迹，这和上海通用汽车稳健的价格策略是分不开的。上海通用汽车一般采取一种具有刚性的价格，很少采用降价销售的竞争手段，虽然赛欧一度降价，但总体保持了一定的稳定性，避免品牌知名度的下降。

(1) 影响别克凯越定价的主要因素有哪些？

(2) 作为一个消费者，当你面对14.8万元和15万元这两种价格时，你首先会有什么样的印象？

(3) 为什么别克凯越会采取变相降价的策略？

四、实训题

以你最近一次比较大的消费活动为例，分析自己对商品的价格心理。

项目八

商品因素与消费行为

XIAOFEIZHE XINGWEIXUE

美国一家救护公司的成功改名

美国一家救护公司，一直奉行“态度诚实、可靠服务”的理念，并把这四个词的英文开头字母“AIDS”印在救护车上，声誉很好。后来情况却急转而下，许多患者拒绝乘坐，连小孩都经常向救护车扔石头、吐唾沫。导致公司的生意日益冷清，名声衰落，后来，该公司发现造成这种情况的原因其实很简单：艾滋病的英文缩写恰巧也是“AIDS”，公众以为该车是运送艾滋病人的车，该公司是救助艾滋病患者的公司，自然是不愿意找他们了。因此，在公司去掉了“AIDS”的英文缩写之后，逐渐恢复了自己的名誉，结束了经营惨淡的局面。

任务一　商品名称设计与消费者行为

■掌握商品命名与公司命名、品牌命名的区别。

■掌握商品命名的一般规律。

■掌握商品命名的一般程序。

■掌握商品命名的技巧。

给汽车起个好名

汽车制造厂商都想起个好名字，取悦用户。

德国大众的桑塔纳，是取“旋风”的美誉而得名的，美国加利福尼亚一座山谷生产名贵的葡萄酒，在这个山谷中经常会刮强劲的旋风，当地人称旋风为“桑塔纳”。德国大众以此命名，希望车能像旋风一样风靡全球。后来，桑塔纳的销路一直很好。

也有命名不当的公司，美国通用向墨西哥推出新款车，名为“雪佛莱诺瓦”，结果销路很差。后调查发现“诺瓦”在西班牙语中是“走不动”的意思。

福特公司有款“艾特塞尔”的中型客车，与当地伤风镇咳药读音相似，该车购买者甚少。

问题

（1）试从心理学角度分析为什么要给商品起个好名字？

（2）运用相关原理，对现实中的一些商标进行分析，并提出建议。

任务分析

当今社会，产品的名称就如同一个人的脸面一样，脸面的好坏往往决定了这个人给他人的第一印象。产品名称的好坏，会影响这个产品的销量，以及未来在该行业中的竞争力，所以，公司要注重自己的形象品牌，工厂要注重自己的产品名称，这样才能使自己的业绩立于不败之地。

一、什么是商品命名

商品命名就是选定恰当的语言文字，生动、贴切、概括地反映出商品的性能、形状、用途等特点。

（一）商品命名的意义

现实生活中，消费者在未接触到商品之前常常通过商品名称来判断商品的性质、用途和品质。一个简洁明了、引人注目、富于感染力的名称，往往可以提前赢得消费者的注意，可以促使消费者去了解商品，刺激消费者的购买欲望。

（二）产品起名与品牌命名的区别

首先，给产品取个好名字至关重要，产品起名的好坏对于企业品牌创建具有十分重要的地位。企业发展之初，给产品起名是和公司名一致，还是另有思路，这取决于企业产业结构和发展战略。一般来说，企业产品如果是多元化的，那么产品名可以独自独立；如果企业产品是一元的，产品起名可以考虑和公司名一致。

给产品起名，要着眼于市场传播力和亲和力。简单来说，一是要新颖便于识别；二是要简洁易记，便于传播。给产品取名，既要体现产品性质，又要具有独特个性；既要赋予产品名称以深刻的寓意和丰富的内涵，又要避免雷同，易读易记，叫得响，使消费者一听其名便留下深刻印象并引发联想，从而引起购买的欲望。

在创立产品品牌之前，要为产品取一个响亮的名字。产品的名字为产品品牌的创立起到多方面的作用。首先它起到识别的作用，使消费者能准确地认识品牌。除此之外它还有一个提示的作用，就是能够从名称本身看出它所代表的商品的某些特点，能够提示商品信息。商品名称具有优美含义和积极的联想，会对消费者极具吸引力，这样的商品名称也容易形成企业品牌，极大地促进产品的销售推广。它本身就具有宣传商品特点的广告作用，能够起到一种“润物细无声”的宣传效果。

（三）什么是成功的商品名称

(1) 名实相符，这是指商品名称要与商品的实体特征相适应，使消费者能够通过名称迅速了解商品的基本效用和主要特征。

(2) 便于记忆。商品的名称主要用来吸引消费者，加深消费者对商品的印象，所以商品的名称应易读易记，以便减轻记忆难度。

(3) 引人注意。这是商品命名最主要的目的，也是最重要的要求。好的商品命名应能在众多同类商品名称中脱颖而出，迅速引起消费者的注意。

(4) 激发联想。激发联想是商品命名的一项潜在功能，通过名称的文字和发音使消费者产生恰当、良好的联想，可以引发其良好的心理感受，激发购买欲望。

(5) 避免禁忌。由于不同国家、民族的社会文化传统不同，使得消费者的习惯、偏好、禁忌也有所不同。此外，语言文字的差异也会造成对产品理解的差异。

（四）商品名与企业名、品牌名的区别

商品名是指企业推向市场的某一具体型号规格的商品的名称。

企业名是指企业作为注册的商业组织机构所采用的机构名称。

品牌名是指企业为自己推向市场的一系列商品或某主打商品所命名的一个特定称号。

很多时候，品牌名、企业名与商品名是一致的；有时候企业名与品牌名又不同；有时候品牌名也跟产品名不一致。如何确定品牌名、企业名，这取决于企业采用单品牌、多品牌、母子品牌等中的哪种品牌策略。

商品名称与商标的区别

商品名称具有大众性，为公众所有，人人可以使用；而商标具有专用性，专有性。

商品的通用名称是用来区别不同种类的商品的，商品的特定名称是用来区别同种类商品的（特定商品、特定物）；而商标虽然也是用来区别商品的，但主要是用来区别不同商品的生产者和销售者的。

商品的通用名称不具有显著性，不能作为商标注册，因为它不仅不能区别商品的不同生产者或销售者，而且还会把本该属于公众使用的称呼变成特定人独占，造成不应有的垄断；商品的特定名称只要不违反相关法律法规的规定，大多可以注册成商标。

商品的名称系自然产生，无须办理任何手续。

注册商标必须经过申请核准后才能成为注册商标。商品名称一般情况下不受法律的保护，只有知名商品的名称，才能获得《反不正当竞争法》的保护。

应当注意的是，如果商标的所有人对商标使用不当、保护不当，尤其是驰名商标，该商标将有可能逐步转化为家喻户晓的商品通用名称，商标将失去显著性，商标所有人也就丧失了对该标志的独占垄断权。例如，阿司匹林、尼龙等都有类似的经历。

二、商品命名的一般规律

（一）以商品的主要效用命名

以商品的主要效用命名，其特点是名称直接反映商品的主要性能和用途，使消费者能迅速了解商品的功效，加快对商品的认知过程，多用于日用工业品、化妆品和医药品。比如："气滞胃痛冲剂"，一看便知是治疗胃病的药物；"金鱼洗涤灵"，一看便知道是洗涤剂；还有"玉兰油防晒霜""美加净护手霜"等均可直接从名称上了解到商品的用途和功效。这种开门见山的命名方法迎合了消费者追求商品实用价值的心理。

（二）以商品的主要成分命名

这样的命名方法可使消费者从名称上直接了解商品的原料构成，以便根据自己的实际情况选择商品。比如："螺旋藻麦片"，可以看出麦片中加入了螺旋藻；"复方甘草合剂"从名字可以看出其主要成分是止咳的甘草；"靓妃珍珠面膜"，原料里有养颜增白的珍珠。这些商品名称或强调货真价实，或突出原料名贵，都起到了吸引消费者的作用。

（三）以商品的外形命名

这种命名方法多用于食品、工艺品类的商品命名。它的特点是形象化，能突出商品造型新奇、优美的特点，引起消费者的注意和兴趣。比如有的首饰用"繁星满天"命名，有的食品命名为

"佛手酥""猫耳朵"等。不过采用这种方法,应注意名称和形象的统一,否则会弄巧成拙,达不到让消费者从名称联想到商品实体、从而加深对商品印象和记忆的目的。

(四) 以制作工艺或制造过程命名

这种方法多用于具有独特制作工艺或有纪念意义的研制过程的商品,这是一种经常被采用的方法。如"二锅头"酒在制作过程中要经过两次换水蒸酒,且只取第二锅酒液的中段,酒质纯正、醇厚,以此命名,能使消费者了解该酒不同寻常的酿制工艺,从而提高商品声望。

(五) 以商品的产地命名

以产地命名主要是由于产品具有悠久的历史,尤以产地的商品最具特色,享誉盛名。冠以产地名称可以突出该商品的地方风情、特点,使其独具魅力。例如,"金华火腿""云南白药""青岛啤酒"等。这种命名方法符合消费者求名、求特、求新的心理,可以增加商品的名贵感和知名度,同时使商品体现了地域的文化性,从而让消费者产生亲切感和偏好。

(六) 以人名命名

以人名命名,即以发明者、制造者和历史人物等名字给商品命名的方法。这种方法将特定的商品和特定的人联系起来,使消费者睹物思人,引起丰富的联想、追忆和敬慕之情,从而使商品在消费者心目中留下深刻的印象。如"范思哲""皮尔·卡丹""李宁"等。以人名命名还可以体现商品悠久的历史和文化,表明商品系出名门、正宗独特,以此诱发消费者的购买欲望。

(七) 以外来词命名

在进口商品的命名时,用外来语命名很常见,这主要是为了满足消费者的求新、求奇、求异的心理,还可以克服翻译上的困难。用外来语命名要求名字读起来朗朗上口、寓意良好。最好的例子就是"CocaCola",其中文译名选定为"可口可乐",让人们联想到可口的饮料带来的舒畅感觉,以及由此产生的愉悦心情。

(八) 以吉祥物或美好事物命名

有些商品为迎合人们图吉利、盼发财的心理,起名为"百合""吉利"等。而我国的一些中药,由于其所含成分的本名会使消费者感到不适,所以常常换成能使人产生良好联想的名称来代替原有名称。如用"地龙"这个名称代替"蚯蚓";用"天龙"这个名称代替"壁虎"。

(九) 以色彩命名

这种方法较适用于食品类商品。如"黑巧克力"原料中巧克力的成分比较高,黑色突出了纯度;"白玉豆腐"突出豆腐形态白嫩细腻;"白加黑感冒片"则突出了白色药片与黑色药片的不同效果。以色彩命名突出了消费者的视觉感受,使之对商品留下深刻印象。

三、商品命名的常见误区

(一) 字形

字形也是命名时要考虑的因素之一,中文、英文都存在字形的问题。个别情况下尤其是用书法形式设计成名称后,极易被人误解、仿冒和钻空子。

(二) 雷同

行业内已经有了一个知名的"雷鸟"了,你再取名"雷音鸟",在消费者眼中则始终是一个扒窃者的形象。

(三) 字音

中文的多音字很多,多音字会带来识别不当,影响商品市场效果,命名时不可不注意这一点。

(四) 字义

一字多义,即一个汉字有多种解释,选择不当会造成误解或者笑话,授人以柄。如"喝"字多音多义,可读成一声或四声,以"喝"字命名时,如"猛喝堂",本想取义"当头一喝(第四声),惊醒梦中人",结果很多人理解成"猛喝(第一声)堂"了。

(五) 谐音

不同的字,发音可能会相同或相似。如"三"和"山","燕"与"雁","践"与"贱"。又如选择"培蒙"作为企业名时,极易使人联想到"赔懵"这两个字。

四、商品命名的常见误区二

(1) 怪异生僻。有些字如"晟""懋"之类,增强了名称的深奥程度,却同样增加了识记的难度。

(2) 崇洋媚外。取一个古里古怪、难记又没有意义的外国名字,有故弄玄虚之嫌。当然少数确实有特殊、积极意义的名字除外。

(3) 封建思想。我国封建社会漫长,以至于那种称王称霸、官本主义在人们头脑中根深蒂固,以为这样可以吸引人、压倒对手,如以"王""皇""贵族""皇家""宫廷"之类的字词命名的现象非常普遍。

(4) 生硬模仿。如行业内有一个"林中虎",自己就来一个"林中狼"。

(5) 科技名词术语。以一些只有技术人员、工程师等专业人员才能明白的技术知识、原理、术语命名,消费者完全不明所以,不便于识别和记忆。

五、谁来给商品命名

一般公司给商品命名时主要使用以下三种方式:

(一) 对外征求

像声宝公司,就曾慷慨拿出 100 万元,广征天下好手的"神来一笔"替其企业命名,成功地获得了一个好名字并打开了知名度。

(二) 广告公司和专业命名公司

在国外,很多企业在给企业、品牌、商品命名时都会找专业的公司来企划。在专业电脑命名公司里,可谓是藏龙卧虎,有语言学家、撰文高手及电脑好手、议员和一些想象力特别杰出的鬼才。群策群力的结果,往往有一鸣惊人的品牌出现,但是费用不菲。

(三) 自己命名

企业自己给自己的品牌、商品命名,由于不同企业对命名的重视程度、理解和专业能力的不同,命名水平也有很大的差异。国内多数企业都选择自己命名,且重视不够,缺乏科学的命名知识和技巧,所以整体水平不高。近年来,受外来企业、外来品牌的影响,国内的各大型企业在这一方面已有了很大改观。

六、商品命名的一般流程

一般的商品命名都是一个集思广益的过程，涉及以下几个步骤。

(1) 成立命名小组，指派多人小组负责商品命名，并确定小组负责人。

(2) 了解商品，要熟识产品本身，包括外形、色彩、主功能、副功能、包装、使用操作方式、技术参数、生产工艺、专利技术、认证获奖情况、发明者、生产者、销售者等，尽可能详尽地了解商品相关信息。

(3) 与竞争产品做比较，即与目标市场上的竞争产品特别是主要竞争产品的各项属性、特点进行比较。

(4) 找出商品的优势或特点，通过比较找出命名商品的独特的优势、特点，并将它们罗列出来。这些优势包括人无我有的地方、人有我优的地方、人优我廉的地方、人俗我特的地方。

(5) 提炼卖点，即从商品优势中找出我们需要向客户特别强调的一两点，将它们作为该商品的卖点。

(6) 明确命名需求和命名人员。将提炼出来的卖点等相关信息，发给相应命名人员，并明确告知商品名称的数量、提交方式、最后期限等要求。

(7) 命名人员根据所获得的信息和要求命名。一般来讲，命名人员的性别、个性、年龄、学历、专业等组成越丰富越有利；命名人员可以独自思考，也可以小组探讨；可以专门进行头脑风暴会议，也可将命名工作带到工作、生活、休息等其他活动中去完成。

(8) 商品名称的预选，即将收集起来的商品名称经过科学严谨的筛选，获得终选名单(2～5个)。什么样的筛选才是科学严谨的呢？不同的人有不同的看法，各道筛选的先后顺序也不同，但是基本上都包括以下步骤：①是否合法、能否注册的筛选；②是否雷同、近似其他品牌的筛选；③是否便于朗读、书写和记忆的筛选；④是否会产生歧义或负面联想的筛选。筛选的具体方法也有很多种：①每个筛选专家各自根据已经讨论统一的筛选原则和顺序，筛选出自己的结果，数量应是事先确定好的；②筛选专家分组负责不同的筛选；③所有筛选专家一起逐个讨论筛选，直到得出预期的终选名单。

(9) 商品名称的最终决策。在获得终选名单之后，很多不同的企业都有一套自己的商品名称最终决策方法：①高管直接决策，命名小组获得终选名单以后，由总经理或其他高管直接选择一个作为商品的最终名称；②内部投票决策；③外部投票决策，外部投票决策根据对象不同还可以分成社会公众投票决策和目标客户投票决策。

知识拓展

通过对市场品牌的研究，总结了以下十种命名方法，供企业在进行品牌命名时借鉴。

一、地域法

地域法就是企业产品品牌与地名联系起来，使消费者从对地域的信任，进而产生对产品的信任。著名的“青岛啤酒”就是以地名命名的产品。人们看到“青岛”两字，就会联想起这座城市红瓦、黄墙、绿树、碧海、蓝天的壮美景色，使消费者在对青岛认同的基础上产生对该啤酒的认同。同样，飞速发展的蒙牛乳制品，就是将内蒙古的简称“蒙”字，作为企业品牌的要素，消费者只要看到“蒙”字，就会联想起“风吹草低见牛羊”的壮观景象，进而对蒙牛产品产生信赖。再如，电视广告中一种叫“宁夏红”的酒，就是以宁夏特产枸杞为原料酿制的滋补酒，其品牌就是以突出产地来证实这种酒的正宗。由此可见，将具有特色的地域名称与企业产品联系起来确定品牌名称的方法，有助于借助地域积淀，加深消费者对品牌的认同。当然，若企业都用地域命名企业或产品的话，会产生混乱感。

二、时空法

时空法就是将与产品相关的历史渊源作为产品品牌命名的要素，使消费者对该产品产生正宗的认同感。众所周知的“道光廿五”酒，就是在 1996 年 6 月，凌川酒厂的老厂搬迁时，偶然发掘出穴藏于地下 152 年的清道光乙巳年(公元 1845 年)的四个木酒海(古时盛酒容器)。经国家文物局、锦州市人民政府组织考古、酿酒专家鉴定，这批穴藏了一个半世纪的贡酒实属世界罕见、珍奇国宝。于是企业抓住历史赋予的文化财富，为用这种酒勾兑的新酒取名“道光廿五”。“酒是陈的香”，消费者只要看到“道光廿五”这个名字就会产生喝到祖传佳酿的感觉。因此，运用时空法命名品牌，可以借助历史赋予品牌的深厚内涵，迅速获得消费者的青睐。

三、目标法

目标法就是将品牌与目标客户联系起来，进而使目标客户产生认同感的一种方法。太太口服液是太太药业生产的女性补血口服液，此品牌名使消费者一看到该产品，就知道这是专为已婚妇女设计的营养补品；同样，“太子奶”就使人马上联想到这是给孩子们消费的乳制品；著名的品牌“商务通”，把目标客户定位于那些商界人士，创造了一个电子产品的奇迹。运用目标法来命名品牌，对于获得消费者认同具有很好的效果。

四、人名法

人名法就是将名人、明星或企业首创人的名字作为产品品牌，充分利用人名含有的价值，促进消费者认同产品。如：“李宁”牌，就是体操王子李宁利用自己的体育明星效应，创造了一个中国体育用品的名牌；“戴尔电脑”，就是以创办人戴尔名字命名的；还有“王致和腐乳”“张小泉剪刀”“福特汽车”“乔丹篮球鞋”“松下电器”“本田汽车”等都采用了人名命名法，以此来提高产品品牌认知率。

五、中外法

中外法就是运用中文和字母或两者结合的方法来为品牌命名，使名称有洋气的感觉，进而促进产品销售。运用中外法，要巧妙结合，切忌“为洋而洋”，或“为中而中”，尤其是防止乱用“洋名”，使消费者产生厌倦，甚至产生反作用。

六、数字法

数字法就是用数字来为品牌命名，借用人们对数字的联想效应，增加品牌的特色。如“三九药业”的驰名品牌“999”，其含义就是健康长久、事业恒久、友谊永久。运用数字命名法，可以增强名称的差异化识别效果。

七、功效法

功效法就是用产品功效为品牌命名，使消费者能够通过品牌对产品功效产生认同。如：“脑轻松”就是一种健脑益智的营养品的品牌；“飘柔”洗发水，以产品致力于让使用者拥有飘逸柔顺的秀发而命名。运用功效法命名品牌，可以使消费者看到品牌名称就联想起产品的功能与效果。

八、价值法

价值法就是以企业追求来为品牌命名，使消费者看到产品品牌就能感受到企业的价值观念。如:武汉的“健民”品牌突出了为民众健康服务的企业追求;北京的“同仁堂”品牌,突出了“同修仁德,济世养生”的药商追求。因此,运用价值法为品牌命名,对消费者迅速感知企业价值观具有重大意义。

九、形象法

形象法就是运用动物、植物等来为品牌命名。如:“七匹狼”给人以坚毅、勇猛的感觉;“圣象”地板,给人一种大象都难以踩坏的地板形象。运用形象法命名品牌,借助动物、植物的形象,可以使人产生联想,提升认知程度。

十、企业名称法

企业名称法就是将企业名称作为产品品牌来命名。运用企业名称法来进行产品品牌命名,有利于产品品牌知名度、企业知名度的相互促进,达到有效提升企业形象的目的。

总之,企业在进行品牌命名时,要结合企业实际情况和市场需求,有创意地为品牌命名,使中国品牌走向世界。

品牌命名的成功案例

1927 年,上海街头悄然出现了一种饮料——“蝌蚪啃蜡”。

不知所云的名字还不是这种饮料最古怪的地方。它棕褐色的液体、甜中带苦的味道,以及打开瓶盖后充盈的气泡,让不少人觉得既好奇又有趣。古怪的味道,加上古怪的名字,这种饮料的销售情况自然很差。于是,在第二年,这家饮料公司公开登报,用 350 英镑的奖金悬赏征求译名。最终,身在英国的一位上海教授蒋彝击败了所有对手,拿走了奖金。而这家饮料公司也获得了迄今为止被广告界公认为翻译得最好的品牌名——“可口可乐”。它不但保持了英文(cocacola)的音译,还比英文更有寓意。更关键的一点是,无论书面还是口头,都易于传诵。这是可口可乐步入中国市场的第一步。

到 1948 年,中国成了可口可乐在美国境外第一个销量超过 100 万箱的市场。然而,在一年后,随着美国大使馆撤离,可口可乐也撤出了中国市场。自此之后的 30 年内,中国市场上再没出现过这种喝起来有点像中药的饮料。1979 年,在中美建交之后的第三个星期,第一批可口可乐产品从香港经广州运到了北京。可口可乐再度返回了中国大陆市场。截至 2007 年,可口可乐在中国提供超过 50 种品类的产品,涵盖了从碳酸饮料到果汁、茶、水、咖啡、功能饮料等几乎所有饮料品类,满足了消费者的不同饮料需求。而中国人均年饮用可口可乐公司产品数量达到 24 杯。中国市场已经成为可口可乐全球市场中的第二大市场。

评价

可口可乐的中文品牌名称称得上是品牌命名的顶级佳作。没有一个国际品牌的中文名字会有如此的影响力。“可口可乐”这个从“cocacola”直接音译过来的品牌无疑是一个极富中文内涵的名字。它既包含感性诉求又包含理性诉求,“可口”让人们联想到这种饮料的美妙滋味,“可乐”既突出这种饮料带给人们的心理享受,又与可口可乐多年来一直强调并大力宣传的“欢乐、尽情”的品牌形象不谋而合。

任务二　商品包装设计与消费者行为

■了解包装的功能。
■了解包装设计要适合消费者心理。
■了解包装设计可能存在的问题。
■了解商品包装中避免同质化的建议。
■掌握包装设计三原则。

■掌握包装设计的基本方法与基本程序。

包装——红星二锅头走出低端的奥秘

作为一家有着50多年历史的酿酒企业，北京红星股份有限公司（以下简称"红星公司"）生产的红星二锅头历来是北京市民的餐桌酒，一直受到老百姓的喜爱。然而，由于在产品包装上一直是一副"老面孔"，使得红星二锅头始终走在白酒低端市场，无法获取更高的经济效益。

随着红星青花瓷珍品二锅头的推出，红星二锅头第一次走进了中国的高端白酒市场。红星青花瓷珍品二锅头在产品包装上融入了中国古代文化的精华元素。酒瓶采用仿清乾隆青花瓷官窑贡品瓶型，酒盒图案以中华龙为主体，配以紫红木托，整体颜色构成以红、白、蓝为主，具有典型中华文化特色。该包装在中国第二届外观设计专利大赛颁奖典礼上荣获银奖。国家知识产权局副局长邢胜才在看了此款包装以后表示，"这款产品很有创意，将中国的传统文化与白酒文化结合在一起，很成功"。

对此，红星公司市场部有关负责人告诉记者，红星青花瓷珍品二锅头酒是红星公司50多年发展史上具有里程碑意义的一款重要产品。"它的推出，使得红星二锅头单一的低端形象得到了彻底的颠覆。不但创造了优异的经济效益，还提高了公司形象、产品形象和品牌形象。"记者了解到，红星青花瓷珍品二锅头在市场上的销售价格高达200多元，而普通的红星二锅头酒仅为五六元。

任务分析

商品包装是商品构成要素的一个组成部分，失之便会降低商品的价值，破坏商品的完美性。在市场经营活动中，商品包装被冠以"无声推销员"的美称，对企业销售和消费者的行为发挥着越来越大的影响作用。

一、包装的功能

商品的包装装潢，是实现商品使用价值和增加附加价值的一种重要手段。包装一方面是指采用不同形式的物品对商品进行捆扎；另一方面是指装盛商品的容器和包装物。装潢是指对商品包装进行装饰和美化，一般也属于包装的范围。包装有以下几种功能。

（一）保护商品

人的衣服穿少了会伤风感冒，商品包装质量不好，易使商品变质和受损。包装的直接目的是保护商品的内在质量不受损伤，这是最基本的功能。这一基本功能具体体现在商品从进入流通领域到达消费者手中的过程中，保证商品的使用价值和附加价值不受损害。实现保护商品的功能，是商品包装设计中的基本原则，达不到这一原则，就失去了包装的意义。此外，消费者看到设计科学、外观完好的包装，也会增加对商品的信任和心理上的安全感。

（二）吸引注意

在超级市场，商品琳琅满目，千姿百态，如没有营业员的拿递、介绍，或消费者没有明确的购买目标和特定的品牌偏好，则消费者对购物往往会感到茫然无措。因此，那些具有色彩鲜明、构图精美、造型奇异、文字醒目等特征的包装，往往使消费者爱不释手，促成购买。

（三）传递信息

包装上有关商品的功能作用、使用方法、注意事项的表述，能使消费者增长知识，加深对商品的认识；有关商品的重量、效能参数、优点特色等说明介绍，便于消费者在商品中进行比较；有关商品的原料成分、加工方法、出厂日期、检验标记等内容，可以解除消费者的疑虑。消费者如果是初次购买某种商品，得不到必要的商品信息，就不能做出正确、迅速的选择。

（四）为商品增色

包装使用不同的原料质感，不同的颜色图文，使商品所包含的象征意义、审美价值等心理功能得以更好的显现。包装的安全便利、复合用途等能从不同的角度迎合消费者多方面的心理需要，增加商品的魅力。

（五）促进销售

随着自动售货方式的扩大，消费者生活习惯的变化等诸多因素，包装已从最初的防损、防污的功能逐步扩大到促销等具有附加意义的功能。

"芭蕾"珍珠膏成功促销之道

我国江苏生产的"芭蕾"珍珠膏，不仅畅销港澳，而且远销法国、美国和东南亚一些国家。其原因除了它的内在质量较好外，还包括在包装上下的功夫。他们把包装的外盒设计成白底色，中间画着一双灵巧的手，托着一颗晶莹醒目的金色珍珠，雍容华丽，十分突出。在把瓶装珍珠膏装入纸盒后，又在瓶盖上面放置一个小巧的泡沫塑料托盘，里面放着一支镶有一颗珍珠的小别针。当你打开纸盒，一支闪闪发光的珍珠别针立刻跳入你的眼帘。这特别能吸引妇女的喜爱。说明书上还写明，如果买50瓶以上，这些别针上的珍珠可以串成一条珍珠项链。"芭蕾"珍珠膏因为这种包装方式而名声大振，销量日增。

在现代经营中，包装对于销售的促进作用绝不可低估。美国当今化工行业中最大的杜邦化学公司曾提出著名的杜邦定律，即有60%的消费者是根据商品的包装装潢而进行购买决策的。因此，如何设计适应先进的销售方式和消费者乐于接受的商品包装，已经日益为商品生产者和经营者所重视。

二、包装设计要适合消费者心理

市场竞争中的商品，不仅要有高质量的商品实体，还要有感染力的包装外观。因此，对工商企业来说，合理地设计包装显得很重要。

(一) 包装要方便使用和携带

商品包装最重要的是要站在消费者的立场上，考虑消费者携带和使用的便利性。包装不但要有利于消费者的日常生活，而且要有利于激励消费者连续的购买行为。

例如，袋装茶叶为消费者提供了一种更方便饮用、便于携带的商品。以前茶叶包装或是包装纸简单包装，或是茶叶筒罐装，不利于人们外出携带和冲泡。袋装茶叶的包装是将茶叶化整为零，分别装入小过滤纸袋中，然后分为10袋、20袋、100袋……装入设计精美的包装盒中，消费者不用再为外出时如何带茶叶而费神了，因而，袋装茶叶受到人们的欢迎。总之，包装设计应跟上时代潮流，要处处考虑消费者的需求。

(二) 要适应不同的消费者

企业在设计商品包装时，务必要从研究消费者的消费习惯、消费水平、消费心理开始，以适应不同消费者的需要。根据消费者不同的消费水平，可以设计质量有别的商品包装：高中低档次的等级包装、名贵包装、礼品包装、简便包装和复合包装。根据消费者的年龄、性别，设计突出个性特征的商品包装：男性化包装、女性化包装、老年用品包装、中青年用品包装和少儿用品包装。此外，包装的颜色、图案要符合民族的风俗习惯。总之，针对消费者的购买动机与需要、行为方式与特点进行商品包装设计，满足不同消费者多种多样的需要是工商企业服务的宗旨。

(三) 注意艺术性和趣味性

商品包装起着第一印象的作用。因此，精心设计具有艺术性和趣味性的包装，可在一定程度上激起消费者的兴趣和购买欲望。

案例分析

我国出口到英国的18头莲花茶具，包装是光身瓦楞纸盒，既不美观，又不知道里面装的是什么，销路一直不好。后来，加制了一个精制的美术包装，上面印有彩色实物照，套在原包装外面，使茶具销路大增，卖价由原出口时的1.7英镑提高到8.99英镑。

江苏某玩具厂生产的长毛绒熊猫玩具，原包装使用普通塑料袋，显得简陋粗糙，出口到国外，每个售价为0.88美元。后采用中国传统竹子图案装饰，盒子开了一个天窗，增加了趣味性，仅此一项，1978年该产品就多创汇17万美元。

(四) 新颖大方、不落俗套

当一种产品的包装使用了一个较长时期以后，应考虑推陈出新而做出相应的变换。国外不少工厂就采用这种办法来扩大产品销路。新图案、新形状让商品的特色“跳出来”，而不是被包装“吃掉”。这样，可以满足消费者共有的求新心理，促使其产生跃跃欲试的购物想法。

（五）信任感

在超市里，我们常常可以看到消费者把商品拿在手里，通过研究包装来研究商品。可以说，包装是消费者决定是否购买的最后关卡，有关商品的质量、成分、数量等，都可以通过包装上的信息传递给消费者。

（六）包装要适当

商品在包装上最常出现的问题是商品的过度包装，包装过多、装饰过于，让人感到画蛇添足、喧宾夺主。商品包装贵在适当，所以在满足基本的包装要求下，要力求降低包装成本。

三、包装设计存在的问题

（一）包装的同质化问题

当下，社会物质非常丰富，商品同质化现象越来越严重，市场竞争也越来越激烈。所谓商品同质化是指同一大类中不同品牌的商品在性能、质量、外观设计甚至营销手段等方面相互模仿，以致逐渐趋同的现象。同质化包装设计，是指目前市场上的包装在设计上多遵循20世纪的功能主义设计原则：强调功能至上；外观要求形式符合目的，追求简单直接，无附加饰品；采用标准化制造，强调技术美感。

商品的包装设计应该是以人为核心的，在最大限度地满足消费者情感需求的前提下，融入商品独特的风格和个性，并努力在设计中将其表现出来。

（二）同质化的危害

商品包装的同质化主要有两种形式。一是包装设计简单。目前商品包装的设计者大多根据自己的主观经验和市场感觉设计商品包装的外观，结果是大家都采用相近的色彩、外形、文字介绍，这样消费者只能知道这一类产品的形象，很难对某一品牌的商品有较深的印象。二是模仿名牌包装设计。名牌之所以成为名牌，必有其独特的形式感，一般的品牌如果只是一味地模仿，没有自己的思想和灵魂，就很难出众，很难产生自己的消费者群体并逐步发展壮大，只有创新才能真正创出品牌、创出市场。

四、商品包装中避免同质化的建议

消费者的购买行为是在某种动机推动下进行的。人的行为一般都是由一定的主观原因即动机支配进行的，而动机又与需要密切相关，动机是由人的需要转化而来的。换言之，人是为了满足某种需要才采取某种行为的，消费者到商店购买某种商品是因为他们需要这种商品。

在设计过程中，首先要考虑如何突出产品的形象。产品的形象塑造在销售的各个环节中起着举足轻重的适应作用，直接影响产品在消费者心目中的印象以至消费行为的产生，从而达到商品销售这一最终目的。

（一）包装设计差异化

现在的顾客对商品的要求越来越高，不但注重其功能是否齐备，还重视商品的包装设计能否体现其生活品位，能否迎合时尚潮流。设计的差异化，能加深品牌识别并最终为企业赚得利润，是商品包装设计在经济领域最重要的功能。优秀的形式感是产品在竞争中胜出的重要因素，通过产品设计将实用价值、精神价值和情感价值整合到品牌认知中。

（二）在设计中融入时尚元素

与众多名牌相比，成长中的品牌更容易犯下忽视包装、急功近利的错误。名牌的形成也是一个长期积累和不断改进的过程，每个时代都有主流的审美观，商品包装设计作为商业文化的一个组成部分需要不断调整自己以适应时代的要求。小品牌由于处于创业初期，还没有形成一个成熟的整体形象，因而更有灵活性。

（三）将文化融入包装设计中

当代消费者精神生活的不断丰富，对于情感化设计的要求也越来越高。融入传统文化元素的包装往往更容易贴近大众，迎合人们消费的感性需求。一件产品想要在市场营销中取得成功，单纯依靠产品自身的优异性是不够的。巧妙地运用传统文化元素作为产品包装设计的表现形式，使中国传统文化的使用价值得到新的升华，这样的包装具有较强的时代感和民族感，具有强烈情感影响力，也显示了商品品牌的个性特征，可以对商品的流通、销售起到积极的推动作用。

商品的价值在哪里？在消费者心里。设计必须根据产品和目标消费群的心理需求来做品牌背后的文化概念，即编织一个梦来满足消费者精神生活的需要，来引导和推广新的生活方式。包装文化中蕴含了价值观，文化内涵是包装设计赖以识别的一个重要因素。编织产品的文化是创造理念、创造一种文化的过程。

五、包装设计三原则——醒目、理解、好感

所谓包装，不仅具有充当产品保护神的功能，还具有积极的促销作用。随着近年来市场竞争愈演愈烈，更多的人在想尽办法使包装发挥出后一种作用。日本学者伊只卓曾提出包装设计三原则——“醒目、理解、好感”原则。

（一）醒目

包装要起到促销的作用，首先要能引起消费者的注意，因为只有引起消费者注意的商品才有被购买的可能。因此，包装要使用新颖别致的造型、鲜艳夺目的色彩、美观精巧的图案，有特点的包装材质使包装具有醒目的效果，使消费者一看见就产生强烈的兴趣。

造型的奇特、新颖能吸引消费者的注意力。比如酒瓶造型，一般以圆柱体为主，有的酒瓶运用模仿造型，设计成复杂的锚形或人体形，这种特别造型的酒瓶在一批以圆柱体、长方体造型为主的酒瓶中会显得非常突出、美观。

色彩美是人最容易感受到的，有的市场学者甚至认为色彩是决定销售的第一要素，他们在长期的市场调查中发现，有的颜色作为产品的包装，会使产品惊人地不好销，灰色便是其中之一。他们认为，这是因为灰色难以使人心动，自然难以让消费者产生购买冲动。他们提出红、蓝、白、黑是四大销售用色。以红色为例，它所具有的形象数最多，而且是太阳、火、血液等与生命具有强有力关系的形象。因此，红色最容易使人激动。蓝、白、黑与太阳也密切相关：太阳总是高挂在蓝天之上，太阳一下山，天就黑了下来，当太阳再度升起的黎明时分，东方的天就变成鱼肚白。这四种颜色是支配我们每天生活节奏的重要颜色，作为销售用色时能够引发消费者的好感与兴趣。此外，图案是与色彩相结合而起作用的。“雪莲”牌羊绒衫的纸盒包装为柔和的浅绿色，盒上有凸出来的洁白的雪莲花图案，分外雅丽，引人注目；“西汉古酒”酒瓶外有一块红底

带有古色古香的黑色图案的牌子，包装盒枯草黄的底色上四个遒劲、凝重的黑色篆书“西汉古酒”，似一位老人在诉说着久远的故事。在一排花花绿绿的酒瓶中，“西汉古酒”酒瓶的独特风姿十分引人注目。

一般来说，包装的图案主要用来衬托品牌商标，充分显示品牌商标的特征，使消费者从音标和整体包装的图案上立即识别产品。特别是名牌产品与名牌商店，包装上商标的醒目可以立即起到招徕消费者的作用。包装材质的不同同样可以引起人们的注意，如山东出口的瓷器礼品，别出心裁地用玉米皮编成手提式套箱做包装，既充分利用了农村富余劳动力，又使本地大量的廉价材料变成具有民间特色、质地雅致的工艺品包装，比起一般的纸盒包装更具有艺术性。

（二）理解

成功的包装不仅要通过造型、色彩、图案、材质的使用引起消费者对产品的注意与兴趣，还要使消费者通过包装精确地理解产品。因为人们购买的目的并不是包装，而是包装内的产品。准确传达产品信息最有效的办法是真实地展现产品形象，可以采用全透明包装；可以在包装容器上开窗展示产品；可以在包装上绘制产品图形；可以在包装上做简洁的文字说明；可以在包装上印刷彩色的产品照片，等等。

“雪莲”牌羊绒衫的纸盒包装上部开一“天窗”，透过玻璃纸可以清楚地看到羊绒衫的颜色和质地，便于选择。广东的“钻石”牌不锈钢菜刀，用具有能固定刀体的纸盒包装，使搬运和销售更方便，盒面上附以菜刀产地、历史、质量等的照片与说明，使其悠久的历史、上乘的质量得到真实的直观展现。

准确地传达产品信息的同时要求包装的档次与产品的档次相适应，掩盖或夸大产品的质量、功能等都是失败的包装。我国出口的人参曾用麻袋、纸箱包装，外商怀疑是萝卜干，这自然是受这种粗陋的包装档次所影响的结果。

相反，低档的产品用华美贵重的包装，也不会吸引消费者。目前我国市场上的小食品包装大多十分精美，醒目的色彩、华丽的图案、银光闪烁的铝箔袋加上动人的说明，对消费者特别是儿童有着极大的诱惑力，但很多时候袋内的食品价值与售价相差甚远，使人有上当受骗的感觉。所以，包装的档次一定要与产品的档次相适应。

根据国内外市场的成功经验，对高收入者使用的高档日用消费品的包装多采用单纯、清晰的画面，柔和、淡雅的色彩及上等的材质原料；对低收入者使用的低档日用消费品，则多采用明显、鲜艳的色彩与画面，再用“经济实惠”之词加以描述，这都是为了将产品信息准确地传达给消费者，使消费者理解。

准确地传达产品信息还要求包装所用的造型、色彩、图案等不违背人们的习惯，以免致使理解错误。

当下包装色彩的运用有这样一些经验：①黄油不用黄色的包装设计而用其他色彩的易滞销；②咖啡用蓝色包装不好卖不出去。这些现象是因为人们长期以来已经对某些颜色表示的产品内容有了比较固定的理解，这些颜色也可称为商品形象色。商品形象色有的来自商品本身，如茶色代表着茶，桃色代表着桃子，橙色代表着橙子，黄色代表着黄油和蛋黄酱，绿色代表着蔬菜，咖啡色就是取自于咖啡。

案例分析

关于颜色与味道的关系，日本市场学家做过一些心理测试，具体操作是请消费者观察两种牌号的咖喱包装盒，猜测带甜味的咖喱和带辣味的咖喱。“古里科”牌咖喱是甜味型的，但70%的人看着它红色的包装盒认为它是带辣味的；“SB金”牌甜味型咖喱的包装盒是黄色的，它被大多数人认定是甜味型咖喱。显然，“SB金”牌甜味型的包装与其产品的一致性较好，它肯定比“古里科”牌咖喱畅销，事实也确实如此。

（三）好感

这里所说的好感，也就是说，包装的造型、色彩、图案、材质要能引起人们喜爱的情感，因为人的好恶对购买冲动起着极为重要的作用。好感来自两个方面，首先是实用方面，即包装能否满足消费者的各方面需求，提供方便。这就涉及包装的大小、多少、精美等方面。同样的护肤霜，可以是大瓶装，也可以是小盒装，消费者可以根据自己的习惯选择；同样的产品，包装精美的容易被人们选作礼品，包装差一点的往往买了留给自己使用。有一个精美的包装，一般更容易引起消费者对产品的好感。

好感还直接来自于包装的造型、色彩、图案、材质的感觉，这是一种综合性的心理效应，与个人以及个人气息的环境有密切关系。以色彩来说，每个人都有自己喜爱和讨厌的颜色，这当中有差异性，但也有共同点，比如女性大部分都喜欢白色与红色、粉红色，它们被称为女性色，女性用品的包装使用白色与红色一般更容易引起女士们的喜爱。而男性喜欢庄重严肃的黑色，黑色又称男性色。此外，不同的民族有不同的喜爱色，人称民族色。美国人喜欢黄色，使用黄色包装的商品易畅销。日本人不喜欢黄色，在日本采用黄色包装往往滞销。有人认为美国人喜欢黄色是出于对金发美人的喜爱，还因为在其南部诸州的炎热地区，太阳看上去是金黄色的，这其中的奥秘这里不深入探讨。要注意的是，这种民族偏爱的现象也是相对的、变化的。

差别感觉阈限的运用

我国最早出现果冻生产厂家是在1985年，而广东喜之郎集团有限公司（以下简称喜之郎公司）直到1993年才开始进入整个果冻生产行业，比整个行业晚了整整8年。然而在1999年央视调查咨询中心所做的全国城市消费者调查的结果显示，喜之郎公司已经占领了我国果冻市场83%的市场份额。是什么让喜之郎公司在短短的6年时间内就迅速成长为国内果冻企业的老大呢？除了产品本身的质量以外，喜之郎的创意包装和独特的营销战略使得喜之郎公司的市场占有率年年提升。

1996年，喜之郎公司在市场上已经小有名气了，但是仍然是地方性的小品牌，市场份额有限。1997年喜之郎公司为了扩大自身的发展，委托广东平成广告公司对自己的产品进行重新定位和包装。1998年，喜之郎公司的新型产品“水晶之恋”系列正式上市，并迅速得到了市场的认可。在消费定位上，“水晶之恋”系列产品缩小目标市场，聚焦于年轻情侣，但果冻与“水晶之恋”原本是两个意义完全不同的符号，为了建立消费者的新的认知模式，平成公司为“水晶之恋”创造性地设计了“爱的造型”与“爱的语言”，将果冻的造型由传统的小碗样式改造为心形，封盖上两个漫画人物相拥而望，更为这种心形果冻平添了几分魅力，迅速得到了市场的认可。“水晶之恋”这个系列的推出，使喜之郎公司在短短的1年时间内从一个地方性品牌一下子跃升为国内行业第二大品牌。

包装纸盒的色彩艺术

纸材原料充沛、轻便，利于加工、运输、携带和装潢印刷，容易达到卫生要求，无毒无污染，成本低，在包装上应用十分广泛。据有关资料统计，销售包装中的纸材占整个包装材料的45%左右，不仅用于百货、纺织、五金、家用电器等商品的包装，还适用于食品、医药、军工产品的包装。

纸盒是纸包装容器中应用广、用量大的包装容器，有裱糊纸盒和折叠纸盒两大类。前者多用于较高档次的包装，成本较高；后者由于适用于大批量生产加工，是应用最广泛的一类。色彩是商品包装设计的重要因素之一，它依附于图形、文字而表现出来，对商品包装设计起着举足轻重的作用。人们浏览货架上的商品时，首先映入眼帘的是包装的色彩。色彩不仅关系到商品的陈列效果，而且直接影响消费者的购买欲望。

色彩对消费者会产生强烈的心理影响，使他们产生相应的联想，在色彩运用时应当充分考虑到这一点。下面对常见包装纸盒习惯用色做一说明。

(1) 副食品类纸盒：常用鲜明、轻快的色彩。如用蓝色、白色表示清洁、卫生、凉爽等；红色、橙色、黄色表示甜美、芳香、新鲜等；古朴、庄重的复色表示美酒的醇香和历史悠久等。

(2) 化妆品类纸盒：常用柔和的中间色彩。如用桃红色、粉红色、淡玫瑰红表示芳香、柔美、高贵等。不过，对某些男用化妆品通常用黑色表示其庄重等。

(3) 儿童用品类纸盒：常用鲜艳夺目的纯色或对比强烈的色彩来表示生动、活泼等。

(4) 医药品类纸盒：常用单纯的冷暖色彩。如用绿色、冷灰色表示宁静、消炎、止痛等；红、橙、黄等暖色表示滋补、营养、兴奋等。

(5) 纺织品类纸盒：常用黑色、白色、灰色的层次关系，在调和中求对比；女用纺织品多用艳丽、优雅的色彩。

包装色彩是以人们的联想和对色彩的习惯认知模式为依据，并进行高度的夸张和变化，以求新求异。色彩的心理作用是复杂的，而且往往随着国家、地区、民族、宗教信仰等的不同而有所区别。

任务三　商品广告设计与消费者行为

■理解广告的含义。

■掌握广告策略的定义。

■了解怎样设计广告才有创意。

■掌握商品命名的技巧。

任务引入

准确学外语轻松又容易

复读机产品品牌林立,竞争对手比比皆是。"智能达"列为第三梯队。如何突破高科技电子产品的宣传难点从而脱颖而出?"智能达"首家提出复读机质量的好坏关键在于"内芯",提出"智能机芯"的概念并树立"智能机芯"的标准,还将这一概念贯穿于整个推广过程中,还塑造了一个专业可亲的"徐老师"形象,以专业的"徐老师"的形象为载体,以"智能机芯"为利益诉求点,将认知、形象、功能、消费者等有机整合起来。产品推出后,"智能达"产品一下子脱销3个多月。

任务分析

广告是一种伴随着商品经济发展起来的信息传播手段,其目的或是树立企业及产品形象,或是打开目标市场,或是战胜竞争对手,或是促销盈利,或是传播一种思想和理念……能否实现这些目标,取决于广告创意是否符合消费者心理活动规律,广告定位是否正确、立意新颖;是否便于广告信息的广泛传播与快速传递。

广告策略是实现广告活动目标的措施与手段。它是根据企业内外的环境、条件、广告目的而制订的决策方案。随着市场竞争程度不断升级,越来越多企业开始重视对广告策略的研究。企业发现,即使产品再好,但没有一个好的广告策略,产品也可能锁在深闺之中,而不为消费者所认知。

广告是伴随着商品经济发展起来的一种信息传播形式,它充斥于当今世界的各个角落,并渗透到人们生活的各个方面。随着现代意识的增强,人们对比比皆是的广告已经习惯,广告引导消费的模式也已形成,许多充满创意、意味深长的广告相继推出。广告成功与否,很大程度上取决于广告创意的艺术。广告创意者必须把握人类心理活动的规律,结合广告主题的要求,采取多种思维方式塑造形象或形成理念,并将这种形象或理念有效地传递给公众,力求使广告主题鲜明化、个性化、立体化,对公众产生强烈的感召力。

一、鲜明的立意和明确的主题

广告创意是指广告创意者在进行了市场调研的前提下进行市场定位,以鲜明的立意、明确的主题、符合消费者心理活动规律的方式,把自己的产品信息及时、准确、有效地传递给消费者,引起消费者的注意。

广告主题是广告引人注意的一个重要因素。同类产品因宣传对象、市场形势、产品特色等因素的侧重点不同,其广告所表达的主题也就不同。例如同样是小汽车的广告,丰田强调其经济、省油、质优可靠;大众自称为价值的体现;奔驰被赋予富人名流心目中的专车形象;宝马展示其卓越的跑车形象。这些广告,都是在市场定位的基础上,以明确的主题、鲜明的立意将其信息传递给公众,引起不同消费群体的注意。

二、情景交融,蕴意丰富,以感召性唤起兴趣

广告创意的主要任务是创造意境和塑造商品个性,用其感召性激发消费者对商品产生兴趣。要使广告具有感召力,在广告创意的内容上要有的放矢、蕴意丰富、情感真挚,意境要突出

商品个性,从而引起公众对广告信息的接纳和对企业形象或产品形象的认可。

成功广告两则

1. 鄂尔多斯羊绒衫的广告

鄂尔多斯羊绒衫的电视广告:白雪皑皑的大山,衬托出一轮冉冉升起的太阳(白色与红色形成鲜明的色彩对比,极易于成为人们的视觉焦点),白雪的寒冷反衬出红日的温暖,而升起的太阳逐渐演变为鄂尔多斯的标志"e",雪山转化为旋转的地球,同时以浑厚有力的男中音道出"鄂尔多斯羊绒衫,温暖全世界"的广告语。精彩的画面与简短的语言道出了产品、品牌、标志及其功效。整个广告集视觉、听觉为一体,融情于景,蕴意深刻,不但以景传情,而且以情动人。

2. "太阳神"口服液的广告

"太阳神"口服液借用其商标标志的深刻蕴意来宣传产品:初升的红日意味着朝气蓬勃;黑色大写的"人"字与太阳相接意味着顶天立地;方块的、立体的"太阳神"三个字意味着强健有力。整个标志充分表达了"太阳神"口服液的深刻蕴意:顶天立地的"太阳神";朝气蓬勃的"太阳神";蒸蒸日上的"太阳神";健康长久的"太阳神"。整个图形通过色彩对比、空间对比、要素的统一协调,给人以和谐、明快、新颖、独特、蕴意深刻的感觉。"当太阳升起的时候,我们的爱天长地久"的广告语,进一步表明了企业的经营思想和经营理念。

三、以独特的个性激发公众的购买欲望

商品的个性是商品在市场竞争中赖以生存的基础,是商品的生命。广告决策中的商品定位,实际上就是在市场调研的基础上对商品个性的认识和把握。而广告创意,最重要的是要突破商品的个性形象及其表现手段,这就要求在广告创意中坚持个性化原则,视广告信息为商品又不是商品,视广告创意为艺术又不是艺术,并将这种融合商业性和艺术性为一体的广告个性表现出来。

"白丽"牌香皂的摄影广告

上海的"白丽"牌香皂的摄影广告:全黑色的底色衬托出一位出浴少女,她半躺的身姿、微抬的身体、昂起的头、向上举起的手臂、大而有神的眼睛,表现出少女的纯真、健美。身旁的商品名称"白丽",使人产生其为少女姓名的感觉,给消费者一种商品(香皂)与少女形象叠合的意象,令人联想回味。图片的左上方第一行写着"美丽离不开肥皂和水",用以揭示广告的主体——香皂;第二行以"白丽美容香皂的奥妙所在"为引入语引出核心广告语"今年二十,明年十八",和画面的少女形象相呼应;最后一句"洗涤——护肤——美容,融三种功效于一体",点明广告的主旨,说明香皂的独特之处。整个广告画面和谐优美,创意独具匠心。广告语的含意富有层次、简洁而含蓄,图中有文意,文中有图景,图文并茂,情景交融,构图、字形排列、色彩对比等,无一不显示与商品个性协调统一的广告艺术个性。

四、运用通感,增强感染力,促成行动

"情因景生、景因情造",在日常生活中,人们积累了一定的生活经验和抽象能力,自然而然

地会把某一色彩、图形、声音、文字、情境等和一特定事物联系起来，而这一事物又能调动其他感官的感觉并形成感性认识，在对感性认识分析的基础上进而使人们获得丰富、深刻的理性认识。望梅而能止渴，观画好似闻声，听其言如同见其面，观其行而能想其人，都是通感在起作用。在广告创意中，有效利用通感的作用来造景生情，可以增强广告的感召力。

成功的环保广告

有这样一个电视广告：一池浊水中烂草斜立、垃圾飘荡，几只金鱼在浊水中垂死挣扎，旁边是广告文案——你尝过鱼喝的水吗？浊水、烂草、垃圾、挣扎的金鱼、与“我”密切相关的广告语等一系列意象引人深思。视觉上的污染引起味觉上的苦涩和心理感觉上的厌恶，心灵上的感悟引发人们从内心深处对环境污染的思考。这种内心的触动和“爱护环境人人有责”“请爱护我们的地球”等空洞的广告口号相比更具有心灵的感召力和行为的推动力。

五、符合公众心理特征，满足公众心理需求

广告创意的关键在于抓住消费者在某方面的心理需求，并把这种心理需求与商品特质紧密地联系起来。现代广告要达到其目的，除了抓住人类心理活动的规律外，还必须满足公众的心理需求，使公众在参与中积极地、互动地接受广告宣传。同时，广告创意必须注意了解并利用人类心理的特征（社会特征、时代特征、民族特征），洞悉消费者的需求倾向（生理性的需求倾向、社会性的需求倾向、物质的需求倾向、精神的需求倾向），然后，按其所需、投其所好地把信息传递给顾客，达到入耳动情、入目动心的效果。对现代人来说，在情感付出、情感享受、情感幻想等方面都具有特殊的需求，而许多广告正是利用了人们这一心理特征成功地把自己的产品推向市场。

“威力”洗衣机的电视广告

“妈妈，我又梦见了村边的小溪，梦见了奶奶、梦见了你。妈妈，我给你捎去一样好东西。”这情真意切的旁白，结合纯朴山村画面：青山环抱下一条清澈的小溪，溪边洗衣的母亲和乡亲一起迎接洗衣机，看到女儿捎来的礼物，疲惫的脸上露出欣慰的笑容。与此同时又推出广告主题：“威力洗衣机——献给母亲的爱”。整个广告借青山、小溪、母亲和女儿抒情的旁白，把人与人之间的亲情表现得淋漓尽致，并把这种亲情转化到“威力”对母亲的爱上。

六、打破常规，不囿于固有模式

广告创意的灵魂就在于创新、别出心裁而有个性，力求摆脱旧的经验和意识的约束，多角度、多层次地思考并革新自己的创意思维，敢于打破常规。广告创意雷同化、模糊化、平淡化，会因缺乏奇特的感召力而削弱广告效果。

“喜之郎”果冻布丁的歌曲广告：“我们爱吃喜之郎，咿呀咿呀呀——”童趣横生、活泼可爱，

对消费者具有独特的吸引力。后来某一企业借用同一曲调在电视上做广告宣传自己的产品，不但缺乏新意，而且有为他人作嫁衣的感觉。

这些事例启示我们：广告创意的诞生应注意全方位、多角度地去观察，由表及里地深刻理解，客观、理智地接受已有的经验，而不照搬照用。要做到这一点，一方面，要敢于超越，超越同类产品的广告形式，超越自我已有的模式，抱着"独上高楼，望断天涯路"的心态，力求出类拔萃，创作出能表现产品个性的广告个性，以崭新的面孔、新颖别致的姿态吸引公众；另一方面，要细致观察时代的变化和人们的审美趋势，在广告创意中，增强产品及广告的时代气息，以时代特色争取公众的认同。

商业广告制作的目的是在竞争激烈的同质化市场上引起消费者的注意，诱发消费者的购买欲望，促进商品和劳务的销售。而成功广告的一个重要特征，就是始终如一地将广告功能与消费者心理联结起来，通过对消费者心理的研究，更好地将广告信息传递给消费者。

总之，要有好的广告创意，广告创作者必须具有独到的审美能力和敏捷的创意思维，必须对市场动态有敏锐的感受力，对消费者的消费心理及发展趋势具有深刻的洞察力，对创意的思维方式、技巧具有灵活运用和创新的能力，并时刻注意了解消费群体的文化心态，将广告创意、民族文化与公众心态有机结合起来，将广告创意的意境与消费者的心境紧密联系起来，以实现广告创意的目的和效果。

广告在当今世界无处不在。英特尔前总裁格罗夫曾说过："整个世界将会展开争夺'眼球'的战役，谁能吸引更多的注意力，谁就能成为21世纪的主宰。"广告是艺术和科学的融合体，而广告词就是它的灵魂。正如美国著名广告家奥根尔维所讲的那样："广告是词语的生涯。"

成功的广告：广告语最重要

高尔基说："语言的真正美，是由于言辞的准确、明朗和响亮动听而产生出来的。所谓准确，就是要找出广告诉求重点，即产品的独特卖点和消费者对产品的独特需求。这种附加是商品的本身延伸出的一种理念，是人们购买商品时的一种感慨感染，一种但愿，一种梦想。"这句话同样适用于广告语言，在以图像标志为特征的广告世界中，语言——文字的语言和声音的语言仍旧是最重要的表现符号。

广告语大都炼字严谨，讲究一定的意境和韵味，轻易改动往往会破坏原有的美感，所以不能生拉硬拽，牵强附会。创作者必须结合广告商品的特点，消费者心理，传播规律等因素，选择最恰当的语言，做到贴切，自然，得体，这才能发挥应有的积极作用，切忌滥用乱用，以免产生适得其反的后果。

运用广告语最大的技巧就是巧用修辞。运用修辞，是为了把词句修饰得优美些、生动些，感人些。以生动形象的文字，准确表达意图，力求简洁鲜明，言有尽而意无穷。具体的修辞方式有以下几种。

(1) 对偶。这类广告词有节奏有韵律，读来琅琅上口，听来和谐悦耳，给人以美感，也便于记忆。

(2) 双关。双关就是利用双关赋予词句几层不同的意思，从而收到耐人寻味之效。利用双关语作为广告词，能增加表现的层次性和丰富性，词浅意深，回味无穷。

(3) 对比。如"献出的血有限,献出的爱无限";"鲜血诚宝贵,救人品更高";"好人献上一滴血,病者除却万分忧",通过鲜明的对比,给人深刻的印象和启示。

(4) 仿拟。仿拟就是套用人们熟知的语句,使其产生一种新的意义,从而达到加深印象的效果。这类词有利于赢得人们的好感,也有利于迅速传播。

(5) 比喻。如"血,生命的源泉,友谊的桥梁";"普通话——13亿颗心与心之间的桥梁";"普通话——人类沟通的桥梁,普通话——人类智慧的结晶"等,形象生动地说明了各自的作用。

广告语言往往不是独自出现的,它经常和图像,声音,色彩,画面配合在一起使用。比如在电视媒体中,广告语言往往与色彩鲜艳的画面,引人注意的声音组合成整体的视听效果;在报刊中,广告语言与版面设计联系在一起,包括字体的变化,排列的形状以及各种符号的使用。

要选择最能为人们提供最信息的广告语,在"新"字上下功夫。如新产品或老产品的新用途、新设计、新款式等。广告语的表现形式要独特,表达方法要别出心裁,切忌抄袭硬套,可有适当的警句和双关语、歇后语等,迎合受众好奇心和模仿性,唤起心灵上的共鸣。

广告语言要充分的和社会群体相结合,但不能脱离实际生活。广告语要突出企业的长期浓厚的底蕴文化和市场动向。广告语就如人的大脑,我们要赋予广告语言的生动和深层意识概念,让大众群体看到或者是听到广告,首先浮现在脑海的是企业形象,直接的说是产品的评价度。

广告策划致胜关键——天健地产天健花园

因其报纸广告,别出心裁,收录于1999—2000年《IAI中国广告年鉴》中。本案例成功在于房地产广告策划中很好地把握住了品牌与销售的关系,既树立了品牌又达成了销量。

以"天健花园——居住文化的代表作"作为整个主题,从多角度、多方位来广告诉求,分阶段、分步骤实施。

其一,广告诉求天健花园,处处好风光,不从卖房子本身着手诉求,而是以推广发展商的建筑理念为重点,以发展商的眼光与建筑理念为诉求点,让消费者信任发展商来带动房子销售。

其二,与竞争楼盘展开对比性诉求。

(1) "名画篇"——你为什么不能拥有这些名画?

(2) "名车篇"——难道天健花园在举行国际名车展?

(3) "名酒篇"——选择天健花园犒赏自己。

这些突出对比性的广告使消费者对天健有更深刻的认识。

知识与技能检测

一、名词解释

商品命名　　商品包装

二、思考题

(1) 产品起名与品牌命名的区别?

(2) 商品包装上如何避免同质化?

(3) 在企业尚未打开市场时,是否有必要借钱做广告?

三、案例分析

宏基名字诞生记

被誉为华人第一国际品牌、世界著名的宏基(Acer)电脑于1976年创业时的英文名称叫Multitech,经过十年的努力,Multitech刚刚在国际市场上小有名气,但就在此时,一家美国数据机厂商通过律师通知宏基,指控宏基侵犯该公司的商标权,必须立即停止使用"Multitech"作为公司及品牌名称。经过调查,这家名为Multitech的美国数据机制造商在美国确实拥有商标权,而且在欧洲许多国家都早宏基一步完成登记。商标权的问题如果不能解决,宏基的自有品牌Multitech在欧美许多国家恐将寸步难行。在全世界,以"-tech"为名的信息技术公司不胜枚举,因为大家都强调技术(tech),这样的名称没有差异化;又因雷同性太高,在很多国家都不能注册,导致无法推广品牌。因此,当宏基加速国际化脚步时,就不得不考虑更换品牌。宏基不计成本,将更改公司英文名称及商标的工作交给世界著名的广告公司奥美(O&M)广告。为了创造一个具有国际品位的品牌名称,奥美动员纽约、英国、日本、澳大利亚、中国台湾省分公司的创意工作者,运用电脑从4万多人名字中筛选,挑出1 000多个符合命名条件的名字,再交由宏基的相关人士讨论,前后历时七八个月,终于决定选用"Acer"这个名字。

宏基选择"Acer"作为新的公司名称与品牌名称,出于以下几方面的考虑。

(1)"Acer"源于拉丁文,代表鲜明的、活泼的、敏锐的、有洞察力的,这些意义和宏基所从事的高科行业的特性相吻合。

(2)"Acer"在英文中,源于词根"Ace"(王牌),有"优秀""杰出"的含义。

(3)许多文件列举理事长商或品牌名称时,习惯按英文字母顺序排列,"Acer"第一个字母是"A",第二个字母是"c",取名"Acer"有助宏基在报章媒体的资料中排行在前,增加消费者对"Acer"的印象。

(4)"Acer"只有两个音节,四个英文字母,易读易记,比起宏基原英文名称"Mutitech",显得更有价值感,也更有品位。

宏基为了更改品牌名和新商标共花费近一百万美元。应该说,宏基没有在法律诉讼上过多纠缠而毅然决定摒弃平庸的品牌名"Multitech",改用更具鲜明个性的品牌名"Acer",是一项明智之举——在不良名称上只有负的财产价值。如今,Acer的品牌价值超过18 000万美元。

(1)宏基公司为什么要更换名称?

(2)宏基公司是通过什么方法命名成功的?

四、实训题

(1)给自己的小组起一个名字并说明原因。

(2)分析以下商品名称的优劣。考虑到商品命名的规则、心理,为这三种产品分别再起一个不同的名字。

脑白金　　"杏花村"酒　　"晨光"圆珠笔

(3)针对酒类或化妆品等容器的造型、材料、人体工学等方面进行调查,并设计出一款包装容器,绘出制图。

项目九

购物环境与消费行为

XIAOFEIZHE XINGWEIXUE

舒适购物让人心动

有着“华南购物天堂”之称的深圳，以商品丰富、购物环境优美吸引着来自其他城市的消费者，其中不乏香港同胞的关注及光顾。深圳家具建材卖场作为“华南购物天堂”的一部分，其优美的购物环境一点也不逊色于大型百货零售商场，这也是吸引港人的一个重要原因。近年来，深圳的家居卖场开始注重于营造现代化的、优美的购物环境，不仅中高档家居卖场把购物环境舒适度作为竞争力的焦点，而且大众家居卖场也非常注重营造购物环境的舒适度。在这种竞争和比拼中，深圳家居卖场的购物环境得以整体提升，一批名优家居卖场得以脱颖而出。

一、高档卖场成为“舒适环境”的代名词

一些经营高档家具的经营者和国际知名家居零售商非常注重购物环境的舒适度，在深圳主要以百安居、达芬奇家居、美庭家居、金宝莱、美克·美家等为典型。在世界上排名第三、欧洲排名第一的建材零售商场百安居，不仅音乐照明、中央空调、扶手电梯等现代化购物设施一应齐全，而且以国际上流行的仓储式摆放为特色，以齐全的品种和分门别类的市场布局为消费者创建了一个现代化的、舒适的“一站式”购物环境，是深圳消费者公认的舒适型建材购物环境。

亚洲最大的欧美家具零售商场达芬奇家居是深圳高端客户认同的舒适型家具卖场。在品牌结构上，达芬奇家居以经营世界顶级名牌家具为主，商场不仅现代化的购物设施齐全，而且以舒适的购物环境而远近闻名。其所有家具全部按照欧美礼仪进行摆放，讲究各种装饰效果，其如诗如画的家居布置场景让顾客如临皇宫一般。美庭家居、金宝莱、美克·美家等在购物环境上一点也不逊色于达芬奇家居，其所有家具全部按照样板间进行摆放和展示，有法式风格的、意大利风格的、西班牙风格的……消费者走进商场，有如在一幅幅欧美古典名画中行走，独具美妙和舒适的感受。

二、大众家居卖场向舒适型靠近

近年来，为满足消费者对舒适购物环境的需求，一些大众型消费家居卖场也开始注重舒适购物环境的营造。

在众多大众家居卖场中，最早以舒适的购物环境获得深圳人认同的是好百年、金海马家居。好百年、金海马家居在业界首次将家具按品牌分类进行展示和布局，不仅配备了中央空调、扶手电梯等现代化的购物设施，而且较注重营造一种现代化的优美的购物环境。它们面世后立即引起众多消费者的强烈关注，发展到今天的好百年和金海马家居已成了深圳人购买中高档家具的主要商场之一。

在好百年、金海马家居的影响下，一些家具建材卖场开始注重营造舒适的购物环境，出现乐安居等一批大众型家具建材卖场。

三、舒适中加入娱乐与休闲

理想的家居购物环境，离不开交通便捷、空间大而种类全、服务及质量保证等要素，还需要配套有现代化的结算系统和休闲娱乐设施，包括银行结算系统、取款机、餐饮、休闲场所等，它的综合运用已成为现代化家居零售业发展的重要标志。

按照现代人的习惯，银行结算系统及取款机的配置已成为考察一个现代化家居卖场的重要标准。消费者通过刷卡的形式进行支付，不仅快捷而且十分安全。在银行结算系统的运用上，目前深圳的家居零售商场使用率达到 100%。

休闲娱乐性成为现代零售业区别于传统模式最突出的表现之一。在百货零售业界，这一方面的配套已经相对比较成熟，例如深圳的铜锣湾广场、中信城市广场等，通过配备餐饮、电影院、咖啡厅等设施，为人们购物提供了集购物、休闲和娱乐于一体的场所。好百年笋岗店可谓深圳目前将购物与休闲娱乐结合得最好的一家家居卖场，其场内设有近千平方米的大型中庭式休闲广场，配备有休闲椅、饮品自动售货机等。在一些节假日或者店庆日，好百年利用这个中庭休闲广场举行丰富多彩的音乐会和表演活动，如钢琴表演、儿童音乐会、书画比赛等。它不再是传统意义上的家居卖场，俨然一个现代化的休闲娱乐场所。

购物环境是指有固定的商品销售所需要的场所和空间，以及与其相配套的服务设备和附属场所。其主要包括商店的店址选择、营业建筑及外观环境、商店的外观、商店的招牌、橱窗设计以及其他。购物环境设计必须充分为消费者着想，周到完善、富有人情味的购物环境对商品营销起着重要作用。

任务一　商店选址的消费行为分析

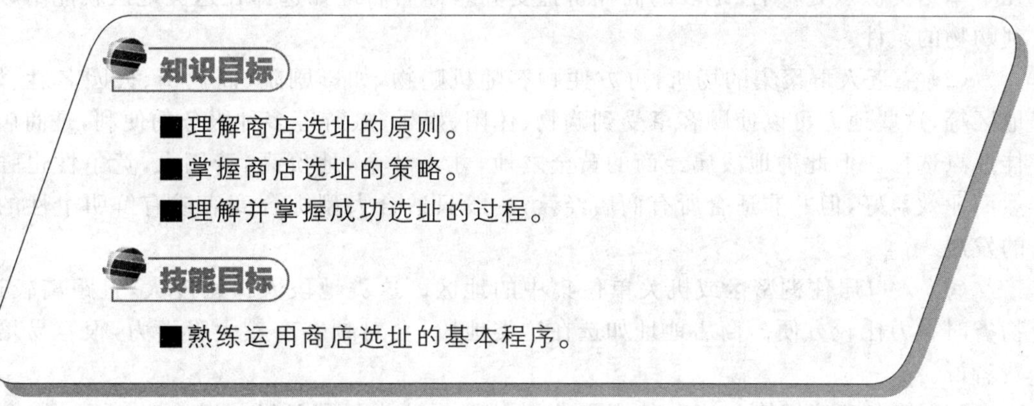

百胜成功源于店址的选择

1998 年，拥有肯德基、必胜客、塔可钟三个著名品牌的餐饮系统从百事可乐公司分离并在纽约证券交易所独立上市时，世界上最大的餐饮连锁集团——百胜餐饮集团便正式成立了。如今，百胜餐饮集团在全球拥有 3.5 万多家连锁分店，100 多万名雇员，营业额达到 100 多亿美元，跻身世界企业五百强之列。而作为百胜子品牌之一的肯德基，自 1987 年在北京开设第一家餐厅以来，已在中国开有 1 500 多家连锁分店。几十年来，肯德基深受中国消费者的喜爱，已成为中国最受欢迎的快餐品牌之一。

是什么原因使得肯德基餐厅能在中国开一家火一家呢？肯德基能在中国大地上扎根、开花、结果，靠的不仅仅是它带来的“洋文化”，也不仅是它的标准化，而是它的一套独具特色的经营理念和管理经验。其中，作为肯德基的核心竞争力之一的，是它选址的成功率——几乎是百分之百！毫无疑问，肯德基对餐厅的选址是非常重视的，而且是非常专业的。“地点，地点，还是地点”，这一使连锁店经营成功的首要因素，肯德基深信不疑。

店址是形成商店形象的重要因素之一，因为店址本身决定了商店的经营战略和特色。比如连锁超市地址的选择：以闹市区为主的大、中型百货连锁，以居民区为主的食品连锁，以高速公路口为主的大型超市连锁或仓储连锁等。店址不同就要求其有不同的经营特色和企业形象。形象本身决定了店址，同时店址也决定了企业形象。商店的设置地点对于其销售额、知名度等有着巨大的影响。有一句经商的谚语：“一步差三市”，讲的就是地理位置的重要性。

一、商店选址的基本原则

（一）方便顾客购物

满足顾客需求是商店经营的宗旨，因此商店位置的确定，必须首先考虑要方便顾客购物，为此商店要符合以下条件。

（1）交通便利。车站附近地区，是过往乘客的集中地段，人群流动性强，流动量大。如果是几个车站交汇点处，则该地段的商业价值更高。商店店址如选择在这类地区就能给顾客提供便利购物的条件。

（2）靠近人群聚集的场所，可方便顾客随机购物，如影剧院、商业街、公园名胜、娱乐、旅游地区等，这些地方可以使顾客享受到购物、休闲、娱乐、旅游等多种服务的便利，是商店开业的最佳地点选择。但此种地段属经商的黄金之地，寸土寸金，地价高，费用大，竞争性也强。因而虽然商业效益好，但并非适合所有商店经营，一般只适合大型综合商店或有鲜明个性的专业商店的发展。

（3）人口居住稠密区或机关单位集中的地区。这类地段人口密度大，且距离较近，顾客购物省时省力比较方便。商店地址如选在这类地段，会对顾客有较大吸引力，很容易培养忠实消费者群。

（4）符合客流规律和流向的人群集散地段。这类地段适应顾客的生活习惯，自然形成市场，所以能够进入商店购物的顾客人数多，客流量大。

（二）有利于商店开拓发展

商店选址的最终目的是要取得经营的成功，因此要着重从以下几个方面来考虑如何便利经营。

（1）提高市场占有率和覆盖率，以利商店长期发展。商店选址时不仅要分析当前的市场形势，而且要从长远的角度去考虑是否有利于扩充规模，如有利于提高市场占有率和覆盖率，那么应该在不断增强自身实力的基础上开拓市场。

（2）有利于形成综合服务功能，突出特色。不同行业的商业网点设置，对地域的要求也有所不同。商店在选址时，必须综合考虑行业特点、消费心理及消费者行为等因素，谨慎地确定网点所在地点，尤其是大型百货类综合商店更应综合、全面地考虑该区域和各种商业服务功能的因素，创立本商店的特色和优势，树立一个良好的形象。

（3）有利于合理组织商品运送。商店选址不仅要注意规模，而且要追求规模效益。发展现代商业,要求集中进货、集中供货、统一运送,这有利于降低采购成本和运输成本,合理规划运输路线。因此在商店位置的选择上应尽可能地靠近运输线,这样既能节约成本,又能及时组织货物的采购与供应,确保经营活动的正常进行。

(三) 有利于获取最大的经济效益

衡量商店位置最重要的标准是经营能否取得好的经济效益。因此,地理位置的选择一定要有利于经营才能保证最佳经济效益的取得。

二、商店选址的策略

开设一家商店首先遇到的问题就是选址,即选择合适的开店位置。目前,在中国的大多数城市中,房地产的价位一直在直线攀升,而具有开店潜力的商业门面,已日趋稀少。因此,房产价值、租金、涨幅比例、租期年限等,都影响着经营者在扩张和投资策略中的开发定位,更与店铺营业额的预估和软硬件投资成本的风险密切相关。所以,开店中选址策略的正确与否至为重要。

选择商店最佳位置时,既要进行定性分析,还要进行定量测算。

1. 地理位置细分策略

地理位置细分策略是指对气候、地势、用地形式及道路关联程度等地理条件进行细微分析后,对商店位置做出选择的策略。其主要可从以下几个方面进行细分。

1) 商店选址与路面、地势的关系

一般情况下,商店选址都要考虑所选位置的道路及路面地势情况,因为这会直接影响商店的建筑结构和客流量。通常,商店地面应与道路处在一个水平面上,这样有利于顾客出入店堂。但在实际选址过程中,路面地势较好的地段地价都比较高,商家在选择位置时竞争也很激烈,所以,在有些情况下,商家不得不将商店位置选择在坡路上或路面与商店地面的高度相差很多的地段上。在这种情况下,就要考虑商店的入口、门面、阶梯、招牌的设计等,一定要方便顾客,并引人注目。

2) 商店选址与地形的关系

地形、地貌对商店位置的选择影响主要表现在以下几个方面。

(1) 方位情况。方位是指商店坐落的方向位置,以正门的朝向为标志。方位的选择与商店所处地区气候条件直接相关,如风向、日照均对店面的朝向有很大影响。以我国北方城市为例,通常以北为上,所以一般商业建筑物坐北朝南是最理想的地理方位。

(2) 走向情况。走向是指商店所选位置顾客流动的方向。比如,我国的交通管理制度规定人流、车流均靠右行驶,所以人们普遍养成右行的习惯。这样,如商店所在地的道路如果是东西走向的,而客流又主要从东边来时,则以东北路口为最佳方位;如果道路是南北走向,客流主要是从南向北流动时,则以东南路口为最佳位置。

(3) 交叉路口情况。交叉路口一般是指十字路口和三岔路口。一般来说,在这种交接地,商店建筑的能见度大,但在选择十字路口的哪一侧时,要认真考察道路两侧,通常要对每侧的交通流向及流量进行较准确的调查,应选择流量最大的街面作为商店的最佳位置和店面的朝向。如果是丁字路口,则将商店设在路口的转角处,效果更佳。

2. 潜在商业价值评估策略

潜在商业价值评估是指对商店位置未来商业发展潜力的分析与评价。评价商店位置的优劣时，既要分析现在的情况，又要对未来的商业价值进行评估，这是因为一些现在看好的商店位置，随着城市建设的发展可能会由热变冷；而一些以往不引人注目的地段，却可能在不久的将来会变成繁华闹市。像北京这样的古老城市，在旧城区改造过程中，在城区的四周建起了现代化的居民小区，许多居民乔迁新居，致使原来僻静的城外街道现在车水马龙，十分热闹，构成了生意旺盛的新商业街，而昔日远近闻名的传统商业街，虽然位于市中心，却随形势的变化而逐渐失去光彩。因此，商店在选址时，应重视潜在商业价值的评估。对此，可以从以下几个方面进行评价。

(1) 评估所选的商店地址在城区规划中的位置及其商业价值。

(2) 是否靠近大型机关、单位、厂矿企业等。

(3) 未来人口增加的速度、规模及其购买力提高度如何。

(4) 是否有集约效应。商店建设如果选在商业中心区，虽然使商店面对多个竞争对手，但因众多商家云集在一条街上，可以满足消费者多方面的需求，因而能够吸引更多的顾客前来购物，这就是商业中的集约效应。所以“成行成市”的商业街，也是商店选择位置时需重点考虑的目标。

3. 出奇制胜策略

商店选址时既需要进行科学的考察分析，同时又应该将它看成一种艺术。经营者有敏锐的洞察力，善于捕捉市场商机，用出奇制胜的策略、与众不同的眼光来选择商店位置，常常会得到意想不到的收获。如全美洲最大的零售企业沃尔玛的创始人山姆·沃尔顿就是采用“人弃我取”的反向操作策略，把大型折价商店迁到不被一般商家重视的乡村和小城镇去，从而取得巨大的成功。因为那里的市场尚未被开发，有很大潜力，同时又可回避城区商业日益激烈的竞争。

创建诗家董百货集团的新加坡著名华商董俊竞，在商店选址问题上，力排众议，选择一块人们普遍认为风水不好又面对坟场的地段作店址。后来这块地方很快成为商家云集的地方，成为世界上租金最昂贵的地段之一。董俊竞之所以不信风水选这块地作店址，主要是他注意到每天都有不少外国人通过这里到城里去，这里有可能发展为交通要道。

4. 配合所选行业

营业地点的选择与营业内容及潜在客户群息息相关，各行各业都有不同的特点和消费对象，黄金地段并不就是唯一的选择，有的开在闹市区的商店生意还不如开在相对偏僻一些的特定区域。例如卖油盐酱醋的小店，开在居民区内生意肯定要比开在闹市区的好；又如文具用品店，开在黄金地段也显然不如开在文教区理想。所以，一定要根据不同的经营行业和项目来确定最佳的开店地点。下面这些意见可供参考，在实际运用时当可触类旁通。

车站附近：小吃店、副食店、特产商品店、旅馆、饰品店、共享电话亭、物品寄存处等。

文教区：书店、文具用品店、鲜花礼品店、饰品店、洗衣房、录像厅、照相馆等。

居民住宅小区：米店、杂货店、发廊、报刊亭、裁缝店、托儿所、送水站、水果铺、饰品店等。

三类地段店面：洗车行、摩托车修理行、汽配商店、废品回收站、化工建材商行等。

从上述内容可以看出，要选择合适的店面，并不是越热闹的地方越好，关键是根据行业来选择。

5. 专家咨询策略

对于较大型商业的投资项目来说，商店位置的选择是重要战略决策。为避免重大损失，经营者应请有关专家进行咨询，对所选择的商店位置进行调查研究和系统分析，如对交通流量、人口与消费状况、竞争对手等情况逐一摸底分析，综合评价优劣，再做出选择，使商店地址的选择具有科学性。

三、成功选址的步骤

（一）成功选址的一般步骤

选址成功与否，对于一家连锁店经营的成败，具有相当大的影响力。因此，选择合适的开店地点是开店成功的首要工作。那么，成功选择开店地点的步骤有哪些呢？

首先，公司应有专门的市场开发部门，并拥有优秀的选址决策小组和专业的选址人员。选址人员要能凭其专业知识，根据自身品牌的市场定位选择商圈，评估每个地点的经济效益，而这些评估的过程都应有准则可循。

其次，要进行详细的市场调查和相关资料、信息的收集，包括人口、经济水平、消费能力、城市发展规模和潜力、消费者收入水平、商圈的研究和划分、未来发展机会及成长空间。

在寻找一个好店址时，单纯的技巧是不管用的。即使看再多的书，在脑海里或纸上设计再多的方案也无济于事。只有亲自跑到大街小巷去，多看、多问，才会找到适合你开店的好店址。

做市场调查是比较辛苦的，但做生意本来就是件辛苦事，特别是刚刚进入这个行业时。选址这么一件头等大事，如果你连实地考察找店面都不愿意做，那么你以后的经营肯定做不好。市场调查既可以弄清楚店址的具体位置，还能调查诸如周围环境好坏、客流量多少、店址是否具有发展潜力等问题。盲目选择店址造成生意失败，既令人惋惜，也是难以被人原谅的。

多调查、少吃亏

北京一下岗工人王海峰，想开一家店。他在繁华地段看中了一间铺面，但那里租金很贵，他很担心开店失败。他的经济状况不允许他失败，但他又无法确定这个铺面的价值，怎么办呢？在专业人士的建议下，他在这间铺面附近整整观察了一个星期，掌握了这几天来经过铺面的人数。然后，他又到附近调查了另外几家同类型的商店，以及那些店里商品的价格水平。他依据这些材料和其他信息租下了那间铺面，成功开了一家商店，至今生意兴隆，月纯利5万元左右。

多调查是选择店址的最好方法，但光跑光看还不行，还要记得把你的嘴巴带上，顺便问问附近商店的经营状况或其他与经营无关的情况，有时会得到意想不到的收获。

再次，用科学的方法对不同的商圈进行评估。建立一套选址评估逻辑将有助于选址人员以合理而系统的方式，累积和分析市场重要资讯，这是选址思考模式中极重要的一环。

评估理想店址的要领

商店经营成功与否，地点的选定是十分重要的。曾经有人说商店如能选择一个合适的地点，则其经营成功率在80%以上。下面是一个评估店址好坏的调查表(见表9-1)。

表9-1 评估店址好坏的调查表

序　号	理想店址条件	是	否
1	该区是否有方便的银行服务?		
2	人行道的宽度是否少于10米?		
3	该地区是否有吸引人群的事物，如公园、戏院等?		
4	该地区内是否能一店独占其利?		
5	该店铺与邻近商店能否形成相互补充?		
6	若在市中心开店，交通状况是否良好，停车位是否足够?		
7	该店铺往来行人是否多?		
8	该店铺周边商店结构是否能吸引顾客?		
9	该店铺门口有无大树(或其他设施)挡住广告牌?		
10	该店铺面积大小及其建筑结构、形状是否合适?		
11	该店铺建筑物的新旧程度与装修成本是否过高?		
12	城建规划是否对该店铺有限制?		
13	该店铺价格与利用方式、利用期限是否调查清楚了?		
14	该店铺水电增容费是否较高?		
15	在离该店铺200米之内是否有公交车站?		
16	该店铺是否处于闹市街道的黄金分割点?		
17	该店铺来往行人的年龄、性别是否比较平均?		
18	该店铺周边商店是否都在晚9点以后关门?		

表9-1的评估结果：答案如“是”多，那么商店位置是理想的；如“否”多，那就不太理想。

最后，选择集客点并评估分析，包括进行竞争对手分析、人流量测试、营业额预估及对等店分析、店址的可见度和方便性的考虑等，并要在对该地点的房产租赁市场价格、面积划分、适合餐厅营运的工程和物业配套条件及产权属性的划分等基础上，进行财务分析，考虑中长期的稳定收入，建立投资回报模型，这样才能较好地控制风险，达到投资收益的目的。在得到最佳的位置分析和合理的选择后，确定该位置是否有能力开设餐厅。

评估店址好坏，店铺周围情况也是必须加以考虑的。有的商店虽然开在区域干道旁边，但干道两边有栅栏，使生意大受影响。因此在选择临街铺面时，对有车道和人行道的街道，要注意街道宽度为25米左右(或人行道宽度在5～10米)最易形成人气。这样的宽度，车辆行驶时视线很自然能扫到街两边的铺面，行人在街道边行走，也能很自然地进入商店，如果街道过宽有时反而聚不起人气。

还有一种街道是车道、自行车和人行道分别被隔开，这种方式形成了一种封闭交通，对开设店面不太有利。一般来讲，凡居民较集中的地方都可以建立商店。

选择店址还必须观察行人来店的目的，是匆匆过路，还是溜达、寻求消遣，同一地点，很可能白天人如潮涌，晚间却空无一人，所以要日夜观察，如果看到人多，不深究行人的目的(比如，有很多人经过此地只是换车)就贸然开店,很可能会导致失败。

(二)肯德基的选址步骤

以肯德基为例,分析具体的选址步骤(见图9-1)。

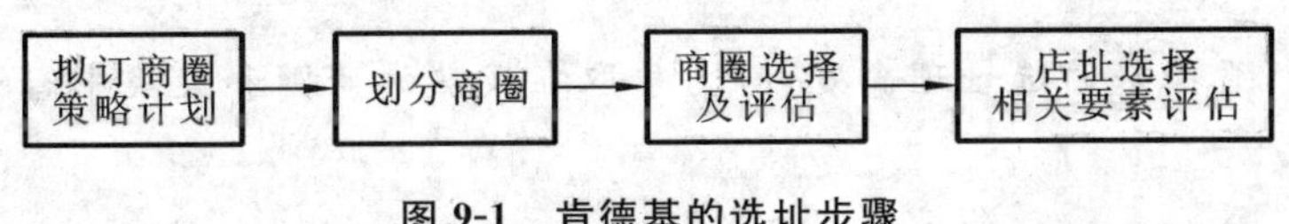

图9-1 肯德基的选址步骤

1. 拟订商圈策略计划

进入的新市场,一定是被列入公司市场发展规划中的目标市场,因此,开发人员要对该市场制订为期1~3年的开发计划,并对预定开设的市场区域及发展地点做详细的评估,同时还要完成下列工作。

(1)确定该市场属于地区性开发还是单店开发,以便完成该市场或城市的总体发展规划和开店布局。如肯德基公司已确定将开发南京市场,以南京市的城市人口规模600万计算,假设20万人口可以开1家分店,则南京市在未来将可规划30家分店,并要做出大致的布局规划。

(2)对目标市场的开店规模和投资做出规划和预估。如肯德基公司计划在第一年开出3家分店,发展部人员则要根据市场的分析预估出这3家店的规模和投资总额,以便于公司提前做好资金的规划和调度。

2. 划分商圈

目标消费者及其所在的商圈特性应相当清晰。选址人员应具备丰富的商圈划分经验。一旦进入新市场,选址人员应通过自己所获得的各种文字、地图、经济和消费数据等资料进行分析并确定商圈,划分商圈。一般来说,商圈可划分为一级商圈、二级商圈和三级商圈。

一级商圈,在最容易吸引消费者的顾客活动区域,原则上是在顾客步行5分钟以内的范围。此商圈的消费力占该店营业额的60%~70%。肯德基餐厅的选址大多是在一级商圈内。

二级商圈,与一级商圈相比,属于较不容易吸引消费者的活动范围,此商圈的消费力占该店营业额的20%~30%。

三级商圈,最难吸引消费者的区域,此商圈的消费力占该店营业额的5%~8%。

3. 商圈的选择及评估

在商圈划定后,发展部人员开始规划将在哪些商圈内开店,主要选址目标是哪些。在选择商圈的标准上,既要考虑到肯德基自身的市场定位(包括目标消费者、价格等),更要考虑该商圈的稳定度和成熟度。餐饮品牌的市场定位不同,锁定的顾客群也不一样,商圈的选择也就不同,但也存在特殊情况。如必胜客和肯德基的市场定位不同,目标顾客群却是两个"相交"的圆,即顾客喜欢肯德基也可能喜欢必胜客,有的顾客可能从来不去必胜客却是肯德基的常客,或相反。但必胜客的商圈却与肯德基相同,如在南京新街口,肯德基与必胜客的店址相邻并分占了上下楼层。

1993年,南京肯德基的第二家分店店址确定在南京的山西路商业圈的少儿活动中心,该位置紧挨着那时属国内最有名的山西路步行街,这是一个仅次于南京新街口商业中心的、较成熟

的一级商圈。选址人员按照标准的商圈和地点评估流程对该地点做了科学而专业的评估后，确定该地点的选择是令人满意的。餐厅一开业即门庭若市，生意兴隆，并迅速带动了这一商圈，使其更加兴旺，以至于在当时的南京商界流传这样一种"傍大款"的说法："选址跟着肯德基走，生意一定红火！"

由此可以看出，肯德基的选址理念是：努力争取在成熟的商圈和最集中客源的地方开店，即使其租金很贵！

4. 店址选择和相关要素评估

选择店址就是要确定该商圈内最主要的集客点，因此，集客点的选择也影响到商圈的选择。一个商圈有没有主要集客点是这个商圈成熟与否的重要标志。一个成熟的商圈或有发展潜力的商圈内的店址是否有很大的集客点，肯德基通过候选店址门前的人流量统计即可做出评估。

选好店址的八大方法

店址调查是开好一家店的前提条件。选址调查的要点包括人口数、职业、年龄层次调查，该商店基本设施及竞争店调查，该商店周围消费习性、生活习惯调查，流动人口调查，商圈未来发展调查等多个方面。

（一）方法1：家庭状况

家庭状况是影响消费需求的基本因素。家庭特点包括人口、家庭成员年龄、收入状况等。如每户家庭的平均收入和家庭收入的分配会明显地影响未来商店的销售，而所在地区家庭平均收入的提高，则会增加家庭对选购商品数量、质量和档次的要求。

家庭的大小也会对未来的商店销售产生较大的影响。比如，一个由两口之家组成的年轻人家庭，购物追求时尚化、个性化、少量化，而一个三口之家的家庭（有一个独生子女），其消费需求则几乎是以孩子为核心的。

家庭成员的年龄状况也会对商品有不同需求。比如，老龄化的家庭的购物倾向为购买保健品、健身用品、营养食品等，而有儿童的家庭则重点投资于儿童食品、玩具等。

（二）方法2：人口密度

一个地区的人口密度，可以用每平方公里的人数或户数来确定。一个地区人口密度越高，则选址商店的规模可相应扩大。

计算人口密度，可通过计算一个地区的白天人口来实现，即户籍中除去幼儿的人口数加上该地区上班、上学的人口数，减去到外地上班、上学的人口数。部分随机流入的客流人数不在考察数之内。

白天人口密度高的地区多为办公区、学校等地。对白天人口密集的地区，应在分析其消费需求特点的基础上进行经营，比如采取延长下班时间、增加便民项目等以适应需要。

人口密度高的地区到商业设施之间的距离近，可增加购物频率。而人口密度低的地区吸引力低，且顾客光临的次数也少。

（三）方法3：潜在顾客的数量

所有的人都是消费者，很自然也是商店的顾客。你在选择店址时必须了解当地的人口总数、人口密度、人口增长情况、人口年龄结构等。

人来人往的地方，当然是设店的有利地方，但并非人多的地方就适合开店，还要分析这里都是哪些人来往，客流规律如何等。

首先，要了解过往行人的年龄和性别，比如有些过路者是儿童，则他们可能是快餐店的顾客，但不会是服装店的顾客；其次，要了解行人来往的尖峰时间和稀少时间；最后，要了解行人来往的目的及停留的时间。

（四）方法4：行人去向

开店选址，来往的客流量不可否认是一个重要因素。同时，这些往来顾客的去向也应是一个非常值得考虑的问题。

即使是同一个人，由于每次上街的目的不同，情况也就大不一样。例如，买必需品与买奢侈品的情形就完全不同。

在店前经过的行人，有去百货店买东西的，有去戏院看戏的。在开店的时候，应该根据人们去向的差异，选择适当的店址。

（五）方法5：交通地理条件

店面附近的交通状况，会在很大程度上影响生意的好坏，因此一般的开店地点，都会考虑上下班路线，特别是住宅区。上班与下班时间，道路上的人流、车流呈现明显的增加，但几乎90%的行业，都比较适合开在下班路线上。原因很简单，上班路上大家都比较匆忙，只有在下班的时候，才会有空从事采购、饮食等消费行为。

然而，并不是大马路旁边的地点才算是黄金位置，由主干道延伸出的巷弄内，也有许多适合开店的地点。而一般评估巷道内的黄金店面，多使用“漏斗理论”，指的就是同一个街口，有数家三角窗商店，消费者通常会在回家的路途中顺道消费。因此，位于干道转进巷弄的第一家商店，会像漏斗一样，最先吸引消费者入店。理想的黄金地点，应该是下班路线右边的地点。

（六）方法6：购买力

家庭和人口的消费水平是由其收入水平决定的。因此，附近人口收入水平对店址地理条件有决定性的影响。家庭人均收入可通过入户抽样调查获取，如长沙西郊某商厦在选址的时候，就对周围1～2千米半径的居民按照分群随机抽样的方法，抽取出家庭样本3 000个，经过汇总分析，这3 000户居民中，人均收入在每月千元左右的约占50%，500～1 000元的占20%，1 000～1 500元的占20%，人均月收入500元以下的占10%，人均月收入2 000元以上的约占10%。由此说明，该地区居民大都是工薪族家庭，属于中等收入水平。

商店在选择店址时，应以社会经济地位较高、可支配收入较多者居住的区域作为优先店址选择。

（七）方法7：竞争程度

如果商店经营的是挑选性不强、购买频率较高的日用商品，在同一地区又有过多的同行业在恶性竞争，那势必会影响商店的经济效益，除非新设的商店有特殊的经营风格、能力或不寻常的商品来源，否则很难成功。

当然，在某些环境中，上述情况也并不完全如此，有些行业因同行都集中在一起，反而会形成一条别具特色的商业街，如广州的北京路、上下九路等。

所以，你在选择经营地点时，要详细了解在该地点附近有多少类似的商店；这些商店的规模、装修、商品品种、价格及待客态度如何；自己的加入将是增加竞争，还是互相促进等相关信息。

（八）方法8：八年内有何变化

店址的选择要搞清楚城市建设的规划，既包括短期规划，又包括长期规划。有的地点从当前分析是最佳位置，但随着市场的改造和发展将会发生新的变化而失去优势；反之，有些地点从当前来看不理想，但从规划前景来看会成为有发展前途的新的商业中心区。因此，经营者必须从长考虑，在了解地区内的交通、街道、市政、绿化、公共设施、住宅及其他建设或改造项目规划的前提下，做出最佳地点的选择。

如在游乐街设店之前，必须事先调查八年之内街道可能发生的变化。在游乐街开设饮食店需要高额的保证金，而且商店内外装饰所花的费用也很多。

因此，必须要长期地保持饮食店所在街区的繁荣。然而，处在发展中的游乐街，选定的地点极易发生变化。新建地下街道、发展超高层建筑等都会给饮食店带来很大的影响。

实际操作中还会产生其他种种情况，而且每次受到的影响对饮食店来说都是极为严重的，甚至很可能会难以收回本钱。因此，在选择游乐街开店时，必须仔细调查至少在8年之内可能发生的变化。

任务二　店面外观设计与消费行为

■理解店面设计的基本内容。

■理解橱窗设计的作用及基本要求。

■掌握橱窗促销攻心术与设计。

技能目标

■掌握具体橱窗的促销设计与观念。

Dior真我系列香水橱窗陈列设计

在巴黎春天百货橱窗中有一个专门展示2014春夏Dior真我系列香水橱窗，橱窗中上百个Dior真我系列香水瓶高高低低组合成一条漂亮的曲线，与此香水瓶完美曲线的外形相吻合。具有唯美的视觉效果的创意橱窗，吸引着过往路人的眼球，让人情不自禁地停下脚步多欣赏几眼。

任务分析

商店外观不仅是门面总体装饰的组成部分，而且是商店的第一展厅，它是以本店所经营销售的商品为主，运用商店建筑外观、招牌设计、周边环境，巧用布景、道具，以背景画面装饰为衬托，配以合适的灯光、色彩和文字说明，进行商品介绍和商品宣传的综合性广告形式。消费者在进入商店之前，都要有意无意地浏览橱窗，都会选择外观设计吸引人的地面继续参观，所以，外观的设计与宣传对消费者购买情绪有重要影响。

一、店面设计

(一) 店面设计的原则

1. 店面要反映内涵

门店的店面设计要能够反映商业空间的性质、经营内容和特色。门店的服务性质是多样的，其经营内容更是千差万别，消费者只有了解了门店的性质、经营内容和特色等，才会走进门店内部进行购物消费。因此，门面设计必须要让消费者通过店面设计和装修清楚辨别出门店的性质、经营内容以及特色，从而使其产生购物意识及行为。

2. 店面要醒目

门店的店面设计要新颖、美观、醒目，要具有明显的广告性与标志性。店面设计应运用现代技术和艺术手段，通过装修材料的色彩、质感及其所构成的点、线、面、体的统一协调与组合，创造出美观、新颖、有特色的店面，使其醒目诱人，从而激发人们的购物意识和行为。

3. 店面要富有特色

门店的店面设计要富有时代感，最好能够反映出民族特色与地方特征。社会生产力的进一步发展、经济的进一步繁荣，给人们提供了日新月异的新技术和新材料。店面装饰应充分运用这些新技术、新材料来反映时代的精神面貌，当然还要尊重当地的文化传统、民族风俗习惯等。

4. 店面应与环境协调

店面与周围环境是一个不可分割的整体。在设计中应使环境对门面起到渲染气氛、创造意境的作用，同时门店的门面也应该使街道景观更加丰富。

(二) 营业建筑及外观环境

营业建筑及外观环境是商店的“脸面”。它是消费者对商店形成第一印象的重要因素，是企业形象的重要组成部分，它决定了消费者是否进入某一家商店。

商店门前的绿化、空场、凳椅、灯光等可以创造轻松愉快的环境，加强消费者对商店的感受。停车场等辅助购物设备和设施也应引起充分重视。随着人们生活水平的提高，随着一次性购物数量的增加，停车场已经成为消费者选择商店的一个重要因素。购物环境设计必须充分为消费者着想，营造周到完善、富有人情味的商店形象。

商店的外观设计注意事项具体如下。

(1) 商店的外貌风格必须与经营的商品内容相一致，要能突出自己行业和档次的特点。如经营便利商品的商店没有必要装修得十分豪华，而应在整体上创造出使顾客感到亲切、简洁、明快的感觉，而以经营高档次商品为方针的连锁企业，就必须在商店外观上多下功夫。

当前，有一些连锁商店在外观上处理的误区是：本是依靠低廉价格的大量销售为特征的商店，其装潢标准却过于豪华，使消费者感到所售商品价格一定也很高，反而吓走了自己主要的顾客。这在上海许多超级市场装修成精品店、名牌店的教训上体现得尤为深刻。

(2) 连锁商店的建筑是城市建筑的一部分，一方面，它应有利于城市景观和街道整齐，并与周围环境协调统一，取得整体和谐效果；另一方面，连锁商店建筑风格应与商店经营目标、经营方针一致，体现企业富有个性的独特形象。

(3) 商店的外观是指商店能被行人清楚看见的部位。由于商店外观在连锁商店经营中起着宣传功能，所以就要求外观装潢使消费者一看就知道这是一家什么性质的商店，是一家卖什么商品的商店。为了达到这一要求，连锁商店外观装潢上，必须重点突出连锁商店形象的识别标记。

在过去，商店外观装潢就是如何设计和制作招牌。随着科技的进步，现在人们一般都利用建筑物本身从外观上来表现某家商店的特色，而招牌却用来弥补外观装潢所无法表现的部分。这虽是一种大趋势，但结合中国实际情况来看，许多超市连锁和连锁便利店所处的建筑物是一般平房或某幢楼房底层、地下室的一部分，它本身很难以建筑物的造型变化来体现自己的特色，主要依靠招牌来体现自己的特色。因此，连锁商店外观装潢的重点应突出招牌的作用。

（三）商店的招牌

1. 招牌的种类

(1) 屋顶招牌：为了使消费者从远处就能看见连锁商店，可以在屋顶上竖一个广告牌，用来宣传自己的商店。

(2) 栏架招牌：装在连锁门店的正面的招牌，叫作栏架招牌，可以用来表示业务经营范围、商店名、商品名、商标名等。它是所有招牌中最重要的招牌，所以也可以采用投光照明、暗藏照明或霓虹灯照明来吸引人注意。

(3) 侧翼招牌：此种招牌一般可位于连锁商店的两侧，其显示的内容是给两侧行人看的。它可用来表示商店店名，也可用来表示商店的经营方针、经营范围和商店广告。这种招牌一般以灯箱或霓虹灯为主。

(4) 路边招牌：这是一种放在店前人行道上的招牌，用来增加商店对行人的吸引力。这种招牌可以是企业的吉祥物、代表人物的招牌，也可以是一个商品模型或一架自动售货机。

(5) 墙壁招牌：商店的墙壁是很夺目的，利用它来做招牌就是墙壁招牌，一般可以用来书写店名。

(6) 垂吊招牌：悬挂在商店正面或侧面墙上的招牌便是垂吊招牌，其作用基本上与栏架招牌的作用一样。

(7) 遮阳篷招牌：该种招牌一般由厂商提供，大都是商品广告。遮阳篷招牌对连锁店来说是视觉应用设计的一部分，以增强顾客的统一识别感。

2. 招牌的设计要求

为了使消费者便于识别，不管店标是用文字来表达，还是用图案或符号来表示，其设计要求要达到容易看见、容易读、容易理解和容易联想等要求。

另外，栏架招牌或垂吊招牌的色彩必须符合企业的标准色。消费者对招牌识别往往是先识别色彩，再识别店标的，色彩对消费者会产生很强的吸引力。而当把这种设计要求一致性地推广到各个连锁商店时，更会加强消费者对企业的辨识度，从而有利于企业的规模化发展。

二、橱窗的促销与设计

商店橱窗是以商品为主体，通过布景、道具和装饰画面等背景衬托，并配以灯光、色彩和文字说明，进行商品介绍和宣传的综合艺术形式。

(一) 橱窗促销的作用

1. 引起行人的注意

一个设计新颖、构思独特、独具匠心的橱窗设计，会很容易引起行人的注意，且能显示出高雅的格调，成为商场显眼的宣传媒介。当人们路过商场的时候，就会仔细打量一下橱窗，并在脑海中留下一定的印象，从而起到一种广告宣传的作用。

2. 展示商品

商场可以将促销的商品或最新推出的商品或独具特色的商品摆放在橱窗中，表明自己是紧追时尚潮流的。商场向人们展示商品的性能、价格，吸引人们的注意，能招徕价格敏感型顾客。

3. 刺激顾客的购买欲望

橱窗展示不仅可以让人们知道商品的性能、价格等有关情况，有时候还能说服潜在消费者走进商场，进行参观，有的甚至会当场购买，起到立竿见影的促销作用。

(二) 橱窗设计的基本要求

(1) 橱窗设计要反映商店的经营特色。连锁商店的橱窗尺寸由于商店类型、门面长度不同而有所区别，但橱窗的长度和宽度的比例一定要符合视觉习惯，一般长宽比例以 1.62∶1 为佳，这便是常说的“橱窗的黄金定律”。橱窗的设计、装饰、陈列可以说是一种艺术，应当由专业人员来进行。

(2) 橱窗设计应艺术化地传递商业文化。

(三) 橱窗的制作要求

1. 背景要求

背景颜色的基本要求是突出商品，避免喧宾夺主。背景的形状一般要求大而完整、单纯，避免小而复杂的烦琐装饰。

2. 道具要求

道具包括布置商品的支架等附加物和商品本身，支架的摆放越隐蔽越好。商品的摆放要讲究大小对比和色彩对比。

3. 灯光要求

橱窗的灯光应光源隐蔽，色彩柔和，避免使用过于鲜艳、复杂的灯光。橱窗的灯光应照在重点商品上，灯光与商品、橱窗的色彩应该搭配和谐，灯光的强度要依据白天和黑夜以及所陈列商品的色彩来确定，既要有足够的亮度，又不能过于刺眼。

当下，使用橱窗的商店越来越少，使用大面积的透明玻璃的门店越来越多，或者可以说，整个店内营业现场成了“橱窗”内容。这样做的好处是：节约了营业场地；避免了橱窗设计制作的麻烦；人们一眼就清楚企业的经营性质和特点。其弊病是：失去了一块广告和深入宣传自己的媒体。如果营业现场在视觉上杂乱无章，反而会引起消费者反感。因此，橱窗更适合大型商场和豪华商店，不太适合于超市和仓储店。

(四) 增强橱窗促销攻心术

在现代商业活动中，橱窗既是一种重要的广告形式，也是装饰商店门面的重要手段。一个构思新颖、装饰美观、色调和谐的商店橱窗，可以与整个商店建筑结构和内外环境构成美的立体画面，起到美化商店和市容的作用，还能形象简洁地向消费者推荐、介绍商品，起着指导消费、促进销售的作用。

要增强橱窗这种宣传和促销的“攻心力”，必须从以下几个方面着手。

1. 突出时令商品，激发消费者的购买兴趣

橱窗陈列的商品应突出时令和流行的特点，给消费者以新鲜感和商品种类齐全的感觉，引起消费者对商店所经营商品的兴趣和注意。消费者在观赏橱窗时，最主要的目的还是想从橱窗中获得商品信息，为自己选购所需商品搜集有关资料。消费者想要获得的商品信息一般都是最新的，陈旧的商品信息消费者不会有兴趣。

橱窗的设计一定要突出本商店经营的主要商品中最新、最时髦的品种，不论是陈列位置的安排，还是灯光、色彩的运用，都是为了更好地展现经营的主要商品，同时，还要经常变换陈列商品，其目的是既能提供最新信息，又能给消费者以新鲜感，启发消费者追求流行的式样，指导消费和引导消费。当然，如果过于频繁变换陈列的商品，可能使消费者对所陈列商品印象不深、记忆率低，这也就不能取得预期的效果。此外，突出时令商品的形象，需要通过组织加工、技术处理、渲染衬托。例如，为了使某些主营商品引人注目，可以采用色彩对比，进行衬托突出，或采用集中照明加以烘托，或放置于转动盘上增加动感予以突出等手段。

2. 采用艺术美化手段，诱发消费者求美的购买动机

随着社会的发展，物质、文化生活水平的提高，以及人们自身素质的不断升高，消费者追求商品的艺术性和美感的倾向越来越明显和突出。

为满足顾客的这种追求商品艺术性和美感的心理需要，促使商战活动最终目标的实现，设计橱窗时就必须认真研究大众审美趋势，从适应消费者求美的心理出发，进行橱窗布置的艺术构思，运用多种艺术手段，把种类繁多、各具特色的商品加以巧妙组合，以一定的艺术形式把商品和谐、清新、鲜明地展现在消费者面前，使消费者在强烈的艺术感染下，从中得到美的享受，满足审美需要，从而产生购买的欲望。

橱窗的艺术形象，主要是使用构图、布局、造型、色彩、灯光、动感设计等元素塑造而成的。如果能适当运用立体模型、雕塑、霓虹灯以及音响、电动设备等道具和手段，橱窗的艺术形象就会更加生动、引人入胜。在对橱窗进行美化时，要尤其重视色彩艺术效果的发挥。一般来说，色彩对人的心理影响很大，不同的颜色往往使人产生不同的心理效果。橱窗色彩设计要善于遵循用色规律，将橱窗的大块面背景色彩与节令气候结合起来。同时，还要考虑橱窗陈列商品本身色彩的和谐搭配。总之，“和谐”是色彩设计的基本原则。从适应节令来说，夏天的橱窗宜选用冷色调，如以蓝色作为大块面背景基调，使人产生凉爽的感觉；冬天的橱窗宜采用暖色调，如以红色、橙色为基调，给人以温暖之感；绿色为主的橱窗，适合春季时节的布置，使之充满生机和春天的气息；而以橙色、黄色为主的橱窗，则特别适合金秋时节。此外，一般在重大节日如元旦、春节、五一劳动节、国庆节里，采用暖色调较为适宜，可以突出节日的喜庆气氛。橱窗陈列的商品色彩多种多样、深浅不一，要将它们搁置于一个橱窗里，必须有统一的构思，有主次之分。其原则是主要商品在背景色彩衬托下，在其他商品烘托下，显得鲜明突出。一般来说，支架、道具宜采用白色，因为白色是中性色，不论橱窗的整个色彩基调如何，商品色彩怎样纷杂，都能与之和谐相容，也可大大提高橱窗的审美价值。

3. 利用背景渲染商品的实用性，使消费者产生必备此物才能满足生活需要的心理

一般大中型的商店橱窗入墙都比较深，这为利用背景渲染商品提供了有利条件。利用背景

渲染的手法很多，其中最为常用的是布置富有生活气息的生活场景。例如，床上用品的橱窗，可以利用景物布置一个优雅、舒适的卧室，使观赏者犹如置身于美满的生活环境之中。一般来说，人们在选购商品时，容易接受具体的、与生活内容相联系的东西，而不容易接受过于抽象的、概念化的东西。孤立陈设的一件商品，不容易使人得到明晰深刻的印象，不容易使人感受到它的价值，而一旦放在某种使用场合之中，商品就"活"了起来，就容易使消费者产生某种心理上的满足感。

任务三 购物内部环境的消费行为分析

■了解陈列用具的基本知识。

■熟悉商品陈列的原则、过程与方法。

■掌握购物微环境营造的基本内容。

■理解并初步运用商品陈列的过程与方法。

陈列
——吸引顾客的第一道风景

意大利著名的服装设计师乔治·阿玛尼早期在意大利的一个百货公司里从事橱窗陈列工作，陈列师出身的阿玛尼对卖场的陈列有着深刻的理解："我们要为顾客创造一种激动人心而且出乎意料的体验，同时又要在整体上维持清晰一致的识别。商店的每一个部分都在表达我的美学理念，我希望能在一个空间和一种氛围中展示我的设计，为顾客提供一种深刻的体验。"

请注意这句话："商店的每一个部分都在表达我的美学理念，我希望能在一个空间和一种氛围中展示我的设计"，也就是说，阿玛尼的服装是在阿玛尼专卖店的特定环境、特定灯光、特定陈列方式以及营业员的服务这样一种特定的品牌文化氛围下销售出去的。设想如果把阿玛尼的服装放到一个杂乱无章的低档批发市场中销售，还能卖出专卖店那样的价格吗？因此，从这个意义上讲，陈列方式与商品一样是有价值的，陈列可以促进销售，可以创造价值。

著名的休闲装品牌佐丹奴自 1992 年进入内地以来，就一直不遗余力地在终端推广陈列。佐丹奴是这样看待陈列的作用：货品陈列所起的推销作用比任何媒介的推销作用都大，货品给予消费者的第一印象亦是持久的印象，视觉化之货品推销是立足于销售一线的，它是一个无声的推销员。

无独有偶，作为国际级品牌新偶像的 ZARA 对陈列也有它独到的观点：尽管每个系列商品的数量是有限的，但通过每周两次更新库存、商品轮换摆放，专卖店还是每天都给人新鲜的感觉，这就是预先制订展示计划的良好效果，顾客们在店内不由得四顾环盼，他们感到商店好像永远都在更新。

无论佐丹奴还是ZARA，它们不光对卖场进行科学的规划，并且在事先还制订了各种陈列方案，对陈列的重视，已成为许多国际品牌的共识。

思考

陈列给我们带来了什么？

(1) 陈列促进产品销售。通过各种陈列形式可以使静止的服装变成顾客关注的目标，重点推荐的货品以及新上市的货品用视觉的语言吸引消费者，同时，经过科学规划和精心陈列的卖场可以提高商品的档次，增加商品的附加值。

(2) 陈列传播品牌文化。服装除了物质层面的东西外，更是一种文化。好的陈列除了告知卖场的销售信息外，同时还应传递一种企业特有的品牌文化。一个品牌只有建立起自己特有的品牌文化，才能加深消费者对品牌的印象，从而形成起一批忠实的顾客群，从而可以从众多品牌中脱颖而出，并增强企业的品牌竞争力，占有更多的市场份额。

任务分析

购物内部环境是影响消费者行为的重要组成部分，它包括商店设计、装修、橱窗、通道、模特、背板、道具、灯光、音乐、POP广告、产品宣传册、商标及吊牌等零售终端的所有视觉要素，是一个完整而系统的集合概念。这里将主要讨论商品陈列和购物微环境的营造。

一、陈列用具

陈列用具不单纯是陈列商品的载体，更重要的是陈列用具的使用能够让人们将各种商品加以区别，以及对所陈列商品产生兴趣。任何一个市场都必须认真研究和选择、使用好陈列用具。

陈列用具有金属的、木制的、塑料的、橡胶的、玻璃的，等等，这些材料也用于商店的货架、柜台和橱窗的制作，不过这些材料使用时间比较长，而陈列用具则是附属于这些设备的，是为了某一特定商品类型而设置的。商品特别是服装，放在陈列用具上，可以生动地表现商品的特点和轮廓，可以从不同的视角去表现商品，甚至可以产生戏剧性的效果。总之，陈列用具在商品陈列中起着不可估量的作用。一个现代化的超级市场有效地陈列和展示商品，必须有一些基本的陈列用具，且加以正确选择和使用。

总的来讲，陈列用具可分为若干类，就陈列支架来说，有分支架、斜立架、头饰架、梯形架、托架、多层陈列架和布景道具等。这些架子的应用，要依靠陈列人员的知识和经验来安排处理，很难一概而论地列出其使用场合和使用技术。用具的选择遵循下面三个原则：①陈列的用具不能比商品更抢眼；②使用给人以安全感的货架；③最好可以移动。

二、商品陈列

(一) 商品陈列的原则

1. 陈列的安全性

如放在超市中的非安全性商品(超过保质期的、鲜度低劣的、有伤疤的、味道恶化的)，要保证陈列的稳定性，保证商品不易掉落，应适当地使用盛装器皿、备品，并进行彻底的卫生清洁，给顾客一种清洁感。

2. 陈列的易观看、易选择性

把商品陈列在顾客容易看见的地方，并且商品陈列时必须正面对顾客，每种商品面对顾客的时候没有任何阻挡。比方说，有些新品引进门店后，理货员应该将这些新品陈列在最明显的位置。

一般情况下，眼睛向下 20°最易观看。人类的平均视角是 110°到 120°，可视宽度范围为 1.5～2米，在店铺内步行购物时的视角为 60°，可视范围为 1 米。除高度、宽度外，为使商品易观看，商品的分类也很重要。

大型超市的分类

(1) 按不同种类分类，这是缩短选择商品时间的一般方法。

(2) 按不同素材分类，即按不同原材料区分排列。

(3) 按不同活动分类，可分为年中固定活动、区域性活动。

(4) 按不同机能分类，如按低热量食品、健康食品等分类。

(5) 按不同季节分类，即当季必需物品和非必需物品区分排列。

(6) 按不同价格分类，这是按不同价格带将商品集中到一起进行销售的方法。

(7) 按不同色彩分类，这是通过色彩调节突出商品、促进销售的方法。

(8) 按相互关联使用的原则分类，这是将不同商品集中在一起进行销售的方法。

3. 陈列的易取性、易放回性

商品陈列要让顾客拿取方便，尤其是货架最上方的商品陈列不要过高，商品与上层层板之间距离要求不低于 5 厘米。例如，盒装内衣在陈列时，如果与层板间的距离太大，给人感觉太空；如果层板与商品之间距离太窄，顾客在选商品时不容易拿放，给顾客造成很烦心的感觉，而且容易脏手。食品必须给顾客准备自助工具，以便顾客方便地放在塑料袋里。如散称商品要有食品夹之类的工具。

顾客在购买商品的时候，一般是先将商品拿到手中从所有的角度进行确认，然后再决定是否购买。当然，有时顾客也会将拿到手中的商品放回去。如所陈列的商品不易取、不易放回的话，也许就会因为这一点丧失将商品销售出去的机会。

感觉良好的陈列应该达到以下几点。

(1) 清洁感。不要将商品直接陈列在地板上；注意去除货架上的锈、污迹；对通道、地板要时常进行清扫。

(2) 鲜度感。保证商品质量良好，距超过保鲜期的日期较长，距生产日期较近；保证商品上下不带尘土、伤疤、锈；使商品的正面面对顾客。

(3) 新鲜感。符合季节变化，不同的促销活动使卖场富于变化，不断创造出新颖的卖场布置、富有季节感的装饰；设置与商品相关的说明看板，相关商品集中陈列；通过照明、音乐渲染购物氛围，演绎使用商品的实际生活场景；演示实际使用方法促进销售。

(4) 能提供信息，且具有说服力。视觉提供给顾客的信息是非常重要的，陈列的高度、位置、排列，以及广告牌、POP 海报等对于一个卖场来说不容忽视。

(5) 陈列成本问题。为了提高收益性,要考虑将高品质、高价格、收益性较高的商品与畅销品搭配销售。关联商品的陈列要考虑适时性、降低成本,同时要提高效率,防止商品的损耗。

4. 陈列展示的经济原则

(1) 陈列的重点位置应给资金高回转率和高毛利率的商品。

(2) 相关性商品陈列必须靠近。

(3) 畅销商品必须陈列于黄金销售段。

(4) 商品分类说明必须明确清楚。

有效的商品陈列可以引起消费者的购买欲,并促使其采取购买行动。做好商品陈列必须遵循一些基本原则,包括可获利性、陈列点、吸引力、方便性、价格、稳固性等六个方面。

(二) 商品陈列的过程与方法

1. 计划和准备

首先,需要准备好所需的陈列器材和工具,包括:陈列辅助物、大头针、糨糊、钉书器、剪刀、铁钉、胶带、货架吊绳、价格标贴等,并做好相应的计划和准备。

2. 客户的机会点

在终端一定要争取占领最佳陈列位置,做最佳陈列一般要考虑以下问题:了解你需要针对哪一类客户或哪几类客户做陈列;决定所需陈列的商品的种类、数量;寻找适当的位置;解释陈列的概念,强调陈列的利益点;回应客户的反对意见,与客户协商陈列的时间等。

只有具备了良好的客情关系,才能获得客户的支持并争取创造良好的陈列效果。与客户交朋友,用陈列的好处说服客户接受陈列,努力引起客户的兴趣和注意,尊重他们的反对意见,从客户的角度去考虑问题,耐心地去争取最佳结局。

3. 熟悉相应的陈列辅助器材

应特别了解和熟悉海报、货架吊绳、箱子、柜台陈列物品、悬挂物、样品、说明书、标志、标贴等辅助器材。

4. 充分利用现象力进行陈列

(1) 尽量有效利用一切可用的空间,考虑有没有不同的方式来使用你的陈列辅助器材,使陈列更为突出。

(2) 弄清楚竞争对手在做什么,并采取相应的措施。

(3) 使用相关器材以强化已有陈列,使之显眼突出。

(4) 确定陈列方式与产品定位是否相符。

5. 陈列的小秘诀

尽量便于顾客取货;不要让海报或陈列品被其他产品或东西掩盖,以免被竞争对手抢走销售机会;不要将不同类别的产品堆放在一起,如不要将洗衣粉和食品放在一起,以免引起顾客的反感;尽量抢占较好的位置——顾客经常或必须经过的交通要道是第一选择;使陈列品从外面就可以被看到,以吸引顾客;运用指示牌指引顾客购买,便于顾客找到产品的位置所在;尽量把产品陈列在接近收银台的地方,使顾客经过时或在他们等待交款时可以看到;如果是弱势品牌,应尽量争取将产品陈列在第一品牌的旁边。

上货架的技巧:上货架的产品,应与其市场占有率相符,市场占有率最大的商品占同一类货物位置的70%,所有产品的陈列应按贡献能力来安排。

6. 对陈列进行检验与评估

为了确保陈列有效，最后应对产品陈列情况进行检验与评估，应考虑以下因素。

陈列位置是否位于热卖点；该陈列是否在此店中占有优势；陈列位置的大小、规模是否合适；是否有清楚、简单的销售信息；折扣是否突出、醒目并便于阅读；产品是否便于拿取；陈列是否稳固；是否便于补货；陈列的产品是否干净、整洁；零售商是否同意在一定时期内保持陈列；是否妥善运用了陈列辅助器材。

陈列还应因地制宜，不同类型的购物场所、不同类型的陈列有不同的陈列要点和方法，具体场合具体对待。以下是几类常见的陈列要求。

(1) 杂货店、百货店、超市、自选商店的陈列。陈列要靠近客户常走的路线，放置于水平视线位置；临近主导品牌及同类商品做水平或垂直陈列；货架上要经常保持足够数量的商品；至少应有比购买周期多1周的库存；充分利用货架卡、挂旗、横幅、海报等辅助工具；维持货架及货物整洁，并及时为客户补货。

(2) 小贩、路边店的陈列。陈列位置要靠近外侧，靠近客户常走的路线，靠近市场主导品牌，靠近同类商品；要陈列每一品牌、每一规格；如有试用品或小包装，一定要挂吊牌；要经常保持适量库存；要充分利用门口的挂旗、柜台展示卡、海报、货架卡。

(3) 堆箱陈列。陈列位置要位于顾客最常走的路线上；应尽量将所堆放的商品正面对着客户；除非面积足够大，否则应陈列品牌的主要规格；应维持大量的库存，堆箱部分应保持满货的状态；堆箱应注意垫底的稳固性，可以使用交叉堆放法，或使用垫箱陈列板；除了需要承重的底箱，其余可隔箱陈列；商品包装应将正面面向顾客，不可过高或过低，以容易拿取为标准。

三、购物微环境的营造

购物微环境的关键在于营造一种感觉，一种“不要钱”一样的感觉，让顾客直到付款的最后一刻才想起来每件商品都是要钱的，在此之前，则要让他们忘记这一点，只享受购物的喜悦。

(一) 光线

不管是条件反射还是刺激，视觉刺激对人的情绪刺激达到了80%以上。处在不同的光线环境中，人的情绪也会发生微妙的变化。

光线对人购物的影响是排在第一位的。

1. 通过光线，我们可以营造一种让顾客流连忘返，不断进行消费的氛围

传统的终端陈列中，如果采用照明灯，灯光是直接打到商品上的，意思是：请购买这个商品。这是一种较为明显的心理暗示。客户会开始考虑：买还是不买。而现在越来越多的灯光不是直接射在商品上的，而是意在营造一种消费的环境、氛围。改变灯光，可以改变客户所接受到的心理暗示。灯光营造出舞台效果，在这个舞台上，客户是主角，而销售人员也是剧本的一部分。

现代卖场设计中，灯光向客户提供光线氛围，从而起到造势的作用，它着力于营造由轻松、愉快、舒适、享受、自在、信任等积极情绪综合组成的购物环境。客户可以任意拥有任何商品。例如，传统的试衣间就是一个方方正正的小房间，像一个储存间，而现代的试衣间上面则有专门的吸顶灯，吸顶灯为客户营造了一种在自己的房间里换衣服的感觉。冷暖色调不同的灯光所营造出来的感觉是完全不一样的。即使同在食品区，为了突出不同的产品的特色，灯光也是有差别的：为突出西瓜皮青瓤红的特点，最好采用暖色调的红灯；而在海鲜区，则建议采用偏冷色调

的灯光，突出海鲜类食品的新鲜度。

2. 光线的强弱层次

不同的年龄层对光线的强弱的接受程度是不一样的，不同的商品需要不同强度的光线来进行展示。从视觉的生理角度来讲，中老年人面对强光的刺激会感到非常的不适，但同时，人眼对光线的敏感度随着年龄的增加而减小，老年人的眼睛能接受的光线大约比年轻人少 20%，所以，终端的灯光要有通透感，但又不至于刺眼。如果卖场内部有走廊，走廊的灯光要比其他地方的灯光明亮，以营造温暖的感觉。

不论是迷路时的灯光，还是启航灯的灯光，光线可以抓住人的视线，将客户吸引到终端里来。中国的园林建筑中讲究“借景”“引景入室”，意即建筑要与周围的风景、环境达到一种和谐一致的共生而不是突兀的状态，最好还能把园林中的景色自然地引入到房间中。在现代的终端设计中，光线也起到了同样的作用。最好的光线设计是将自然光引入室内，譬如在后现代的购物场所设计中，客户抬头可以看到浮云、月光、煦日，从而达到一种更高层次的“借景”的效果，或者通过营造近似于自然光的灯光，让客户在购物时感觉不到时间的变化，流连忘返。沃尔玛超市的新模型也采用了天窗来采纳光线。此外，光线明暗强弱要有一定的层次变化，让客户不至于觉得视觉疲劳，随时享受“发现”的惊喜。

摩尔购物中心

Shopping Mall 在我国一般音译为“摩尔”或“销品贸”，意为超大规模购物中心，指在一个毗邻的建筑群中或一个大型建筑物中，由一个管理机构组织、协调和规划，把一系列的零售商店、服务机构组织在一起，提供购物、休闲、娱乐、饮食等各种服务的“一站式”消费中心。摩尔不仅规模巨大，集合了百货店、超市、大卖场、专卖店、大型专业店等各种零售业态，有各式快餐店、小吃店和特色餐馆、电影院、儿童乐园、健身中心等各种休闲娱乐设施。另外，摩尔还提供了百货店、大卖场无法提供的如漫步在长廊、广场、庭院般悠闲的购物享受。

（二）声音

声音是最富有侵略性的一种因素。对于不喜欢的图像，人们可以选择转头或闭眼不看，但无论喜欢与否，人们都无法漠视声音的存在。声音直接与人们的情绪对话，影响着人们的情绪状态。

终端音乐引起了客户的听觉共鸣，这种共鸣进一步引发情绪共振，而情绪的好坏则会决定客户买或不买、买多买少、买好买坏，甚至影响到客户是否还会回头购买。

专业化的卖场里面，需要配置促进顾客购买的主题音乐。音响要针对其目标客户群的情绪特征来处理：一方面，音乐要将终端的购买情境与周围的环境进行区分，营造出一种购物的氛围及环境；另一方面，音乐在环境中要对其他的声音进行消音，消除掉其他的噪声，将本卖场独特的文化植入到顾客心中。例如，星巴克就把它所提供的背景音乐上升到一种“听觉艺术”的高度——在星巴克店统一播放的是精选的爵士 CD，通过声音，星巴克把不同的店串联起来，顾客进入不同的星巴克店，听到的都是熟悉的背景音乐。这使人们对星巴克的记忆方式除了绿色美人鱼标志外又多了一种——美国爵士乐。这对于听觉型的人来说更加深了对商店的记忆。

在背景音乐的选择上要坚持独特的风格：一方面，尽量选择目标客户群所喜欢、接受的音乐,加长客户逗留的时间,促成更多交易,如星巴克在国内的目标客户群定位于在小资一群,所以它选择了美国爵士乐;另一方面,这种风格又是方便记忆的,让客户产生相关联的想象,似曾相识、熟悉、舒服,同时又能将自己与竞争对手区格开来。

摩尔作为国外一种相对成熟的商业模型,它会关注到不同的主题店其背景音乐的选择,通过音乐的传承来吸引、创造、挽留不同的客户。

(三)空间

临街的便利店中常常会多设几个收银人员,原因就是这种店面所面对的顾客流动量大,购买目标性强,随机性大,购买的多是快速流通商品。

而在大一些的销售终端中,空间的使用则和临街的便利店有很大的不同。尽管在大的销售终端中,商家可能会安排自己的促销人员,但是更多的时候,顾客是处于一种"我发现、我选择、我拥有"的状态中。这个时候,空间的设计要求更高。好的空间设计可以对顾客产生强大的冲击力,它可以开口说话,告诉顾客它是什么。例如通过门径的修饰、手册的质地和统一的装饰风格展示一种生活状态,唤起目标顾客群的某种情绪、情感,让顾客感觉自己像是在心理上跨过了某条界限,从该销售终端体验到了另外一种生活。

而销售终端内部的陈列关键在于如何让顾客的视野既不受到阻碍,同时还能通过陈列来促进消费。超市大多会把相关联的商品摆放在一起,如洗发水旁边会有护发用品、头发定型用品、染发剂……同一区域内,商品怎么摆放也会对顾客最后形成的印象起着至关重要的作用。

案例分析

GH的领带一定是卷成圈,摆放在一个个小方格内的;BOSS的领带一定是挂在架子上卖的;JOOP的领带却似乎是随意地铺在工作台上…… 它们都在无言地彰显店家的经营风格:GH以正装为主,所以领带要中规中矩地摆放,传递的是正装的一丝不苟的精神;BOSS、JOOP是休闲类品牌,领带挂着卖、铺着卖,张扬的就是那一份舒适与休闲的风格。

不同类型的卖场,其空间要求是不一样的,为此所搭配的人员数目和人员培训目标也是不一样的。以国内的摩尔卖场为例,它们每150米到200米左右就会有新品品尝台来调动顾客的味觉和嗅觉,同时,这些品尝台会避免使用直线形和锐角形,一般都是弧形设计,让顾客获得空间的舒适感,并且摆放还必须照顾到顾客在不同的角度所看到的效果。

知识与技能检测

一、思考题

(1)简要阐述商店选址的策略有哪些。

(2)如何运用橱窗促销的攻心术?

(3)如何营造良好的购物微环境?

二、案例分析题

橱窗的设计布置是许多著名的大商店非常重视的一件大事,特别是珠宝商家。美国有名的珠宝公司蒂菲尼坐落在纽约第五大道最繁华的路段,大门外两侧墙壁的面积足足有12幅宽银幕大,而它的橱窗却仅仅只有一个手提公文箱那么小,里面只摆了一件首饰,毫无疑问,墙壁与橱窗颜色的对比、情调、比例及格局,都是经过艺术家精心设计的,一种神秘感油然而生,过往行人都要驻足探秘。距此名店不远处还有一家叫作“劳伦泰勒”的高档珠宝礼品店，它的橱窗在每年的圣诞节前一个多月就蒙上了彩布，艺术家按其一年一度的设计方案，在里面精心布置，当圣诞节购物高潮开始时，在乐队的伴奏下，在摄影师镁光灯的闪烁中，在翘首期盼的观众的欢呼声里，橱窗帷幕徐徐拉开，瞬间产生的轰动效果是令人惊奇的，记者们争相报道这一橱窗的艺术丰姿。这种充满精心设计、创意独特的橱窗，营造了一种令人感觉到高档、雅致的营销环境和购物氛围，并且在无形之中吸引了广大消费者的注意，起到了非常好的广告效果。

（1）结合案例分析橱窗在购物环境中的作用。

（2）请实际调查你所在城市，举例说明哪个商店的购物环境独具特色，为什么？

三、实训题

饭店经营选址策略

1. 只选择在适合汉堡包生存的地方开店

麦当劳在我国的发展步伐无疑是飞速的，而如今也几乎没有孩子不知道麦当劳叔叔。有人说，这是麦当劳的本土化策略带来的结果。确实有这方面的原因，麦当劳会根据当地人的口味适当调整自己的配方，但本土化只是它成功的一个因素，麦当劳最成功的地方在于选址。由于不管到哪里，它都把汉堡包作为自己的特色，它只选择在适合汉堡包生存的地方开店，所以它的每个店都非常成功。

“应该说，正因为麦当劳的选址坚持对市场全面资讯和对位置的标准评估的原则，才能够使开设的餐厅，无论是在现在还是在将来，都能健康稳定地成长和发展。”麦当劳的工作人员表示。

2. “先标准后本土”的思想

以“先标准后本土”的思想建立的麦当劳，首先寻找适合自己定位的目标市场作为店址，再根据当地情况适当调整。它不惜重金、不怕浪费更多的时间在选址上，但它一般不会花巨资去开发新的市场，而是去寻找适合自己的市场。它并不认为哪里都有其发展的空间，而是选择尽可能实现完全复制母店的店址。用一个形象的比喻来说，它不会给每个人量体裁衣，它需要做的只是寻找能够穿上这件衣服的人。

3. 核心秘诀：选址，选址，还是选址

连锁企业发展的标志就是规模扩张，它的前提是总部统一控制发挥整体优势，而实现这一目标的第一步就是通过选择合适的店址，进行最大限度的拷贝，使分店更加标准化，使总部经营管理更加简单化。麦当劳连锁经营发展成功的三个首选条件是“选址、选址、选址”，即选择合适的目标市场以加快连锁经营度的步伐。

4. 选址步骤

据了解，麦当劳的选址主要分为如下步骤。

首先，市场调查和资料信息的收集，包括人口、经济水平、消费能力、发展规模和潜力、收入水平、商圈的等级及成长空间。

其次，对不同商圈中的物业进行评估，包括人流测试、顾客消费能力对比等，以得到最佳的位置和合理选择。在了解市场价格、面积划分、工程物业配套条件及权属性质等方面的基础上进行营业额预估和财务分析，最终确定该位置是否有能力开设一家麦当劳餐厅。

最后，商铺的投资是一个既有风险、又能够带来较高回报的决策，所以还要更多地关注市场定位和价格水平，既考虑投资回报的水平，也注重中长期的稳定收入，这样才能较好地控制风险，达到投资收益的目的。

参照麦当劳连锁企业店址选择的策略，选定你熟悉的行业或领域来制作一份选址方案。

项目十

当代中国消费者行为

XIAOFEIZHE XINGWEIXUE

2013年中国消费新趋势

一、趋势1:为安全买单

频繁出现的食品安全和质量安全问题让消费者逐渐开始重视日常消费中诸多的不安全因素,面对这些,安全消费已然成了消费者日常生活中不可缺少的一部分。消费者开始愿意为了寻求一份安全感而花费更多,如他们对于保险持续升温的热情。与此同时,社会化媒体的发展也加速了消费者安全意识的觉醒,拉近了消费者与真相的距离,消费者通过这个平台开始越来越关注各种安全问题。

二、趋势2:“微”消费

“微”字已成为当下潮流的消费生活。对商家而言,“微”能以更为精准的模式针对用户投放广告进行营销;对消费者而言,“微”能够让消费者利用更少的金钱、利用任何时间、在任何地点都能轻松完成消费。相对于传统商业模式而言,这些更加小巧微型的模式正在成为时下的新热点。它使得消费者的生活变得更加便捷,同时也为商家创造了更多的商机。

三、趋势3:一个人的精彩

中国的单身人群日益壮大,这让越来越多的人开始接受和习惯将单身生活作为一种常规的生活状态。与此同时,单身人士的消费欲望与消费潜力都是不容忽视的,他们没有家庭的负担,对生活抱有“及时享乐”的人生态度,更愿意花钱。所以越来越多商家和品牌开始将目光投向单身人群的钱包。

四、趋势4:“银发”也疯狂

据第六次全国人口普查结果显示,我国60岁及以上人口占13.26%,同上次全国人口普查相比上升了2.93%;其中65岁及以上人口占8.87%,上升了1.91%。同时,如今的中国老年人不再像过去“老一辈”一样守着钱不花,他们对自己的后半生有新的计划和态度,他们愿意花更多的钱来追求享乐和高质量的养老生活,这背后蕴藏的市场空间不可估量。

五、趋势5:万能第三方

你有独自难以完成的事情吗?如果有就花点钱让万能的第三方来帮忙吧!不知从何时起,第三方中介服务悄然兴起,并成了人们消费生活中不可或缺的一部分。它通过一个“中介”机制,帮助消费者实现原本不容易实现的愿望,为消费者架起远距离消费的桥梁,并给消费者带来更多便利和快捷。拼啦拼车网是其中一个例子,它架起一个平台,把有拼车需要的人配对;海外代购,为中国的消费者购买外国的产品,也是万能第三方的一个例子。

六、趋势6:“穿越”啦

“穿越”如今已成为大街小巷众人皆知的流行词。在现实生活中,“穿越”元素无所不在:不同屏幕之间的切换、线上线下的沟通等。“穿越”为我们打破了时间和空间的界限,为我们创造了无限可能。同时,各种跨界的合作让我们的生活充满了“穿越”的惊喜,也让“穿越”经济成为不可忽视的领域。

任务一　当代中国消费者行为的发展趋势

知识目标

■理解并掌握当代中国消费者行为的趋势。

■了解数字化媒体时代消费者行为所呈现的新态势。

■理解当代中国消费者行为的阴暗面。

技能目标

■分析中国消费者行为变化的原因。

任务引入

消费者行为往往具有时代特征,20世纪八九十年代,广告、价格、质量、品牌等因素影响着消费者的购买行为。消费者会为寻找低价格水平的商品,而不惜花费大量的时间。在购物环境与价格水平之间,消费者更看重低价格水平而放弃好的购物环境。也就是说,货币成本比时间成本、精神成本更为重要。进入21世纪,人们生活水平日益提高,外界环境不断变化,消费者行为也表现出了很大的差异性。

任务分析

一、当代中国消费者行为的五大趋势

(一)便利为上

21世纪,人们的生活节奏越来越快,时间成了人们最稀缺的资源。人们已经感觉到时间越来越不够用,他们想尽方法挤压时间,包括在购物时间上的挤压。因此,便利性往往成为消费者决定是否购买的第一因素,消费者会把时间成本放在第一位。如果某一商店要排队付款,消费者很有可能会把手中的货物放回原处,因为他们浪费不起等待付款的时间。消费者总是在寻求能帮助他们节省时间的产品和服务,他们更乐意选择能为他们提供便利的购物环境。针对这一特征,企业要在未来赢得消费者,在提供产品与服务时一定要把便利性放在第一位。

未来以下几种业态更能满足消费者的需求,为其节省时间,实现方便购物。

1. 大型超市

大型超市具有商品品种丰富,满足消费者"一站式"购物的愿望。超市的购物车与购物篮、自助式的服务方式,为消费者提供了一个自由购物的环境,同时一次性购足所需物品节省了消费者大量的购物时间。当然,超市的商品摆放一定要符合消费者的购物习惯,而且商品摆放区尽量少变化,能让消费者一进商场,就能迅速找到他们想买的商品。

2. 便利店

便利店的营业面积在 50～150 平方米左右，经营品种在 2 000 种左右，靠近居民区，营业时间可达 15 小时以上甚至 24 小时，全年不休，地点灵活，填补消费空隙，销售的商品主要以顾客日常的必需品为主。便利店门面的面积小，品项少，商品陈列有序，位置明显，交易过程迅速，能解决生活方面的急需。价格优势上虽不及超市，但是高于个体小店铺。便利店将越来越被消费者所接受。

3. 因特网

因特网一方面能满足人们一天 24 小时随时购物的需求，另一方面，由于人们可以在家中实现购物，节省了大量的时间，因而网上购物将成为主要的购物方式之一。

4. 自动售货机

自动售货机由于操作时对货币面值有一定的要求，出售的商品比较单一，价格一般高于超市、便利店的同类商品，所以目前遭受冷落。但有着“永不下班的超级营业员”之称的自动售货机由于昼夜服务可以方便消费者随时购物，必然会赢得部分消费者的喜爱。

以上几种业态虽然有着各自的特点，但它们有一个共同特点，那就是大大节省顾客的购物时间，以购物的便利性吸引顾客，求得发展。

(二) 同中求异

在以往的市场中，人们总是习惯于按一定的标准将市场划分为几个细分市场。地理变数、人口变数、心理变数和行为变数是常用的市场划分标准。例如，按人口变数中的年龄因素细分，将市场分为老年人市场、中年人市场、年轻人市场、儿童市场、婴儿市场。按照这种划分，摇滚乐的 CD 一般选择年轻人为目标市场。但这种划分很容易忽视另外一部分的消费者，如老年人，老年人很可能会将 CD 作为礼物送给他的孙子或孙女。又如，一般人们不会把婴儿食品与单身男性联系起来，但现在有很多父亲独自抚养小孩。

未来市场将越来越难以细分，很难将某一部分人作为一个群体划分出一个市场，某种产品的目标顾客可能是所有的消费者。但另一方面，消费者追求更多的是个性化，在这个大市场中，每个消费者又在寻找自己的与众不同，甚至是只属于自己的唯一的商品。有人形容，人们的购买行为将像指纹一样，是独一无二和个性化的，消费者会在同中求异。所以商家在设计与销售产品时，或在提供服务时，要特别注重细节，在细节上突出商品的与众不同。

(三) 理性为主

消费者曾经经历了一个比较随心所欲的、非理性的购物阶段，他们在购买过程中往往有这样一些表现：“我喜欢，我就买”；“我高兴，我就买”；对厂家的促销活动很感兴趣；时常为看似合算的低价促销活动而买一些并不是自己所需要的东西。之后，消费者将对购物越来越慎重，越来越理性。这种变化主要有以下三个方面的原因。

1. 消费者购物压力增大

时间的缺乏、狭窄拥挤的购物长廊、交款处的排队、商品的极度丰富、无处不在的广告，等等，这些因素都给消费者带来很大的购物压力，这些购物压力不再让消费者感觉到购物是一种幸福，他们会越来越讨厌购物。为了减少购物次数，他们会更理性地选择商品，他们希望购买到的商品能长时间地使用。因此，在这种意识之下，冲动性的购物减少。

2. 识别商品能力增强

随着信息渠道的增加，消费者认识商品的能力增强。他们不会简单地迷信于广告，迷信于名牌，迷信于价格，也不会盲目地响应商家的促销活动。他们会凭着自己能力更全面地认识商品，购买他们需要的和他们认可的商品。企业提供产品的根本应该还是按需提供。

3. 提倡节俭的外部环境

目前的消费环境是提倡和鼓励消费，消费者也逐渐接受了超前消费的消费观念，尤其是年轻人，所以在消费上表现出的是消费的随意性，但随着绿色消费观念的深入人心，将会出现一个提倡节俭、杜绝浪费的外部环境，这种环境势必会影响消费者的行为，消费者将会更理性地选择自己所需的产品。

(四) 追求体验

随着收入水平的提高，消费者在购物时已不是简单的量的满足与质的满足，他们还追求情感上的满足，所以消费者在消费时，除了追求买到好的商品外，还追求一种情感的体验和心灵的寄托。

企业在满足消费者的情感体验时要注重两个方面。一是企业在提供产品时不单单要追究产品的质量，同时还要赋予产品一定的生命。有人认为，产品利益来自产品本身蕴含的情感内容，公司不应只是生产产品的所有者，还应该是故事、情感的寄托者。二是要特别注重场景设置，消费场所的灯光、音乐、布局都会影响到消费数量。

实现消费者的情感体验主要有两种方式，一种是让消费者置身其中。例如置身于一个有着柔和的灯光、袅袅的音乐，充满温馨气息的咖啡屋里，消费一杯咖啡，除了品尝咖啡的味道外，更是一种情感的释放。星巴克咖啡是体验营销成功的典范。实现消费者的情感体验的方式之二是参与生产过程，即DIY(do it yourself)。消费者参与生产的过程能给自己带来乐趣，消费者可以在生产过程中寄托自己情感。如亲手制作一件陶瓷，可能做成的陶瓷并不漂亮，但却给消费者一个体验的过程，在体验的过程中能寄托一种心情。

(五) 绿色消费

绿色消费是指不仅满足当代人的消费需求和安全、健康要求，还要满足后代人的消费需求和安全、健康要求的社会消费方式。这方面的内容将在本项目的任务二中详细介绍。

二、数字化媒体时代消费者行为呈现新的态势

面对如何在数字化媒体时代与消费者有效互动及沟通这个课题，全球领先的市场研究公司益普索(Ipsos)集团对中国大陆广大互联网网民进行调查，并分析得出了在消费行为与心理方面呈现的新兴趋势。

(一) 自我价值认识提高，自主性更强

消费者为自己打算，对于自己的价值认识不断提升。他们对于企业营销有所了解，不再总是相信品牌向他们灌输的信息内容。在消费心理方面，中国的广大互联网网民们正在变得更有主见、更易怀疑。在消费行为习惯方面，他们也更加注重对于信息真实性的把控，而不再唯品牌厂商马首是瞻。

（二）消费动机更加复杂且错综多样

在传统购买动机外，又增加了许多全新的、微妙的原因。所有这些都会在有限的时间与消费内被综合考虑，消费者已精于"收益管理"。80%以上的消费者，在选择购买时，除了那些常规的产品因素（如价格、质量等）外，还会综合考虑更多其他因素（如环保、健康、企业声誉等）。在消费行为方面，积极地通过各种媒体或渠道来收集和了解这类商品或品牌的相关信息。对不同品牌的同类产品进行比较后，再根据自己的情况决定购买哪一个。

（三）消费者更愿自己做出消费决策

消费者有自己的思想，他们愿意表达自己的观点，明白企业的营销策略会干扰自己的消费决策，甚至有时会发起一场"对抗营销"的讨伐。60%左右的消费者认为"品牌厂商不断通过各种广告宣传来试图影响或改变我的想法，我对此感到厌烦并有逆反情绪"。在消费行为方面，消费者会主动花些时间与心思去琢磨品牌厂商通过各种广告到底想要传达给"我"什么样的信息，看电视或上网的时候会尽量避开广告（如换台、关闭广告窗口、做些别的事情等）。

（四）利用各种渠道对产品进行价格比较

消费者已经被"武装"起来，现代科技就在消费者兜里或包里，令他们可以与大量的信息实时相连，厂商、零售商们相对于消费者的竞争优势正在大幅削弱。大约80%的消费者表示乐于使用科技产品（如计算机、手机、互联网等）或服务来获取信息，帮助自己做出"聪明"的购买决策，并尽力对品牌、产品进行充分的了解与比较再做出购买决定。

在消费行为方面，消费者会查看与比较同一产品在不同销售渠道（如网店、大卖场、折扣店、品牌专卖店）的价格；在外出购物时，会借用计算机或手机来帮助查询或确认相关的产品或服务的信息（如价格比较、店铺推荐等）。

（五）自主表达欲望更强，更注重实时联系与信息分享

消费者生成海量、自发、不受限、非结构化的评论与信息，通过这种行为与方式，消费者不再是单独的个体，他们现在相互联系，拥有群体的力量与权利。80%的消费者表示愿意对其他人分享的经历与体验予以关注，并认为当自己分享的内容使他人有所受益时，就体验到了一种成就感；喜欢与那些有共同兴趣或话题的人建立联系，倾听他们的经验与建议，并积极分享自己的看法与感受。

这意味着企业不得不改变与消费者沟通、对话的方式，找出与这些极富经验且乐于分享的消费者进行有效互动的新方式。无论是营销者还是市场研究者都应调动消费者的积极性，而不是漠视或回避，要吸引消费者，与他们进行长期、开放的对话与互动，充分利用消费者分享交流的兴趣以及参与的积极性。

（六）消费者更愿意与品牌进行沟通互动

中国的互联网网民除了乐意与"伙伴"交流及分享外，他们也非常乐意与"品牌"沟通及互动。大约80%的消费者愿意参与厂商在设计开发产品时，提供的互动机会。因此基于在线小区形态的社群空间（即一群招募的会员在一个以消费者洞察与研究为主旨的在线平台有组织地开展互动，借助各种有效的研究技术与方法获取持续的消费者洞察），在中国已经具备了很好的发展基础与前景。

在数字化媒体时代，消费者更加精明、主动与强大，在营销战中不再是等待被占领的阵地，他们已经成为主动的参与者与生力军。这种潮流特征为品牌营销与市场研究带来了新的机遇与挑战，营销与研究人员必须进行变革，必须根据生活在数字化世界内的消费者的特征与趋势，借助社会化方法与手段，才有可能更加深入有效地把握消费者的行为及心理。

三、当代中国消费行为的阴暗面

（一）消费成瘾

消费成瘾是对产品或服务在生理、心理上形成的依赖。最初，成瘾是指患者对药物产生生理上依赖，包括心理成瘾和行为成瘾。心理专家分析，如果一个人不是因为需要某些商品或服务来消费，可以认为这种行为就是消费成瘾。消费者的成瘾性消费主要有三个原因：①高附加值；②享受营销，如享受会员制营销；③归属感，对品牌的熟悉与崇拜感。

海底捞：如何让消费者“成瘾性”地来此吃饭？

在海底捞的等候区，有四五位服务员会为排队的客人提供免费擦皮鞋和美甲的服务，还有跳棋等休闲项目让客人消遣，一边玩，一边吃免费送上来的水果，小孩子有专门的游乐区可供玩耍。这样一来，客人不是白白地消耗时间，而是享受来此吃饭带来的高的附加值。等待不会成为抱怨，而成为一种享受，何乐不为呢？

除此之外，饮料可以免费续杯，免费送给女性顾客的皮筋会让你不再担心吃饭时散发的干扰，客人放在桌上的手机也会被服务员用透明塑料套装起来以免溅到汤汁，这些细致入微的服务让你享受到其他店享受不到的附加值，难怪，即便排队也要来这里吃一餐。

但在某些情形下，消费成瘾行为不仅伤害消费者自己或他人，甚至还会造成严重的社会问题或环境问题，其中比较典型且容易被忽视的是冲动购买行为和沉迷消费行为。

事实上，非常情绪化的消费行为的危害性非常严重。例如：国内曾出现少数乘客因不满航空公司的服务而冲破阻拦直接跑上飞机跑道拦截其他飞机起飞的事件；个别患者或其家属因不满医生的服务而严重伤害医生的事件；有些消费者过度沉迷于有害健康的娱乐和游戏等。

姑且不论上述种种消费行为的动机如何，其后果不仅伤害了消费者自身的利益，也伤害了其他消费者的利益，当然，对富有社会责任感的企业而言也绝无积极影响。如果持续忽视或回避消费者的伦理问题，就有可能有意无意引发消费者的不当行为，甚至鼓励利用营销策略激发消费者非理性消费行为。

（二）强迫型消费

强迫型消费是指反复的而且常是过度的购物行为，它被当作压力、焦虑、沮丧或无聊的宣泄渠道，它导致个人预算和心理平衡失调，是精神极度痛苦所表现出的一种症状，是一种神经性的强迫症。但在我们所处的消费型社会里，购物欲望的产生是很正常的。开销很大，甚至于超过自身能力的超前消费，并非一定是病态的，这也可能是人们有能力提高自身生活品质的证明。或者，当人们在某件事上取得成绩的时候，也会把消费当成对自己所取得成绩的褒奖。

案例分析

中国人走出国门何以变成"购物狂"

据美国商务部统计，2010年，中国游客每人平均在美国花费7 200美元，远高于国际游客平均4 000美元的消费水准。日本的统计数据也表明，中国游客在日本人均消费超过14万日元，为亚洲之最。欧洲免税购物有限公司的数据显示，2010年前10个月，中国游客消费比上年同期增长了近一倍。有一家英国媒体就曾跟踪报道过中国一家外企组织2 000人的旅行团前往英国旅游，全团疯狂购买名牌皮鞋，平均每人购买6双以上。

英国《每日邮报》刊发了著名记者西蒙·米尔斯采写的《中国新贵一掷千金，要买下整个不列颠》的文章，读罢令人不安。文章说，苏富比拍卖行拍卖一瓶1869年的拉菲葡萄酒，一名中国暴发户居然以13万英镑的天价拍走，而他拍的目的不是投资或珍藏，而仅仅只想亲自喝掉这一瓶酒。米尔斯感叹道："对于中国游客来讲，钱不是问题。"

(三) 企业如何应对消费者行为的阴暗面

1. 用"正能量"驱散阴霾

很多企业已经意识到消费者不当行为的危害，但在实践中，这种行为却很难识别。在互联网时代，特别是在社会化网络平台上，消费者的不满情绪往往会第一时间在网上发布，此时，消费者不客观的评价行为就成为可见的文字证据，因而就存在消费者的伦理或不当行为问题。

其主要原因是伦理道德的标准具有相对性，具有文化特征，也具有时代性。曾经被认为正当的行为，随着时间的推移有可能成为不当的行为。以消费者表达不满的方式为例，在互联网时代之前，消费者对商家表达不满的常用方法就是在人际交往中进行口碑传播，因为不必对自己的言行负责，消费者的评价有时候与事实相悖。

因此，营销者要提高文化素养，坚持以人为本来创造更大的顾客感知价值，企业可以在营销决策中体现对顾客健康生活的关照，从而从根本上赢得消费者的信任。

2. 让消费者学会管理情绪

面对新媒体环境下消费者情绪的"泛滥"，企业需要做出适当的反应。其中，对消费者的教育和引导是必要的。要做到这一点，营销者需要创新营销沟通策略。

其一，营销者要注意观察自己的情绪。在智能手机普及，微信、微博、QQ等社会化媒体不断扩大影响力的"自媒体"时代，人们的情绪瞬间就可以影响其他人。其二，营销者要注意重视消费者的心理需求。尽管中国消费者还不成熟，但其日益趋于理性也是不争的事实。在这一过程中，中国消费者对深层次的心灵需求在逐渐增加。

我们有理由相信，在中国消费者中，将有越来越多的人改乘公交车，不再追逐浪费自然资源的奢侈品，不再只为升值而购买住房，这时，营销者的智慧将是消费者心智争夺战中的决定性力量。

任务二 绿色消费者的行为分析

■了解绿色消费的概念。

■理解绿色消费的心理过程与特征。

■掌握影响绿色消费行为的因素。

■理解绿色消费行为的变化趋势。

■掌握绿色消费的心理过程。

执走节能路
——格兰仕空调的“绿色航线”

“绿色经济”不仅仅是一个企业的发展思路,更是全球经济发展的主流模式。对中国家电业来说,绿色实践也在持续进行之中。作为世界龙头家电企业,格兰仕一直奔跑在“绿色变革”的前端。通过多年创新技术沉淀,依托低能耗、高能效的绿色家电产品的研发,格兰仕空调走出了一条独具特色的绿色发展之路。

《中国家用电器工业“十二五”发展规划的建议》指出,“十二五”期末,我国主要家电产品节能环保水平接近国际先进水平,产品的绿色设计水平和资源综合利用水平明显提高。《中国家用电器产业技术路线图(2011 年版)》指出,要通过技术进步,挖掘潜力持续提高产品能效水平,深入开展家电产品节能、节水技术研究。格兰仕是第一个淘汰高能耗空调,第一个实施一级能效战略,第一个在定速空调上全面推广 R410A 无氟新冷媒……格兰仕以超乎想象的技术变革姿态,不断创造奇迹,引领世界家电新航标。

2011 年,更是格兰仕绿色技术发展史上大有突破的一年。这一年,创新变流科技,格兰仕变频技术得到重大突破。据了解,变流技术作为一种电力变换的技术,采用了直接变流,省略了整流环节,使变频空调节能效果非常明显。变流科技的应用,使格兰仕空调在绿色发展道路上更进一步:有了领先的绿色科技作为企业发展的基石,并不代表企业的发展就真正走上了通往绿色未来的罗马大道,企业更需要眼光长远,将绿色环保提升到企业的发展战略层面,并以实际行动主动践行它。作为市场契机的先知先觉者,格兰仕从企业自身生产的节能减排,到向社会推广高能效节能产品,都走在了行业的前列。格兰仕将节能战略融入企业经营的方方面面,以优化产业结构为重点,实施“三低三高”模式,格兰仕在自身建设、产业布局、产品结构、市场推广等方面就掀起了一场场“绿色革命”:采用领先的低碳设计建造世界级空调制造基地;通过充分利用太阳光能实现大幅度的节能。与此同时,耗资 10 亿元的生产基地二期工业园已竣工。格兰仕在竭尽全力地节约能源、降低能耗的同时，更是将节能高效的绿色产品带进了千家万户。

格兰仕不仅是高能效产品的推广者，在推进行业升级方面，格兰仕更扮演着“播种者”的角色。“淘汰345”“一级能效普及风暴”“无氟定速空调普及风暴”……2011年4月，格兰仕空调发布我国家电行业第一个“变频宣言”，全面淘汰四五级能效变频空调，仅生产三级能效以上变频空调，倡导变频空调能效升级。

无疑，格兰仕正担当着引领行业绿色转型升级的旗手。格兰仕空调相关负责人表示，未来，无论中国家电业的绿色道路如何发展，格兰仕都会坚定不移地走下去，打造一个“绿色家电输出源”。这不仅是格兰仕多年来的夙愿，同时也是格兰仕作为行业领导者应尽的企业责任。

一、绿色与绿色消费行为概述

(一) 绿色与绿色消费的概念

绿色代表生命、健康和活力，是充满希望的颜色。国际上对“绿色”的理解通常包括生命、节能、环保三个方面。绿色消费是指消费者对绿色产品的需求、购买和使用活动，是一种具有生态意识的、高层次的理性消费行为。绿色消费是从满足生态需要出发，以有益健康和保护生态环境为基本内涵，符合人的健康和环境保护标准的各种消费行为和方式的统称。

绿色消费的最初形式是对绿色食品的购买，人们越来越钟情于无污染、环保的食品，尽管它们的价格要普遍高于同类产品。但是随着绿色经济的发展，绿色消费已经不再仅仅局限于绿色食品，还包括绿色家电、绿色服装、绿色住宅等。而且绿色消费也不再仅仅限于个人消费，绿色农业、绿色环境、绿色化工、绿色技术等宏观层面的绿色消费也在迅速发展。

知识拓展

在国际上，绿色消费已经变成了一个宽泛的概念，一些环保专家把绿色消费概括成5R系统：①reduce——节约资源，减少污染；②reevaluate——绿色生活，环保选购；③reuse——重复使用，多次利用；④recycle——分类回收，循环再生；⑤rescue——保护自然，万物共存。

中国消费者协会也提出了绿色消费的概念，其包括以下三层含义：①倡导消费者在消费时选择未被污染或有助于公共健康的绿色产品；②在消费过程中注重对垃圾的处置，不造成环境污染；③引导消费者转变消费观念，崇尚自然、追求健康，在追求生活舒适的同时，注重环保，节约资源和能源，实现可持续消费。

(二) 绿色产品

绿色产品是指生产过程及其本身节能、节水、低污染、低毒性、可再生、可回收的一类产品。它是绿色科技应用的最终体现。绿色产品能直接促使人们转变消费观念和生产方式，其主要特点是以市场调节的方式来实现环境保护的目标。比如公众以购买绿色产品为时尚，能促进企业以生产绿色产品来作为获取经济利益的途径。

世界各国绿色产品标志的名称、图形不尽相同。我国于1993年5月成立了中国环境标志产品认证委员会并实行绿色标志认证制度。虽然绿色标志认证在我国起步较晚，但发展较快。

目前,我国获得认证的企业有 200 多家,涉及家用电器、建筑材料、儿童玩具、纺织品、食品饮料、办公用品、汽车等方面,但与市场需求相差很远。

简而言之,所谓绿色产品是指其在营销过程中具有比目前类似产品更有利于环保的产品。绿色产品与传统产品一样具以下三个特征。

(1) 核心产品成功地符合消费者的主要需求——消费者的有用性。

(2) 技术和质量合格,产品满足各种技术及质量标准。

(3) 产品有市场竞争力,并且有利于企业实现盈利目标。

但是,绿色产品与传统产品相比,还多了一个最重要的基本标准,即符合环境保护的要求。可以通过产品维护环境的可持续发展的效果和企业是否负应尽的社会责任这两方面的考虑来评价绿色产品的"绿色表现"。可以说,绿色产品与传统产品的根本区别在于其改善环境和提高社会生活品质的功能。

(三) 绿色消费者及其分类

1. 绿色消费者的概念

绿色消费者是指那些关心生态环境、对绿色产品和服务具有现实和潜在购买意愿和购买力的消费人群。也就是说,绿色消费者是那些具有绿色意识,并已经或可能将绿色意识转化为绿色消费行为的人群。

2. 绿色消费者的分类

绿色消费者虽然在总体上有很多共性,如保护环境的意识、对生活质量的追求,但他们的绿色意识和绿色消费行为的深度和广度是有层次之分的。企业要想实施有效的绿色营销,必须考虑影响不同层次的绿色消费者做出购买决策的主要因素,对绿色消费者进行细分。

有的学者根据消费者的环境意识水平对其进行了分类,有的学者利用消费者自我认定的"绿色度"来进行了分类。后者根据人们消费选择中所体现的对环境的关注程度呈由低到高的一个连续不断的状态,将消费者大致分为浅绿色消费者、中绿色消费者和深绿色消费者。

1) 浅绿色消费者

此类消费者只有模糊的绿色意识,他们有应对环境进行保护的意识,但没有在消费过程中把这种意识具体化,他们的绿色消费行为大多是无意识的、随机的,他们是潜在的、不稳定的绿色消费者,会对绿色产品的溢价难以接受。群体特征表现为受教育程度和收入水平较低,对环境的态度不积极,比较容易受他人的影响。

2) 中绿色消费者

这类消费者具有较强的环保意识,但对绿色消费还缺乏全面的认识,比如只认识到产品无害性或包装的可循环使用性,而没有认识到生产过程的无污性。他们是选择性消费者,主要选择与自身利益联系比较紧密的绿色产品,如绿色食品、绿色建材,他们对 5%~15%的绿色产品溢价可以接受。群体特征表现为受教育程度和收入水平一般,对环境的态度比浅绿色消费者积极,受社会相关群体的影响很大。

3) 深绿色消费者

此类消费者的绿色意识已经深深扎根,对绿色消费有着全面和深刻的认识,表现为自觉、积极、主动地参与绿色消费,对绿色产品的溢价接受程度大于 15%,会提出新的绿色消费需求。群体特征表现为受教育程度和收入水平较高,对保护环境的态度很积极。89%的美国人购物时会考虑消费品的环保标准；85%的瑞典消费者愿意为环境清洁而支付较高的价格；80%的加拿大消费者宁愿多付10%的钱来购买对环境有益的商品；77%的日本消费者只挑选和购买符合环保要求的商品。

一家美国调查机构总结的消费者绿色化程度有以下几种类型，如表10-1所示。

表10-1　消费者绿色化程度的类型

类　型	特　征
积极型	走在绿色消费中最前面的人群。他们具有很强的绿色意识，而且表现为自觉积极的绿色消费行为。积极型消费者对绿色消费有着全面而深刻的认识，绿色消费是他们的生活方式。他们大多受过良好的教育，比一般人在社会上活跃，是新观念的倡导者，容易影响其他消费者。
实利型	在绿色消费市场上不特别活跃、忠诚度也不稳定的消费者。有较强的环保和绿色消费意识，但只是在部分自认为有价值的消费行为中实践绿色消费，或者对某些绿色消费尚未有全面的认识。
萌芽型	虽然关心绿色消费，但不太愿意支付额外的费用。对环境决定论接受比较慢，反映了一般公众的思维方式，愿意支付的绿色额外支出只有4%。
抱怨型	把环境保护看作是他人的问题，在一定程度上关心环境，但这不足以让他们尽自己能力去做些事情。他们表示太忙而无法进行绿色购买，或者抱怨产品的成本和质量。这类人群所受的教育程度较低，也比较保守。
厌倦型	这是消费群体中最穷困和受教育最少的人群。他们绿色消费意识薄弱，一般是不会主动进行绿色消费的。

（资料来源：引自张理的《消费者行为学》，清华大学出版社、北京交通大学出版社2008年版，此处略有改动。）

二、绿色消费心理过程

与一般消费者的心理活动过程一样，绿色消费者的心理过程也分为认知过程、情感过程和意志过程三个部分。在这一过程中，消费者的绿色心理与行为直接反映出绿色消费的个性心理，但与其他普通商品消费相比较，绿色消费在消费内容和消费心理上又有其独特表现。

（一）绿色消费者的认知过程

绿色消费者的认知过程构成了消费者对所购商品的认知阶段和知觉阶段，是购买行为的重要基础。在认知阶段表现为消费者对绿色商品、绿色服务的主动追求，是在绿色商品（或服务）与非绿色商品（或服务）的对比中开始的认知过程。在认知的开始阶段，消费者从广泛的途径获取有关绿色商品的各种知识和信息，如绿色食品、绿色冰箱等。在心理上产生刺激，从而形成对绿色商品片面的和表面的心理印象。随着绿色商品和绿色知识的不断传播，完成记忆、学习、思维、想象等一系列复杂的心理过程，在此基础上，对绿色产品产生信任感，在购买中，消费者借助于记忆，根据过去生活实践中感知的商品、体验过的情感或有关知识经验做出决定。

在这个阶段，消费者要了解和掌握大量的绿色知识和相关的绿色消费信息，在头脑中形成一定量的信息储存，以便在之后的购买活动中随时提取以作为分析、比较、判断乃至决策的依据。

(二) 绿色消费者的情感过程

生理欲求和社会欲求会引起消费者不同的内心变化，造成消费者对商品不同的情绪反应，如果情绪反应符合或满足了其消费需求，消费者就会产生愉快、喜欢等积极态度，从而激发消费者对产品的强烈需求，导致购买行为。反之则会产生抵触情绪，消费者也就不会产生购买欲望与购买行为。

这种情感具有稳定的社会内容，往往以鲜明的突发性情绪表现出来，对消费者的购买行为具有明显的影响力。如绿色蔬菜指不用化肥、农药、不被其他污染物污染的蔬菜，绿色食品指不用防腐剂及其他人工色素和化学品的食物，这些不仅满足了人们的基本生理需求，而且最大限度地保护了身体健康，可使消费者产生愉悦的心理情绪，从而刺激消费者的购买欲望。

(三) 绿色消费者的意志过程

绿色消费往往是理性的消费者在购买活动中进行有目的的、自觉的支配和调节自身的行为，努力克服心理障碍和情绪障碍，实现既定目标的消费行为。这就是绿色消费中的意志过程。它具有两个基本特征：一是有明确的购买目标；二是排除干扰和困难，实现既定目标。总之，消费者心理活动的认知过程、情感过程和意志过程，是消费者心理过程的统一，是密不可分的三个环节。这一过程对于绿色消费者也同样适用。所以，绿色企业只有充分认识各环节的内在特征，才能与绿色消费者进行有效沟通，从而实现二者利益的统一。

三、绿色消费心理的特征

绿色消费者的心理与行为特征是消费者心理与行为特征的发展与延伸，二者并无本质差异，前者主要表现为绿色消费需要、简约主义、引致效应、绿色消费的理智性与绿色消费的社会性等几个方面。

(一) 绿色消费需要

绿色消费需要是一种同时满足消费者自我和社会利益的高层次消费需要，它不仅仅考虑自身的短期利益，它更为注重人类社会的长远发展，是一种满足自我、超越自我的理性行为。其内容一般符合“3E”原则和“3R”原则。

“3E”原则包括：①讲究经济实惠(economic)；②讲求生态效益(ecological)；③符合平等、人道原则(equitable)。

“3R”原则包括：①减少非必要的消费(reduce)；②修理旧物(reuse)；③提倡使用再生资源制造的产品(recycle)。

这种需要是人类自身产生的并内化于人体之中的一种机制，是绿色营销存在与发展的客观基础。绿色需要大致可分为三种存在状态：①已满足的绿色需要；②尚未满足的绿色需要；③人们尚未意识到的和潜在的绿色需要。

(二) 简约主义

简约主义，源于20世纪60年代兴起的一种非写实绘画雕塑，其理念在于降低艺术家自身的情感表现，而朝单纯、逻辑的选择方向发展。无论是在建筑、工艺还是时装设计界，简约主义都占有重要的一席之地。它主张利用有限的信息来传达耐人寻味的意味,可以于纷乱之中保持清晰的脉络,更能在受众的记忆中提炼出精练的索引信号,给人留下深刻的整体印象。

(三)引致效应

在人的行为方式中容易出现各方面趋于同一倾向的特点。这一特点体现在消费者的绿色消费行为中,则明显地表现为一种引致效应,即人们对某一事物的态度会引起他们对其他同样具有引起该种态度因素的事物产生相同的反应。

绿色产品涉及各个行业领域,引致效应可以使消费者的绿色消费从一个领域扩展到另一个领域。比如一个初次接触绿色消费的家庭,刚开始也许只会尝试绿色食品及绿色饮用水,如果感觉良好,就会增强他们对绿色产品整体概念的好感和信心,从而起到一种强化作用,进而开始扩大绿色消费的范围,如购买节能电器或进行其他绿色消费;而一旦感觉不好,也同样会引起反效果。相关研究表明,引致效应对绿色消费者的影响比对一般消费者的影响要明显。

(四)绿色消费的理智性

消费者的绿色消费心理与行为,从一般意义上来说,与当前的各类消费行为一样,是为满足消费者个人或家庭的物质与精神需要的行为。其与一般消费者行为的差异,主要表现为绿色观念指导下的消费者行为,冲动性、非理性、奢侈与铺张等特点不会出现。求实消费、适度消费、节俭消费等则会成为消费者的自觉行为,而无须外在的社会约束和压力。

(五)绿色消费的社会性

绿色消费的最显著特征是它的社会性,因为,作为具有绿色观念的消费者在做独立的购买决策时,他不会站在完全自我的决策点上决策,而是站在未来、社会、自然与自我行为的最佳结合点上决策,这就体现了绿色消费的社会性。它是简约消费、无害消费的心理基础。在发达国家中,很多消费者放弃私家车,而选择自行车、公交车等,很明显是放弃了个人行为的自由与舒适,来为优化自然环境出一点微不足道的力,这与国内一些消费者盲目购买大排量汽车来炫耀和攀比,以及在生活中走半里地买一点鲜鱼蔬果也要以车代步的行为呈鲜明对照。

四、绿色消费行为的影响因素

(一)社会文化因素

和其他消费行为一样,社会因素和文化因素会对绿色消费行为产生很大的影响,如身处一种崇尚自然的文化氛围或有着强烈环保意识的参与群体和家庭之中,会对其中个人的绿色消费行为产生正面的影响。一个社会及其文化的绿色化程度,会直接影响着该文化群体的环保意识和绿色思想,进而影响绿色消费行为的模式。

一个社会的绿色文化和环保意识越强,该社会群体的绿色消费行为一般就越成熟。如很多发达国家,由于环保文化很早就已形成,目前已达到一个比较高的阶段,因此绿色消费较之一些发展中国家更为普及,同时消费者的绿色消费行为也显得比较成熟。

(二)绿色教育

绿色教育是指对公众进行的生态环境意识教育,包括通过公共关系、广告、产品包装说明等方式对消费者进行观念的灌输。绿色教育实质是科技教育、人文教育、自然教育的综合,即把科学技术、思想道德品质、自然环境完美地结合起来,它的目标是培养出有科技专长、有积极思想、有自然意识的消费者。绿色产品大多采用较为高新的技术和材料制成，其成本和生产工艺及市场开拓费用相对高昂，具有较高的附加值，所以价位也较高。

对一般消费者来说，初次接触时可能感到难以接受，因此，必须通过一定的教育手段，使他们了解绿色产品的实质，即产品为什么是"绿色"的，它有什么优点、优势，有哪些好处等。就社会层面而言，绿色教育有利于提高人们的环保意识，促进社会自然环境的改善；从企业层面看，绿色教育则积极引导了绿色消费，为绿色营销创造了更好的环境。绿色教育重在一种观念的灌输，而人的行为是受其观念指导的。可以说，绿色教育是绿色消费和绿色营销的先导，反过来，绿色消费和绿色营销本身是另一种形式的强化教育，是一种"现身说法"的绿色教育。

（三）消费者自身因素

绿色消费者的购买决策主要还是受其个人特征的影响，包括年龄、家庭、生命周期、职业、经济环境、生活方式、个性及自我概念等。其中，收入水平、生活方式和受教育程度的影响尤为突出。

1. 收入水平

根据美国的一项研究，在美国人均收入达到 5 000 美元以上，人们就会花钱用于改善环境，包括进行绿色消费，而在此水平之下，人们则没有能力关注环境。该项研究表明，在影响人们绿色消费的诸因素中，收入是最重要的因素。

收入水平在一定程度上代表了消费者的购买实力。由于绿色产品或绿色服务的价格相对较高，对于那些"价格因素权数"大于"绿色因素权数"的消费者而言，收入在消费方面的分配对其绿色消费是一种制约。实用主义对大多数理性消费者来说是第一位的，尤其对居民整体收入水平还不算很高的国家来说，价格和效用仍是消费者购买产品的主要考虑因素。我国自古以来就有"民以食为天"的说法，实质上就是先吃饱，再吃好，这句话强调的是"吃"是第一大事，这其中包含了吃与人类自身健康和生存环境的和谐共存，从微观上讲，"吃"的基础就是收入水平，从宏观上讲就是国民收入。

2. 生活方式

根据 VALS 系统，社会上有 9 种生活方式群体（见表 10-2）。

表 10-2　VALS 系统划分的生活方式群体

生活方式群体	含　义
求生者	指那些绝望、压抑、为社会所抛弃的处境不利者
维持者	指那些敢于为摆脱贫困而坚持奋斗的处境不利者
归属者	指那些维护传统、因循守旧、留恋过去和毫无进取心的人，这类人宁愿采用那种顺应型的生活方式，而不愿有所作为
竞争者	指那些有抱负、有上进心和愿意追求地位的人，他们总希望出人头地
有成就者	指那些能够影响事物发展的领袖们，他们按制度办事，并享受优裕的生活
我行我素者	一般指那些年轻、自我关注、富于幻想的人
经验主义者	指那些追求丰富精神生活，希望直接体验生活的人

续表

生活方式群体	含　义
有社会意识者	指那些具有强烈的社会责任感，希望改善社会条件的人
综合者	指那些心理成熟，能够把各种内向型因素和外向型因素最优组合的人

在各种生活方式的人群中，求生者和维持者处于需要驱使阶段，他们缺乏经济资源，温饱问题尚未解决，所以不太可能有实力关注环保和实施绿色消费；归属者、竞争者和有成就者处于符合客观外界标准的阶段，受客观外界标准影响很大，所以其绿色消费行为与所处环境的绿色化程度有关；我行我素者、经验主义者、有社会意识者和综合者已进入有自我看法的阶段，他们有明确的价值取向，假如是环保者，则一般来说必是积极的绿色消费者。

3. 教育水平

这里所说的教育，一是指国民教育的整体水平；二是指消费者个人受教育的水平。虽然二者的个体差异性很大，但在整体上是一致的。绿色教育是指对公众进行生态环境意识普及的教育，也包括通过公共关系，广告、产品说明等方式对消费者进行环保观念的灌输。所以，通过全社会的绿色教育，对绿色消费会有很大的促进作用，因为就消费者自身而言，一个人的观念、行为大多是后天因素影响的结果，而教育则是其中非常重要的一个因素。受过良好教育的人，一方面，对各种知识有深入了解和正确的认识（包括对环境和地球生态的认识）；另一方面，有较高的素质，倾向于采取明智的行为。所以，教育从很大程度上影响了个人的绿色消费观念和行为。绿色教育重在观念的灌输，而人的行为是受观念指导的，所以可以说绿色教育是绿色消费和绿色营销的先锋。

4. 社会文化因素

一个社会及其文化的绿色化程度，会直接影响该文化群体的环境保护意识和绿色思想，进而影响绿色消费行为的模式。绿色消费也可以说是一种社会性的消费文化和消费习惯。绿色消费行为容易形成社会性的潮流趋势，其具体的消耗模式会被绿色社会文化所带动，或者说被绿色时尚所带动。一个社会的绿色文化和环境意识强烈，该社会群体的绿色消费行为一般就会越成熟。

五、绿色消费行为的变化趋势

（一）绿色消费者的行为偏向于理性化消费

消费者的攀附性消费行为在逐渐减弱，而前瞻性消费行为在逐渐增强，这是消费者理性提高的一个重要表现，也是消费者趋向成熟的标志。绿色消费从根本上说，是消费者从预期持久收入和生命全程来考虑消费支出，追求生命周期的消费效用最大化，但绿色消费又是以保护环境、保护社会的长远利益为基本出发点的消费方式，消费者在购买绿色产品时，会经过深入思考，抱着改善环境的念头来购买，这种消费是对社会环境负责任的一种表现，它具有周密、谨慎和客观的特征。

（二）注重产品的绿色价值

绿色消费者会尽可能多地搜集绿色信息，希望购买真正的绿色产品，在了解过程中一方面运用自己所掌握的信息，另一方面又不断地吸取新的信息，让自己在消费中能够及时地掌握绿色信息。

（三）绿色消费行为呈现出个性化的色彩

消费者能以个人心理愿望为基础来挑选和购买商品或服务，他们不仅能做出选择，而且渴望选择，消费者所选择的已不单纯是商品的使用价值，还包括其他“延伸物”。因而从理论上看，没有两个消费者的心理是完全一样的，每一个消费者都是一个细分市场。心理上的认同感已成为消费者购买品牌和产品决策时的先决条件，个性化消费将成为消费主流。

（四）消费主流性增强

在社会分工日益细分和专业化的趋势下，一方面消费者不再被动地接受厂商单方面提供的信息，他们会主动地了解有关绿色产品、绿色消费方面的信息，当得到足够的商品知识时，会对绿色产品和服务进行鉴别和评估；另一方面，对环境保护也不再是被动和无能为力的，消费者对真正能够带来环保的产品开始持积极主动的态度，在众多同类产品中，往往会选择对环境危害最小的产品。根据这一特点，厂商应适应消费者主动性增强的趋势，提供消费者需要的多种信息，以供消费者比较和选择。

（五）对产品的期望值更高，挑选也更挑剔

现代社会中，消费者一方面期望新的绿色产品，另一方面希望原有的绿色产品能有所改善或提高。这种产品生命周期缩短，消费者心理转换速度加快，迫使厂家不断推出新产品去适应消费者对绿色产品的新需求。

（六）价格仍是消费者选择的重要因素

绿色产品的定价要在消费者能够接受的心理界限内，一旦定价过高，消费者将无法承受沉重的经济负担，同时绿色产品的增多也使绿色产品之间出现价格竞争，这时价格的高低将成为影响消费者选择的重要因素。

（七）性别差异及儿童影响

相关调查表明：46％的女性和31％的男性在购物时会主动寻找绿色替代品；已为父母之人一般比没有子女的成年人更关注环保；有孩子的家庭通常是倾向于绿色消费的群体。通过教育和传媒为儿童提供大量的环保绿色信息，引起儿童对绿色问题的认识和重视，使孩子成为家庭中绿色产品购买的提议者和影响者，这无疑是绿色商品的重要营销模式。

（八）购买行为变化

商品使用方式的改变，包括节约使用、加强保养和维修、重新使用尤其是包装物。如汽车控制在每小时50～80英里（1英里≈1.609千米）内减少油耗废气排放等。总之，企业绿色营销观念的逐步实施，已经使消费者的消费心理与行为发生有利于绿色消费的转变。消费者对绿色产品的了解、喜好和执着追求，以及企业更具针对性的绿色营销进一步促进了企业与消费者之间的互动，使得绿色营销已不仅是企业单方面的行为，它更需要消费者的积极参与和推动。企业除需在营销活动中加以积极的引导外，还要注意对消费者开展环保、可持续发展及有益于消费者健康的消费观念与知识教育，激发消费者建立环保意识，促进消费者实施绿色消费行为的热情，以有利于生态环境的保护和可持续发展。

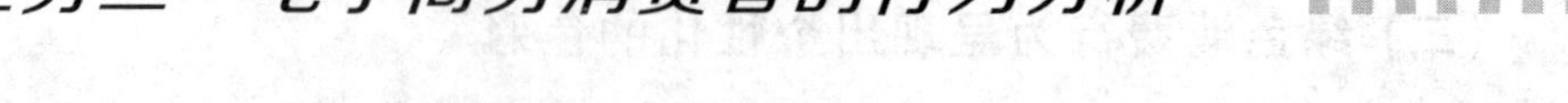

任务三　电子商务消费者的行为分析

■了解电子商务及电子商务消费者。

■理解电子商务下的消费者心理分析。

■理解电子商务下的消费者行为分析。

技能目标

■分析实际电子商务购物中消费者心理与行为的变化。

“双十一”怪现象

自从每年的11月11日被称作“光棍节”开始，电商的“双十一”就成了让人爱恨交织的撒旦。一方面，它摆下饕餮盛宴，无限引诱卖家和买家纷至沓来；另一方面，当它摘下妖冶的面具，无数人已陷入它的漩涡。

怪状一：越骂它销量越高

相关人士分析指出，“双十一”是一个悖论——它不要良好的口碑，无论是消费者还是商家，对电商平台的态度越恶劣，反而越能刺激它的成长。

对于电商平台而言，“双十一”推崇流量至上，它用媒体的方式来操纵用户的神经，用堆砌的庞大数字来侵占人们的视野。9.3亿，33.6亿，191亿，300亿……这个网上零售巨无霸伴随着谩骂成长，受伤的只有在遥遥无期中等待的消费者，还有那些被贴满差评标签的卖家。

尽管有无数消费者说再也不相信它，再也不上它的当，可“双十一”到来的时候，却变本加厉地扫荡电商的库存。

尽管很多卖家都懂得“一将功成万骨枯”的道理，但在他们眼里，“双十一”是催化剂，更是救命稻草，为了助长气焰，也只能往里面不断添柴加火。

怪状二：卖得越多越不赚钱

“双十一”打破了市场规律。它唯5折是从，通过近乎行政命令的方式对特定时期的商品进行价格限定，刺激消费市场需求。同时，商家不断“放卫星”，造成整个网上零售市场在遭遇价格上限时，供给量不降反升的现象。因此，电商“双十一”的膨胀很难真实地反映市场的供需匹配和价格水平。

在这种一片繁荣景象的背后，令商家叫苦不迭的是，一场“双十一”大战之后，不仅没有可观的利润，而且会面临血本无归的窘境。

如此情况之下，商家为了获得平台提供的更多配给政策而挤破头颅，或者在价格和产品上动手脚，甚至不惜以刷单等方式来创造虚假销量，从而避免过度生产带来的成本和库存加剧等问题。

当然，以上种种最终转嫁到消费者身上，不仅消费者并没有从“双十一”之中享受任何的福利，反而造成了“双十一”越做口碑越烂的尴尬局面。

怪状三：越是抗拒越是迎合

“双十一”不只是一场简单的促销活动，因为插上了互联网的羽翼，所以它刮起的龙卷风可以使一切抗拒者都随之附和。

显然，“双十一”带来冲击最大的莫属传统零售业。尤其是2014年，天猫商城“双十一”掀起O2O大旗，彻底插入传统零售的阵营之中时，关于电子商务与传统零售的争论则实实在在演变成战争。据了解，以红星美凯龙家居集团股份有限公司、北京居然之家投资控股集团有限公司为首的传统家居卖场全面公开抵制天猫商城入侵。

但抗拒天猫商城并不意味着要抗拒电商。“双十一”来得越汹涌，传统企业越是迎头赶上。在天猫商城“双十一”预热页面上，越来越多的传统品牌成为网上零售的主角。它们凭借线下积累的经验和实力，可以在电商平台占据更多的资源和优势。每年的“双十一”都是一场传统品牌上位与互联网品牌让位的见证。

任务分析

当传统经济贸易发展到一定阶段，人们需要越来越方便的交易方式，电子商务这个新的事物就应运而生了。在电子商务这个新型营销模式的运作下，如何来把握和迎合消费者的心理和行为，并根据这些信息，提出有效的解决方案来加快我国电子商务的发展，是一件非常有社会效益和经济价值的事情。

一、电子商务与电子商务消费者

电子商务是利用微电脑技术和网络通信技术进行的商务活动。广义的电子商务定义为使用各种电子工具从事商务活动。从狭义上讲，电子商务（electronic commerce，简称EC）是指通过使用互联网等电子工具（这些工具包括电报、电话、广播、电视、传真机、计算机等）在全球范围内进行的商务贸易活动，是以计算机网络为基础所进行的各种商务活动，包括商品和服务的提供者、广告商、消费者、中介商等有关各方行为的总和。人们一般理解的电子商务是指狭义上的电子商务。

本书这里是指狭义的电子商务，主要是指在全球各地广泛的商业贸易活动中，在因特网开放的网络环境下，基于浏览器、服务器应用方式，买卖双方不谋面地进行各种商贸活动，实现消费者的网上购物、商户之间的网上交易以及各种商务活动、交易活动、金融活动和相关的综合服务活动的一种新型的商业运营模式。

电子商务消费者主要是根据自己的需要，通过搜索驱动来进行购物搜索，进行合适选择，进而产生交易行为。在电子商务中，主要有商城、消费者、产品、物流四个要素，消费者是主体，商城、产品和物流都是为消费者提供不同的商品服务环节。

二、电子商务下的消费者心理分析

（一）推动电子商务消费者网上消费的心理

1. 求廉、求便心理

在电子商务下，通过网上搜索可以得到求购产品的相关信息，商家可以节省一些传统营销下的广告费，这些费用可以补贴到产品单价中，使消费者切实得到价格上的实惠。一旦价格降幅达到消费者的心理预期，消费者就有可能被吸引并产生购买行为。

在传统的采购方式下，消费者要花费大量时间逛商场寻找自己贴心的产品。而通过电子商务，消费者在电脑面前花几秒钟就可以获得成千上万条所需产品的品牌、规格、价格、特征等信息，实现方便快捷的消费。

2. 躲避现实干扰心理

传统的店铺式购物经常对消费者构成干扰，比如营业员的态度，商品购物环境不理想，消费者不想让人知道自己所购买的商品等。网上消费恰恰能弥补这些不足，使消费者在购物中保持心理轻松和自由。

3. 追求时尚、新颖、个性的消费心理

在网上消费的人群中，年轻人占很大比例。年轻人追求“新、奇、特”，就是追求时尚和新颖，喜欢购买一些新的产品，尝试新的生活方式，而这些新产品又可以通过电子商务轻而易举地得到。

（二）制约消费者网上消费的心理

1. 对电子商务购物缺乏信任感

近年来，互联网发展一直保持总体增长态势，电子商务在快速发展中也出现了一些问题，违法行为转移到互联网中，降低了消费者的信任。网上欺诈、传销、不正当竞争、发布虚假广告、侵犯注册商标专用权以及无照经营等违法行为时有发生，所有商家在网上均表现为网址和环境虚拟，这一特点增加了消费者鉴别、选择企业或产品的难度和风险，使得在实体世界中可有效判别和预期产品或服务质量的感觉无用武之地。这些问题极大地影响了网上交易秩序，降低了消费者对网上交易的信任度，一些严重的违法行为甚至成为社会的不稳定因素。

2. 对网上交易和个人隐私缺乏安全感

电子商务下的互联网是一个开放和自由的系统，顾客在进行电子支付或进行银行结算时，如果安全得不到有效保障，一旦网络被黑客攻破，消费者的个人资料和信用卡密码都有可能会被窃取盗用，有时还会遇到虚假订单，没有订货却被要求支付货款或返还货款，这些会使消费者对电子商务望而生畏。目前电子商务的技术水平还远远不能很好地保障客户的隐私，甚至还会出现一些不法的商贩把客户个人隐私和资料一起贩卖给竞争对手，从而在其中获取巨大的利润，这样就导致消费者对网络购物缺乏基本的信任，消费者没有安全感。

3. 对物流、售后服务缺乏保障感

消费者在网上购买了自己所喜爱的商品之后，肯定都希望自己所买的商品能够快速方便地获得，但是，由于目前我国物流配送体系还不完善，商品在配送过程中会存在着诸如准确率较低、费用较高、配送周期较长等一系列棘手的问题。缺乏保障的商品物流配送体系，会使消费者不能快速准确地得到自己所购买的商品，这些现象也会极大地阻碍我国电子商务的发展。

在产品质量问题处理上，传统实体店顾客可以找到销售商要求调换、退货或保修，而电子商务进行的营销大多是异地销售，当顾客发现商品有质量问题时，退货和保修就成了问题。

三、电子商务下的消费者行为分析

（一）电子商务模式下的消费者行为表现

1. 大范围的、便利的挑选

在传统采购的制约下，由于地理环境或者信息不对称等因素，抑或由于视觉的冲击和商家的劝说,消费者会不理性地购买一些自己不太喜欢甚至不需要的产品。而在电子商务的环境下,消费者可以避免这个情况的出现,可以做到货比三家,大范围地选择自己喜欢并适合、价格最优惠、品质最好的产品。电子商务环境下的消费者不受时间和空间的限制,消费者可以在任何时间、任何地点选择满足自己需要的商品和服务,因而相对于传统的店面购物模式,消费者的选择更加自由方便。

2. 理性的价格选择

在传统营销模式下,消费者经常会被一些高位定价迷惑,然后在进行折扣优惠的价格数字游戏中搞得自己头晕目眩。但是在电子商务环境中购物,消费者能够有效利用网络技术迅速地搜索出商品的实际价格,然后进行横向比较,最后再购买,这样能够做到更加理性和正确地选择。

3. 对产品要求的表达,直接参与生产和流通循环

在传统营销方式下,消费者一般都只可以被动接受厂家或商场所提供的商品或产品。在这种模式下,消费者无法表达自己的意愿和要求,同时由于技术、资金等方面的限制,企业无法满足顾客个性化的需求。商业流通循环是由生产者、商业者和消费者共同完成的,商业机构充当生产者和消费者连接的纽带。而在电子商务的条件下,消费者和生产者直接构成了商业的流通循环,消费者可以直接参与产品的设计,如IBM的“A lpha works”就是让消费者直接参与IBM的产品设计,生产消费者所需求的特定产品。消费者能够根据自己的需要在网上挑选出适合自己的商品。即使找不到,消费者可以通过电子商务平台向厂商或商家来主动表达自己对某种商品的需求,促使企业能更好地把握住顾客的需求,生产出可以更好地满足广大消费者需求的商品。

4. 关注网络的可靠性、安全性和方便可行性

目前,人们认为影响网上购物的主要障碍是网络的可靠性和安全性。网络的可靠性和安全性是指数据存取、通信、操作权限的安全可靠性以及在意外情况下正常工作的能力。现在许多网站缺乏安全隐患意识,许多用户不敢使用信用卡支付,担心他们的账户和密码被盗,以免造成巨大的经济损失。宽带技术的应用大大地提高了上网的速度,网民得到了不少的实惠。进入网站的可行性、网页下载的速度、网上漫游的效率及产品特点等对消费者的网上购买行为影响很大。如果消费者无法进入网站,也就无从谈网上购物了。网页下载的速度越慢,消费者光顾的频率也就越小,进而影响消费者的购买行为。

5. 强调企业形象

企业形象是企业通过外部特征和经营实力表现出来的得到消费者和公众所认同的企业总体形象。企业的知名度、信誉度、美誉度是传统营销模式下的企业资本。在电子商务模式下,企业形象对消费者的行为同样产生了很大的影响,由于消费者无法通过感知判断产品和服务的质量,因而偏向购买知名品牌产品。

(二)电子商务中消费者行为的改变

1. 获取信息方式的改变

消费者在消费过程中为取得满意的消费结果,在做出购买决策之前,往往要进行信息的搜寻。在传统销售模式下,消费者通常要通过个人来源、商业来源和大众来源等途径,广泛搜集有关产品购买和使用情况的信息,这需要耗费大量的时间和精力,有时还可能徒劳无功。在电子

商务环境下，消费者可以采用更加便捷的方式来获取信息——从网络上获取所需要的信息。消费者只需输入关键词，利用强大的搜索引擎，进而通过链接直接进入目标网站做更小范围的搜寻。消费者几乎足不出户就可以找到所需要的信息，实现“人在家中坐，货从网上来”。信息的共享性给消费者带来了极大的便利，不仅可以缩短获取信息的时间，而且巨大的信息量还加大了选择的空间，消费者可以根据兴趣和适用性做出更优化的选择。

2. 信息沟通方式的改变

在传统的营销模式下，企业通常利用报纸、杂志、广播、电视等媒体向消费者传播信息，这种信息传播方式在实时性、传播范围等方面都存在一定局限性，并且是一种单向信息传播模式，企业对消费者在产品质量、功能、服务等方面的需求并不真正了解。在电子商务环境下，消费者有了新的信息传播渠道——网络。网络既不同于传统的只进行文字传播的报纸，又不同于只进行音频传播的电台，也不同于只进行视频传播的电视，它是三者的有机统一，它是一种多媒体的信息传播模式，它能更快、更直观、更有效地把信息传递给消费者，其传播效果是传统的传播工具所无法比拟的。电子商务环境下的信息沟通是双向沟通，消费者与企业可以实现即时互动，既有信息源向受众的信息传播，又有受众向信息源的信息反馈，使信息沟通可以实现一对一双向交互。

3. 购物方式的改变

在传统营销模式下，消费者一旦有需要购买的商品，通常会进入购买场所，在众多的商品中选择。消费者为了找到自己所需的产品，不得不在多家商店中搜寻，既消耗了体力又浪费了时间。而电子商务的出现在很大程度上方便了消费者，电子商务系统巨大的信息处理能力，为消费者提供了空前规模的选择余地，消费者只需坐在家里，在网上搜索、查看，便可以直接对网络上所有的商家提供的商品进行全方位比较和挑选，选择符合自己心意的商品，使需要得到最大限度的满足。有些站点提供的比较工具加强了电子商务的便利性，过滤器或软件代理可以帮助消费者在短时间里搜索出最佳交易，大大提高消费者的购买效率。

4. 个性化消费的回归

在传统销售模式下，尽管许多企业为消费者提供了满足其个性化需求的产品和服务，但由于传统媒体的单向传播性，在某种程度上阻碍了消费者与企业的信息沟通，企业无法直接了解消费者需求，消费者的个性化需求也不能及时向企业传达，消费者不能得到符合个性化需求的定制产品。在电子商务环境下，消费者不再被动地接受商家或厂家提供的某些产品或商品，消费者的消费主动性加强了，可以直接向企业表达自己的独特要求，甚至可以参与新产品的开发和研究，参与到企业的生产经营过程，从而使消费者的个性化需求得以满足，也使企业市场不确定性因素减少，更易于把握市场需求，更好地服务于消费者。

5. 购买行为趋向理性化

在现实的购物中，消费者往往容易受购物现场的气氛、营业场所的布置、商品的丰富程度和陈列方式、售货人员的服务态度和服务质量、他人的购买行为等因素的影响，产生冲动性购买行为。在电子商务中，消费者面对的是系统，是计算机屏幕，没有了嘈杂的环境和各种诱惑，商品选择的范围也不限于少数几家商店或几个厂家，在这种情况下，消费者可以完全理性地规范自己的消费行为，不会再被铺天盖地的广告和促销左右，他们可以对产品的各个属性进行综合的考虑和权衡，以决定是否购买，从而使得购买行为趋向理性化。

综上所述，在网络经济背景下，只有全面了解和掌握网上消费者的心理与行为特征，才能有的放矢地制订出正确的企业经营战略，加快我国企业电子商务的发展速度，从而提高我国企业的市场竞争力。

知识与技能检测

一、名词解释

绿色消费者　　电子商务

二、思考题

(1) 请举例说明数字化媒体时代消费者行为所呈现的新态势。

(2) 试述电子商务消费者的心理与行为。

三、案例分析

创建绿色饭店　倡导绿色消费

——记飞速发展的香港大厦

在高楼林立的济宁高新区，有一座大厦别具风姿。它造型优美，线条轮廓错落有致，洋气中不失民族建筑的典雅风格。在大厦前广阔的绿地广场上有一座紫荆花雕塑金光闪闪，特别引人注目。这座雕塑，完全按照香港的那座1∶1仿建。所不同的是，这里紫荆花瓣中心，安装了喷水装置。阳光下，高大的水柱会映出七彩霓虹。而到夜晚，在霓虹灯光的照耀下，喷出的水雾，更比白日的霓虹美上十分。驻足于此，恍若走进迷幻般的童话世界。这便是散发着现代艺术气息的三星级酒店香港大厦。

近年来，随着经济的发展，人们生活水平不断提高，崇尚自然，追求健康，已成为新型的消费观念。为了适应绿色消费的需要，香港大厦大力开展了"创建绿色饭店，倡导绿色消费"的活动。活动的深入开展，不仅有利客人，有利社会，同时给饭店带来巨大的社会效益和经济效益，成为大厦创立品牌的一项重要内容。为了搞好这项新的工作，大厦的管理人员四下江南，考察了浙江等地创建绿色饭店的情况，并聘请浙江大学饭店管理专家和环保专家来大厦授课。印制了各种精美的宣传品，如"绿色消费100例""绿色使者行为准则""创绿漫画手册"等，提出了"坚持清洁生产，合理利用资源，倡导绿色消费，关注环境保护"的口号。在店内外悬挂有关"创绿"内容的条幅，在大堂醒目处摆放"创建绿色饭店"展示牌，统一"创绿"标志，使客人一进店来，就感受到一股浓厚的"创绿"氛围。为了提供怡人的环境，大厦内外大力实施绿化美化。大厦门口的紫荆花广场绿地2 500平方米，将雕塑、盆景和绿树鲜花相互映衬，成为城市的一道亮丽的开放式园林式景点。大厅内，建有号称"江北第一室内假山"，高达8米，山下流水淙淙，水车悠悠，呈现一派江南田园风光。而这一切，又与整个豪华的装修融为一体。建设绿色客房，为客人提供无公害舒适的住宿。客房不准吸烟；用纯羊毛地毯更换了化纤地毯；墙壁装饰禁用带有污染的材料；被褥床单全用棉织品；洗衣袋不用塑料袋，而用旧床单制作而成；禁止客房白色污染，就连软拖鞋常用的塑料外套也不允许使用；客人到洗衣房洗衣，使用无磷洗衣粉；客房里摆放鲜活的绿色植物、金鱼以及布艺，而不插塑料花之类。开发绿色食品，让客人吃上放心菜，为了保证绿色菜品原料供应，在城郊建立了自己的无公害蔬菜基地。严格畜禽食品进货渠道，并计划建立畜禽鱼养殖基地。不提供以野生保护动物为原料的菜肴。在餐厅建造"绿色美食廊"，向顾客宣传展示绿色食品。节约能源，减少消耗和浪费，也是环保的一项重要内容。大厦对现有的设备进行了技改，如对高耗电量设备采用变频调整技术，完善冷凝水回收，实现了水资源的二次利用。完善能源计量装置，实行能源定额考核。提醒客人离房时，关闭客房空调和其他电器，以减少能源消耗。加强对废水、废气、噪音的控制，使之完全符合国家规定要求。大堂设有废电池收集箱，以便对废电池统一处理。

同时，引导客人节俭消费。过去，客人点菜越多，饭店越高兴。开饭店的不怕大肚汉，也不管你浪费不浪费。现在观念变了，首先想到的不是狭隘的个人利益，而是想着保护地球，实现国民经济可持续发展，应从自我做起，从一点一滴做起，所以当客人过量点菜时，服务员会和善地进行劝阻。吃完后，主动提供打包和存酒服务。总之，在这里，绿色消费已不仅仅是一句动听的口号，而是成为一种深入人心的理念，成不一种实实在在的生活方式。

（资料来源：张一苇，《创建绿色饭店 倡导绿色消费——记飞速发展的香港大厦》，载于《山东经济战略研究》，2002 年第 9 期，此处略有改动。）

案例思考

(1) 从香港大厦打造绿色消费的案例中你得到哪些启示？

(2) 如果你是香港大厦的总经理，你将采取何种措施打造绿色消费？

四、实训题

收集某一年电子商务的重大事件或活动，分析消费者在电子商务消费中的行为表现。